예세초겔의 삶과 가르침

예세초겔의 삶과 가르침

초판 인쇄   2019년 11월 20일
초판 발행   2019년 11월 30일

지은이   겔와장춥·남캐닝뽀
옮긴이   설 오
발행인   이연창
편 집   김 명

펴낸곳   도서출판 지영사
서울특별시 성북구 성북로 28길 40 낙원연립 라동 101호
전화 02-747-6333 팩스 02-747-6335
이메일 maitriclub@naver.com
등록 1992년 1월 28일 제1-1299호

값 20,000원
ISBN 978-89-7555-194-9 03320

예세초겔의

삶과 가르침

빠드마삼바와의 영적인
아내이자 수행의 동반자이며
위대한 티베트 불교의 어머니
예세초겔의 삶과 깨달음의 기록

겔와장춥·남캐닝뽀 지음

설오 옮김

지영사

티베트에는 위대한 성취를 보인 많은 여성 지도자들이 있다. 그들 가운데 가장 출중한 분이 예세초겔이다. 예세초겔은 인도 불교의 위대한 스승 빠드마삼바와가 아낀 스물다섯 명의 제자 가운데에서도 가장 뛰어난 수제자였다. 또 다른 두 명의 큰 성취자 남캐닝뽀와 겔와 장춥은 예세초겔의 전기를 완성하였다. 그들은 이 전기가 미래에 예세초겔과 인연이 있는 수행자에 의해 발견되기를 바라며 바위 틈에 숨겼다. 후에 이 책은 위대한 땔돈 장춥딱샴도제에 의해 발견되었다.

이 전기는 이미 영어로 번역되었고 이제 설오 스님에 의해서 한국어로도 번역되었다. 이 책을 보면 불교의 위대한 가르침이 어떻게 티베트에 전해지게 되었는지 알 수 있다. 또 티베트의 위대한 통치자 티송데짼 왕이 인도에서 초청한 보디사뜨와 구루 빠드마삼바와를 위시해 다른 훌륭한 번역가와 학자들이 어떻게 티베트에 불교를 확고하게 정착시켰는지에 대해서도 잘 알 수 있을 것이다. 예세초겔의 이 전기는, 불교의 수행법 특히 탄트라 계통의 밀교 수행을 통하여 깨달음을 성취하는 데는 그가 여자이든 남자이든 어떤 차이도 없다는 것을 명백히 알려준다.

예세초겔은 그녀의 가르침을 통해서, 그리고 고대 불교의 많은 비밀 구전들을 티베트에 보장으로 숨김으로써 비밀스럽고 심오한 구전의 가르침들을 보존하는 데 공헌하였다. 많은 중생들에게 지대한 이익을 준 그녀는 티베트의 자애롭고 위대한 어머니로 알려져 있다.

끝으로 한국 비구니 설오 스님이 많은 중생들을 이롭게 하는 훌륭한 번역을 완성한 데 대하여 수희 찬탄하며 아울러 축하를 보내는 바이다.

북인도 따시종에서

도르종 린포체

티베트 불교에서는 밀법을 직접 전수하고 수행자들을 수호하는 다키니들의 활동이 아주 활발하다. 까규파 전승의 초조初祖인 띨로빠도 다키니에게서 직접 밀법을 전수받았다. 그의 법을 이은 나로빠도 나란다 대학의 승정으로 있을 때 다키니의 계시와 인도를 받고는 스승을 찾아 모든 것을 버리고 떠난다. 그리하여 스승 띨로빠를 만나게 된 그는 많은 시련을 겪은 후 아상我相을 없애고 밀법을 전수받게 된다.

나로빠에게서 밀법을 전수받아 티베트에 전한 역경사 마르빠의 부인 다메마 역시 예세초겔의 화신이다. 초겔이 마르빠의 몸의 칸돌마로 올 것이라고 예언한 내용은 이 책에도 나온다. 티베트의 대표적인 성자 밀라래빠에게 다키니가 직접 현신하여 까르마무드라를 수행한 이야기는 밀라래빠 십만 송으로 전해진다.

다키니들은 수호신으로서만 존재하는 게 아니라 사람으로 태어나 밀교 수행자들의 도반이 되기도 하고 불모가 되기도 한다. 빠드마삼바와는 다키니들의 통솔자로서 칠만의 칸돌마를 거느리고 계신다고 한다. 인도의 만다라화와 티베트의 예세초겔이 대표적인 칸돌마이다. 예세초겔은 지금도 가끔 팅외발마라는 다키니의 모습으로 수행자들

에게 현신하여 가피를 내린다고 따시종에 계신 구루 암틴께서 말씀
하셨다. 하늘을 날아다니는 다키니로서 가피의 본존이 된 그녀는 수
백만의 화신으로 오셔서 지금도 우리 곁에서 수행자들을 이끌어주고
중생들을 이롭게 하고 있다. 중국이나 한국의 총림에서는 아침 예불
시간에 분량이 아주 긴 능엄주 진언을 하는데 그 내용 중에 '다카 다
키니'라는 말이 자주 등장한다. 바로 허공을 날아다니는 남녀 수호신
인 용부勇夫(다카)와 공행모空行母(다키니)를 이르는 말이다. 이렇게 대승
불교권인 중국이나 한국 사찰에서도 다카 다키니에게 매일 기도를 하
고 있다.

티베트의 가장 위대한 여인 예세초겔은 팔세기경에 길고 짧고 중간
정도 길이의 본인 전기 세 부를 제자인 겔와장춥과 남캐닝뽀에게 쓰
도록 하여 숨겨두었다. 이 전기는 거의 천 년이 지난 17세기에 예세초
겔이 예언한 대로 땔돈 딱샴쌈덴링빠가 발굴하였다. 본래 다키니 문
자로 씌어 있던 것을 그가 번역하여 오늘날까지 전해지게 된 것이다.

이 책은 비록 고색창연한 인물과 내용으로 이루어져 있기는 하지
만 현대인들에게 새로운 영감과 감동을 불러일으킬 것이다. 특히 여
권이 신장되고 있는 오늘날, 역사상 가장 큰 지혜와 힘으로 불후의
공덕을 남긴 그녀의 행적은 큰 이상과 포부를 가진 많은 여인들에게
모범이 되리라고 본다.

예세초겔의 일화와 고행담, 수행을 성취하는 과정과 중생을 교화
한 불사의 내용을 아름다운 시와 노래를 곁들여 드라마틱하게 그려

낸 이 책은 밀교 수행의 진수와 심오한 가르침과 구결口訣을 담고 있어 한 생에 성불하고자 원력을 세워 정진하는 수행자들에게 소중하고 가치 있는 자료가 될 것이다.

나는 티베트의 밀법과 인연이 되어 북인도에 있는 까규파 사원인 캄바가에서 까규파와 닝마파의 전승을 둘 다 가지고 계신 암틴 구루를 모시고 밀법의 구전을 전수받았다. 비록 수행에 출중한 성취는 이루지 못했으나 빠드마삼바와와 다키니 예세초겔에게 특별한 신심과 헌신을 갖게 되었으며 특별하고 수승한 가피도 체험하였다.

나는 자신의 수행을 다지는 데 좀더 구체적인 계기와 도움이 되지 않을까 하는 마음에서 이 책의 번역을 시작하게 되었다. 모든 것이 인연 소치라 했던가! 이 책이 한국에서 출판되어 예세초겔과 한국의 수행자들이 만나게 된 것도 시절 인연이 도래한 까닭이리라. 어쩌면 이미 예언된 일인지도 모르겠다.

티베트어 원전을 제대로 이해하고 번역한 것인지 두려움이 앞서지만 이 책을 통해서 많은 한국 독자들이 빠드마삼바와 및 예세초겔과 영적으로 만날 수 있기를 기원해본다. 또한 밀법과 인연 있는 많은 사람들이 진정한 신심과 헌신으로 고무되고 가피를 입어 근기가 성숙되기를, 그리하여 마침내 한국 땅에서 밀교의 수승한 법이 꽃피고 결실을 맺게 되기를 기원한다.

이 책의 원문을 이해할 수 있도록 도움을 주신 구루 암틴과 환생자 뽀빠린포체, 티베트 곤조 지방에서 새로 망명해 온 로돼 라마께

특별히 감사한다. 또한 교정을 봐주고 여러 가지로 도움을 준 지덕 스님과 정리를 도와준 안정엽 양에게도 감사의 말을 전하고 싶다.

이 책은 2004년에 『예세초겔』이라는 제목으로 김영사에서 출판되었던 것이다. 절판되어 안타깝던 차에 일부를 수정, 보완하여 이번에 지영사에서 개정판을 출판하게 되어서 기쁠 뿐이다.

혹시라도 밀법의 심오한 전승과 가르침에 누가 되지는 않았을까 하는 조심스러운 마음도 든다. 수행의 구체적인 내용이나 방법 또는 밀법의 진정한 의미에 대해서 깊이 알고자 한다면, 정식으로 법을 전수받는 과정을 밟아서 직접 구루들께 가르침을 청하는 것이 지름길이라는 말을 덧붙이고 싶다.

2019년 11월
법등사에서 설오

【일러두기】

1. 3인칭에서 1인칭으로 시점이 이동하는 것은 원본에 따른 것이다.
2. 티베트를 통일한 토번 왕조의 왕들은 제후국의 왕과 구분하기 위해 황제로 번역하였다.
3. 인명과 지명은 티베트어의 발음에 가깝게 표기하는 것을 원칙으로 하였다.
4. 괄호 안의 글과 주는 옮긴이의 설명이다.

차례

축하의 글 … 4
옮긴이의 글 … 6

서문 … 13

1. 화신으로 오시다 … 19
2. 탄생 … 25
3. 무상을 인식하고 스승을 찾다 … 33
4. 구루린포체께 법을 청하다 … 49
5. 고행 … 107
6. 수행을 성취하다 … 147
7. 중생을 이롭게 하신 행적 … 155
8. 부처가 되다 … 225

겔와장춥의 후기 … 290
땔돈 빠오딱샴도제의 후기 … 291

해제 … 293
주 … 310

서
문

위대한 성취자 빠드마삼바와의 영적인 아내이며
수행의 도반, 숨겨진 보장들의 어머니
예세초겔마님께 예경하옵니다.

✤

나모구루데하와 다키니베헤![1]
스승님이신 다키니[2]들께 지극한 마음으로 절하옵니다.

아미타불과 관세음보살의 위대하고
자비로운 화신으로 오신 빠드마삼바와님과
법신 보신 화신[3]과 삼보[4]님의 모습으로 오셔서
일체 중생들을 고통에서 구해주시고
모든 법맥을 이어오신 전승조사[5]님들께 공양을 올립니다.

과거 현재 미래의 모든 부처님들의 어머니 되시는
청정한 지복의 여인으로서[6]
법신의 다키니의 모습으로 오신 대락의 꾼두상모[7]와
보신의 다키니의 모습으로 오신 도제남졸마[8]와
화신의 다키니로 오신 예세초겔마님께 절하옵니다.

과거 현재 미래 모든 부처님들의 환희로운 불사의 동반자 되시고
빠드마삼바와의 모든 가르침을 관장하셨네.

한번 들으면 절대로 잊어버리지 않는 총지력總持力을 성취한,

비밀스럽게 숨겨진 심오한 보장寶藏들의 어머니

수행자의 가장 수승한 모습인 금강의 무지개의 몸[9]을 성취하신 분

바로 위대한 스승, 다키니 예세초겔이라네.

그녀의 일생에 관한 전기와 수행

중생들을 위한 많은 불사들,

바로 다키니들의 심장의 피와 같은

여기저기 흩어져 있던 진귀한 가르침들을 모아서

미래세에 많은 중생들을 이롭게 하기 위하여

여기에 서술하고 또한 숨기고 하노라.

이 법은 닝카낙뽀뒈제발와와 뒈곤생계동짼[10]이라 불리는

두 수호신장이 지키게 하리라.

삼마야 갸 갸 갸[11]

에마호![12]

　과거 현재 미래 모든 부처님들의 본질을 한 몸에 갖추셨으며 위대
한 만트라의 주인이신 뻬마퇴탱짤[13]이라는 분이 계셨으니 바로 사람
의 모태를 빌리지 아니하고 연꽃에서 태어나신 위대한 성취자 빠드
마삼바와이시다. 그는 석가모니 부처님의 화신으로 오셔서 과거 현재
미래 모든 부처님들의 깨달음의 불사를 한 몸으로 다 성취하셨다.

　특히 인간 세상에 알리기 어려운 밀법을 널리 전파하고 발전시켰으
며, 항복받기 어려운 티베트의 악마들과 남서쪽 지방의 악신들, 지방

에 있는 작은 신들과 외도外道들, 잡신들 내지 각종 악귀들에 이르기까지 다 항복시켰다. 또한 어렵고 신묘한 신통 변화를 한꺼번에 나타내고 생명을 자유자재로 다룰 수 있는 신통력과 불사신의 몸을 성취하신 분이다.

그는 밀법을 널리 전파하기 위한 방편[14]으로 보신불 정토에서부터 화장터, 거룩한 성지와 인간계, 천상계와 용궁과 건달바국에 이르기까지 수승한 자질을 갖춘 훌륭한 칸돌마[15]들을 두었는데 그 수가 방 안에 가득 채운 겨자씨만큼이나 많았다. 특히 이 사바세계 남섬부주에 인도에서부터 중국, 티베트, 겐, 장, 리, 홀 지방에 이르기까지 칠만여 명이나 되는 덕망과 복과 지혜를 갖춘 현숙한 여인들을 칸돌마로 두셨다. 그중에서도 특히 바즈라요기니[16]의 화신으로 알려진 다섯 여인들과 항상 함께 수행하셨다. 그 여인들이 바로 몸의 화신으로 알려진 만다라화, 말씀의 화신으로 여겨지는 예세초겔, 마음의 화신인 캬데마, 공덕의 화신인 까라시띠, 사업의 화신인 따시찌덴이다.

바즈라요기니 자신은 칸도웨창이라는 곳에 화신으로 오셔서 모두 여섯 명의 수승하고 훌륭한 여인들의 모습으로 화신을 나타내셨다. 이 모든 화신들 가운데 특히 인도의 만다라화와 티베트의 예세초겔이 출중하였다. 만다라화에 관해서는 따로 전기가 있으므로 여기서는 주로 예세초겔에 대해서만 간략하게 이야기하고자 한다.

특히 중생을 교화할 시기가 된 것을 알고 화신으로서 오신 행적과 티베트에서 탄생하게 된 일화, 세상의 모든 것이 덧없고 허망함을 깨닫고서 구루(스승)에게 의지하여 시중들고 법을 배우고 수행한 모습,

수행을 성취한 증거를 보이신 이적과 중생을 이롭게 하신 행적, 그리고 모든 원력을 다 완성해 마치고 열반에 드시어 완전한 부처님의 경지에 오르신 모습 등으로 나누어서 소개하고자 한다.

1

화신으로 오시다

교화할 시기가 되었음을 안 지혜의 여신 양쩬마가

빠드마삼바와와 대락의 까르마무드라를 지어

티베트 땅에 잉태되시니, 그분이 바로 예세초겔이라네

과거 현재 미래의 모든 부처님의 어머니이신 예세초겔이 널리 알려지게 된 것은 억겁이라는 긴 세월 동안 복과 공덕을 지으시고 업장業障을 청정하게 정화하였으며, 모든 중생들을 이롭게 하는 위대하고 수승한 많은 업적들을 행하셨기 때문이다.

옛적에 사파따리붓다라는 성자가 계셨다. 부유한 상인의 딸로 태어난 예세초겔은 오백 명의 여인들을 거느리고 그 성자 앞에 나아가 불퇴전不退轉의 확고한 서원誓願을 세우고 수행을 하였다.

그 다음 여러 생을 그녀는 여러 보신불 정토[17]에 머물렀다. 후에 석가모니 부처님께서 지구에 오셨을 때 그녀는 강가대비라는 이름의 여인으로 태어나서 부처님의 말씀을 정리하고 기록하였다. 그 후 그녀는 다시 지혜의 여신인 양쩬마[18]로 보신불 정토에 계시면서 중생들의 행복을 위해 많은 불사를 행하셨다.

바로 그때에 티베트에서는 문수보살의 화신이라고 여겨지는 티송데쩬 황제가 나라를 다스리고 있었다. 황제는 불교를 티베트에 받아들이기 위해서 아미타불이 직접 인간 세계에 오셨다고 믿어지는 빠드마삼바와를 인도에서 초청하여 삼예사원[19]에 모셨다. 그 후에 황제는 진지사와 진절사라는 거대한 사원을 세우고 불법을 널리 전파하기를 한낮에 태양이 만물을 두루 비추듯이 하였다.

그러던 어느 날, '나의 밀법을 더욱 널리 발전시키기 위해서 지혜의 여신인 양쩬마의 화신을 모실 때가 되었구나' 하고 생각하신 빠드마삼바와께서 혜성이 바다에 떨어지듯이 당신의 정토 샴바라로 돌아가셨다. 빠드마삼바와가 아무 말 없이 가시고 나니 온 나라에 소문이 분분하였다. 그때 본교의 신하들은 국왕이 빠드마삼바와에게 벌을 내려서 변방으로 귀양 보낸 것이라고 헛소문을 퍼뜨렸다. 티송데쩬 황제는 빠드마삼바와가 본게종숨(현재의 부탄)이라는 곳에서 영적인 수행을 하고 계신다고 말하였지만 백성들 사이에서는 그가 인도로 돌아갔으며 황후들도 몇 차례로 나누어 함께 데려갔다는 소문이 떠돌았다.

그러나 정작 빠드마삼바와 본인은 많은 화신 부처님이 계신 정토를 돌아다니면서 그곳에 인간 세상의 햇수로 칠년 동안 머물러 계셨다. 그곳에 계실 때에 바즈라요기니, 양쩬마, 따라보살, 금강분노불모, 지수화풍地水火風의 사대四大 다키니, 그 지역의 호법신인 다키니들이 모두 모여서 함께 지복至福의 노래를 불렀다. 빠드마삼바와께서 먼저 다음과 같이 노래하셨다.

흐릿!
거대한 욕망의 비밀스런 허공에서 탐욕이 없고
애욕이 다했으나 그 쾌락에 탐착하는 욕망의 금강저金剛杵가,

이미 번뇌는 없으나 큰 번뇌의 광명으로
심오한 밀법의 대락大樂을 누릴 때가 왔느니라.

그러자 여러 여신들 가운데서 지혜의 여신인 양쩬마가 일어나서 응
답하였다.

오! 대락의 주인 헤루까시여!
위대한 무용가이신 당신께서 한번 춤을 추면
아름답고 성스러운 연꽃에 퍼지는 큰 지복의 대락광명으로 인해
세간의 모든 고통이 사라집니다.
이제 황량한 야만족의 땅에
화신으로 나툴 때가 되었습니다.

삼마야 호!
빠드마삼바와께서 말씀하셨다.

삼마야 땀!
양쩬마가 응답하였다.

삼마야 흐릿!
하고 빠드마삼바와께서 말하니

삼마야 띠타!
하고 그녀가 응답했다.

라호 함!
하고 빠드마삼바와께서 말하니

라가야미!
하고 그녀가 응답했다.

그러고는 두 분이 대락광명의 까르마무드라[20]를 지었다. 이에 짼마를 포함한 다섯 여신이 공양을 올렸고, 분노의 헤루까들은 마구니들을 쫓아버렸다. 보살들은 축복의 시를 지어 올렸고, 무서운 모습을 한 호법신들은 장애가 없도록 지켰고, 사천왕모는 사방의 문을 호위하였다. 금강의 여신들은 춤을 추었고, 다카와 다키니들은 주위를 호법하면서 함께 기뻐하였다. 두 분의 몸에서 퍼지는 큰 기쁨의 광명에 의해 모든 시방세계十方世界가 흔들리고 대지가 진동하였다.

그때 두 분이 하나된 곳에서 붉은빛 '아'자가 나오고 그 주위를 흰색의 모음들이 염주처럼 둘러쌌다. 또 흰빛의 '밤'자가 나오고 그 주위를 붉은빛의 자음들이 둘러쌌다. 그 두 종자種子가 되는 글자가 닥기싸우룽이라는 티베트의 한 마을로 혜성처럼 떨어졌다.

이것이 바로 양짼마의 화신인 예세초겔이 교화할 시기가 된 줄을 알고 인간의 몸으로 입태하게 된 인연이다.

여신들의 축복 속에 번뇌와 업장이 소멸한
청정한 몸으로 나시니 열 살도 되기 전에 그 비범하고
아름다운 자태가 빛을 발하여 뭇사람들을 현혹하더라.

티베트는 초대 국왕인 냐티뽀부터 그 마지막 후예인 남리쏭짼 때까지
는 일곱 개의 작은 왕국으로 나뉘어 있었다. 그러다가 남리쏭짼의 후
계자인 송짼감뽀 이후부터 그의 후손들이 티베트 전역을 황제로서
통치하였다. 영원히 기억될 불후의 업적을 남긴 송짼감뽀 황제는 일
곱 개의 작은 왕국의 왕들, 즉 칼첸빠와 슐칼와와 칼추와와 공탕와와
쩨빠와 닥빠, 롱빠를 제국의 법령으로 다스렸다. 그 가운데 한 왕인
칼첸빠는 티베트의 토속 신앙인 본교를 믿어 그 종교를 국교로 삼았
다. 그의 아들이 칼첸숀누빠이고 또 그의 아들이 칼첸도제곤이며 또
그의 아들이 칼첸뺄기왕축이었다.

칼첸뺄기왕축은 열다섯 살 되던 해에 늅족(종족 이름) 출신의 겜초라
는 여인을 아내로 맞아들였고 그로부터 얼마 지나지 않아 부왕이 서
거하여 모든 국무를 떠맡게 되었다. 그는 불법에 신심을 가지고 있던
선친의 유훈을 받들어 자신의 백성들이 모두 불교를 신봉하도록 하
였다.

그가 스물다섯 살 되던 해 아내와 잠자리를 나누고 있는데 아내의

눈에 환영幻影이 보였다. 서쪽에서 황금별이 비파보다도 더욱 아름다운 소리를 내더니 남편의 정수리로 흘러 들어가는 것이 아닌가. 한편 칼첸뺄기왕축의 눈에는 아내가 눈이 셋 달린 여덟 살 소녀로 변하더니 비파를 들고 아아, 이이, 우우, 릴리, 에에, 오오, 옴아 하는 소리를 낸 뒤 흐릿, 흐릿, 흐릿, 흐릿, 흐릿! 하고 말하면서 자신의 남근으로 들어왔다가 춤추며 사라지는 모습이 보였다. 그 순간 땅이 진동하고 광명과 함께 폭죽 터지는 소리가 나더니 성 밖의 우물이 우르르 하는 소리와 함께 호수로 변하였다.

이어 칼첸뺄기왕축은 연꽃잎 여덟 장을 손에 들고 있는 꿈을 꾸었다. 그 연꽃에서 나온 빛이 시방의 법계를 두루 비추니 "삼계에 그 빛이 가득하지 않은 곳이 없다"고 말하는 소리가 들렸다. 그 순간 왕의 정수리에서는 산호로 된 탑이 하나 솟아 나왔고 중국과 티베트, 네팔을 비롯해 많은 나라에서 사람들이 몰려왔다. 그들 중 몇몇은 탑을 친견하러 왔다고 말했고, 또 몇몇은 탑을 얻으러 왔다고 말했으며, 또 몇몇은 탑을 훔치러 왔다 했고, 또 몇몇은 강탈하러 왔다고 말했다. 그러다 문득 비파가 하나 보이기에 집어 드니 절로 소리가 울려 나왔고 그 소리가 삼계의 허공에 두루 퍼지자 그곳에 모인 사람들이 다 지칠 줄 모르고 들었다.

부인 또한 꿈을 꾸었다. 손에 소라와 산호 염주를 들고 있는데, 산호에서는 피가, 소라에서는 우유가 흘러 나와 수많은 사람들이 나누어 마시고도 다함이 없었다. 그러더니 "모든 세상에 흰색과 붉은색의 감로가 가득 차서 아승지겁阿僧祇劫이 다하도록 없어지지 않는구나" 하고 말하는 소리가 들렸다. 그리고 동이 트자마자 천상의 여신과도 같은 아름다운 여인이 나타나서 "거룩한 부처님이시여 부왕의 궁성에 강림하소서. 거룩한 불법이시여, 강림하소서. 거룩한 승가시여, 강림하소서. 마라라" 하고 말하고는 사라졌다.

그로부터 아홉 달이 지난 어느 날 티베트어의 모음 발음 소리와 함께 "흐릿! 구루뻬마벤자 아!" 하는 소리가 또렷하게 들리면서 산스크리트어로 밀법의 전승을 말하는 소리가 계속 들려왔다.

제후의 부인은 닭의 해, 원숭이 달 음력 초열흘날, 동이 트는 시각에 산고 없이 여자아이를 낳았다. 그때 땅이 진동하고 천둥소리가 들리더니 하늘에서는 꽃비가 내리고 호수의 물이 크게 불어나 호수 표면에 흰색, 붉은색을 비롯해 여러 가지 색깔의 상상할 수 없는 많은 종류의 꽃들이 피어났다.

또한 제후의 궁성에 무지갯빛 광명이 그물과 천막처럼 드리워진 것을 마을 사람들이 모두 보았다. 하늘에는 갖가지 악기 소리가 가득 찼는데, 그 가운데서도 비파의 아름다운 선율이 가장 오래도록 남아 있었다. 그때 구름 사이로 아름다운 여신들이 몸을 반쯤 내밀며 축복의 시를 노래하였다.

흐릿!
법계체성신法界體性身인 보현왕여래의 불모이시고
보신報身 다키니인 바즈라요기니(金剛亥母)의 화신인

당신께 모든 축복이 함께하소서.
법신法身인 금강해모金剛亥母와
보신報身이신 삼세제불三世諸佛의 불모 양쩬마의 화신인
당신의 모든 불사가 성취되기를 기원합니다.
본래 구족한 지혜의 공성空性과
보신이시며 일곱 개의 눈을 가지신 백색 따라의 화신으로서
존귀한 인간의 몸으로 나투신 당신께 예경합니다.

여신들은 이렇게 노래한 뒤 꽃비를 내리고는 허공으로 사라졌다.

초겔은 태어나자마자 티베트어의 자음과 모음을 소리내어 읊은 뒤 "빠드마삼바와시여! 저를 굽어 살피소서!" 하고 말하고는 산반좌散盤坐(보살의 자세로 한쪽 다리를 약간 앞으로 내놓은 모습)를 하고 선정禪定에 든 듯이 한동안 한곳을 응시하고 있었다.

그녀의 몸에는 갓 태어난 아기와는 달리 모태의 피나 오물이 전혀 묻어 있지 않았고, 희고 붉은 빛의 광채가 났다. 특히 눈처럼 흰 이빨이 가지런히 나 있었으며, 푸른빛이 도는 새까만 머리는 허리까지 닿아 있었다. 그 어머니께서 암야크의 젖으로 만든 버터를 먹일 때에 그녀는 말했다.

요기니의 화신인 나, 당신의 딸은
청정한 무루無漏[21]의 음식을 먹고 자란답니다.
청정하지 않은 유루有漏의 음식은

나 이제 잊은 지 오래이나
어머니께서 큰 공덕을 쌓게 하기 위하여 먹겠습니다.
먹되 부처님 법의 구결을 전수받듯이 먹고,
삼킬 때는 삼계의 윤회를 다 집어삼키듯이 삼키겠습니다.
그러면 지혜의 깨달음에 의해 배부르고 충만해지겠지요.
아에!

그러고는 음식을 먹었다.

딸의 범상치 않은 모습을 본 초겔의 아버지는 딸이 장래에 불법을 성
취한 큰스님이나 본교의 훌륭한 수행자가 되든지 아니면 황후가 될 것
같다고 말했다. 그러고는 호수가 불어난 인연을 따서 초겔(티베트어로
'초'는 호수를 뜻하고 '겔'은 불어났다는 뜻이다)이라고 이름 지었다.

그녀의 나이 여덟 살이 되자 아름다운 자태가 빛을 발했다. 사람들
의 눈을 피해 열 살이 되도록 숨겨서 키웠으나 그 미모가 온 나라에
소문이 나서 티베트는 물론 주변의 중국, 네팔에서까지 그녀를 보기
위해서 사람들이 줄지어 찾아왔다.

3

무상을 인식하고 스승을 찾다

초겔을 얻기 위해 제후들이 전쟁을 불사하니

황제가 거두어 빠드마삼바와께 바치었다.

이로써 밀법을 수행코자 하는 초겔의 뜻이 비로소 성취되도다.

어느 날 부모와 가까운 친척들이 한곳에 모여 초겔의 장래를 논의하는 자리를 가졌다. 의논 끝에 황제가 달라 하면 초겔을 바치되 다른 사람에게 주게 되면 얻지 못한 사람이 화를 내어 전쟁의 화근이 될 수도 있으니 청혼자들을 모두 그냥 돌려보내기로 결정하였다.

그런데 청혼자들을 돌려보낸 뒤 얼마 되지 않아 칼추뺄기숀누와 슐칼도제왕축이라는 사람 둘이 와서 각각 예물로 말과 당나귀 삼백 마리를 바치면서 청혼하였다. 둘 중 누군가에게 딸을 주게 되면 다른 한쪽이 불쾌해 할 것이 분명했다. 고민 끝에 아버지는 초겔에게 물어서 결정하기로 하였다.

그러자 초겔은 거듭 간청하였다.

"저는 누구에게도 시집을 가지 않겠습니다. 시집을 가게 되면 윤회의 고통이라는 감옥에 갇힌 것과 같이 되어서 해탈하기 어려울 것이니 부모님께서는 깊이 헤아려주십시오."

그러나 아버지는 끝내 그녀의 청을 들어주지 않았다.

"네 결혼 상대로 저보다 나은 사람이 없다고 다들 말한다. 그러니 더 이상 고집 부리지 마라. 전에는 청혼자들을 다 돌려보냈지만, 이번에는 저 두 사람 가운데 하나에게 줄 수밖에 없다."

완고하게 딸의 청을 거절한 왕은 두 청혼자를 불러서 말했다.

"내 딸이 어느 쪽에게도 시집가지 않겠다고 고집을 부리고 있네. 내가 딸을 내칠 터이니 누구든 먼저 쫓아가 잡는 사람이 데려가기로 하세. 결정이 내려지면 다른 한 사람은 더 이상 쟁탈 하지 않기로 약속해야 할 것이야. 만약 그렇지 않고 억지로 취하고자 한다면 국법에 호소하여 벌을 내리도록 할 것일세."

아버지는 초겔에게 옷을 갖춰 입게 하고는 말과 소 백 마리를 딸려서 밖으로 쫓아버렸다. 초겔은 하는 수 없이 가축들을 끌고 밖으로 나갔다. 얼마 지나지 않아 칼추 가의 하인 쎈띠빠가 쫓아와서는 초겔을 끌고 가려 했다. 초겔은 바위 위로 도망치다가 미끄러졌는데, 순간 바위가 진흙처럼 변하더니 초겔의 발을 끌어당겼다. 초겔은 바위를 붙들고 태산이라도 된 양 꼼짝 하지 않았다. 그러자 하인들이 몰려와서 옷을 다 벗기더니 가시철사로 몸을 마구 찌르고 몽둥이로 때리면서 윽박질렀다.

"부끄러운 줄도 모르고 부모 말도 안 듣는 불효막심한 계집년아! 빨리 내려오는 게 좋을 거다. 안 그러면 죽여버리겠다."

그러나 그녀는 의연하게 말했다.

"수없는 아승지겁의 세월을 거쳐서 간신히 얻은 이 귀중한 인간의 몸을 법을 성취하여 도를 깨닫는 데 사용치 못하고 윤회의 고통을 얻는 데 쓴다면 그 무슨 가치가 있으리오! 칼추 가의 권력과 부가 아무리 크다 한들 단 하루라도 깨달음을 성취하는 데 자량資糧[22]이 되지 못하거늘 그렇게 하느니 차라리 여기에서 죽는 것이 여한이 없을 것이다."

그러자 하인 가운데 하나가 말했다.

"저년이 겉은 멀쩡한데 속은 다 썩었구나. 인물만 반반해 가지고는 제후들의 분쟁이나 일으킬 요물이다. 연약한 여자의 몸을 해 가지고 용케도 버티는 걸 보니 역시 보통 사람이 아니다" 하면서 욕설을 퍼부었다. 그런 한편 "칼추 가의 마님이 되게 어서 나오라"며 달래기도 하였다.

초겔이 다시 말하였다.

"원만한 인간의 몸을 구족하기가 어렵다 하나 당신들과 같은 몸을 얻는 것을 어찌 어렵다 하리오. 그대들과 같이 악업을 짓느니 차라리 인간의 몸을 얻지 못함만 못 하구나. 내가 어찌 이러한 도리를 잘 알면서 칼추의 아내가 될 수 있단 말인가!"

그러자 하인들은 다시 가시철사로 초겔을 마구 찔러댔다. 초겔은 고통을 견디다 못해 내려오고 말았다. 결국 그날로 칼추의 성으로 끌려가게 되니 모두들 잔치를 열고 한바탕 떠들썩하게 춤과 노래를 즐겼다.

한편 초겔은 서글픈 마음에 피눈물을 흘리면서 여러 궁리를 해보았으나 대책이 없었다. 그녀는 시방삼세에 계신 불보살님께 애절한 곡조와 음성으로 간절히 기도를 올렸다.

께마훼!

시방에 계시는 불보살님과

유정有情들을 지켜주시는 호법신들이시여!

당신들은 대자대비하신 원력으로

중생들을 고통에서 구해주시는 분들이십니다.

지혜의 눈과 신통력을 구족하신 위대한 힘으로

큰 서원과 보리심을 발할 때가 왔습니다.

마음이 곱기가 눈보다 더 흰 제가

마구니 소굴과 같은 더럽고 어두운 곳에 갇혀 있습니다.

대자대비하신 눈으로 저를 굽어 살피소서.

마음이 순수하기가 황금과 같은 제가

귀신들의 함정에 빠진 것보다 더 나쁜 처지에 놓여 있습니다.

지혜의 눈을 가지신 분들이시여! 굽어 살피소서.

마음 씀씀이가 보석과 같이 순수한 제가

저 마귀의 돌덩이보다 더 못한 상황에 처해 있습니다.

이 생에 이 몸으로 오직 불법만을 수행코자 하오니

대자대비하신 불보살님들이시여!

신통력을 구족하신 당신들께서 위력을 발휘하사

저 마구니들의 수렁에 빠진 저를

어서 빨리 이곳에서 구해주소서.

이렇게 기도를 하자마자 모든 사람들이 술에 취해 인사불성이 되더니 깊은 잠에 빠져들었다. 그 틈을 타 초겔은 바람처럼 빠르게 산을 넘고 물을 건너 남쪽으로 달아나 숨어버렸다.

다음날 초겔이 없어진 것을 안 칼추가 사람들은 후회와 두려움에 젖어 우왕좌왕하였다. 밤이 이슥하도록 사방으로 초겔을 찾아 헤매던 그들은 결국 포기하고 돌아가버렸다.

그때 빠드마삼바와가 갑자기 삼예사원으로 돌아왔다. 그 사실을 안 본교도 신하들은 빠드마삼바와를 살해하기로 마음먹고 모두 삼예로 몰려갔다. 그런데 도착해 보니 절이 온통 불타고 있는 것처럼 보였다. 놀란 신하들은 돌아가서 황제에게 아뢰었다.

"께호! 성은이 망극하옵니다. 위대한 황제 폐하시여! 천하의 주인이시자 인간들의 주인이시며 신의 아들이신 당신은 가장 존귀한 분입니다.

나라 안을 돌아다니던 이방인, 그 비렁뱅이 같은 인간에게 벌을 내려 토갈(현재의 만주) 지방으로 귀양 보냈으나 귀양지에 가지 않고 삼예에 있는 침부사원에 와 있다고 하옵니다. 폐하께서 속히 성지聖旨를 내리시어 다시 귀양을 보내든지 죽이든지 하심이 옳은 줄 아뢰옵니다."

불법을 수호했던 황제는 신하들의 말을 듣고 내심 기쁨을 금치 못하며 빠드마삼바와께서 세속의 번뇌를 버리지 않고도 불법을 수행하여 성취할 수 있는 가르침을 가지고 계신다고 하니 그 법을 청해야겠다고 생각하였다. 황제는 세 명의 통역관을 불러서 예물로 황금을 준비시킨 뒤 빠드마삼바와를 모셔오도록 하였다. 그 사실을 안 본교도 신하들은 병사들을 협곡에 숨겨놓고 기다렸다.

빠드마삼바와는 그런 일이 있을 줄 미리 알고 통역관 셋을 먼저 보낸 뒤 자신은 외곽으로 돌아서 갔다. 협곡에 도착한 그가 검지로 허공을 가리키며 "훔! 훔! 훔!" 하고 세 번 외치니 몸이 허공으로 날아올랐다. 그 순간 온 세상의 산이 불타올랐고 빠드마삼바와는 분노존인 바즈라낄라야[23]의 모습으로 나투었다. 그의 모습을 본 본교도들은 모두 두려워서 기절해버리고 말았다. 그가 황제의 처소에 도착하니 황제와 황후 또한 혼절해버렸으나 다른 사람들 눈에는 아무것도 보이지 않았다. 빠드마삼바와는 무서운 분노존의 모습을 거두고 본래의 모습으로 돌아와 만다라를 세우고 그 안에 앉으셨다.

그제야 황제가 깨어나서 예를 갖추어 절을 올렸다. 이어 만다라 주위를 오른쪽으로 수없이 돌더니 아주 성대한 공양을 올리며 간절히 법을 청했다. 빠드마삼바와는 "아직은 금강승을 펼 때가 아니니 먼저 소승과 대승의 불교를 공부하고 내일 다시 오늘과 같은 시각에 공양을 준비하십시오" 하고 말씀하셨다.

한편 초겔은 인적이 없는 온푸딱창이라는 산속 협곡에서 과일로 끼니를 잇고 목화솜을 따서 옷을 지어 입으며 지내고 있었다. 그런데 또 한 사람의 청혼자인 슐칼와가 초겔이 그곳에 있다는 소식을 듣고 장정을 삼백 명이나 동원하여 잡으러 보냈다. 초겔은 어쩔 수 없이 다시 끌려온 신세가 되었다. 이러한 상황을 초겔을 놓쳐버린 칼추와가 알고는 초겔의 아버지에게 편지를 보냈다.

"성스러운 제왕 칼첸뺄기왕축님께 올립니다. 따님을 제게 주셨으나 도중에 어디론지 사라져버려서 찾을 수가 없었는데 먼 남방에 있는 슐칼 가문에서 찾아서 데려갔다고 합니다. 이 소문이 사실이라면 어떻게 된 일인지 묻지 않을 수 없습니다. 혹시라도 당신께서 일부러 그렇게 안배한 것이라면 저는 당신과 대적할 것입니다. 그렇지 않다고 하면 직접 나서서 슐칼과 싸우겠습니다."

그런 편지를 보낸 뒤에 칼추는 많은 군사를 동원했다. 칼첸은 다음과 같은 회신을 보냈다.

"이것은 칼추도제뺄에 대한 나의 회답이다. 확실하지도 않은 일에 나쁜 언사는 삼가는 게 좋다. 일단 집에서 나간 딸은 출가외인이니 이미 나와는 아무 상관없는 일이다. 무력으로 해결한다고 자네가 누굴 이길 수 있단 말인가?" 이렇게 회신을 하고는 그 역시 군대를 무장시켰다.

그때 슐칼와 역시 칼첸에게 청혼하는 글을 올렸다.

"성스러운 제왕이신 뺄기왕축 전하시여! 당신의 여식을 먼 산간벽지에서 찾아 와 제 집에서 보호하고 있습니다. 많은 재물과 진귀한 보석들을 예물로 올릴 테니 따님을 저에게 주시는 것이 어떻겠습니까?"

칼첸은 다음과 같이 회답하였다.

"전에 이미 자네들 가운데 먼저 얻는 쪽에 주기로 분명하게 약속하지 않았나? 딸아이로 인해서 자칫하면 전쟁이 일어나게 생겼네. 여러 사람 마음을 잡아끄는 딸아이를 본인이 원하는 대로 멀리 보내주는 것이 좋을 듯싶네."

그러나 슐칼은 "누가 뭐래도 나는 초겔을 내주지 않겠다"며 쇠사슬로 그녀를 묶어 감금해두었다. 제후들이 초겔이라는 한 여인 때문에 전쟁을 하려 하고 있다는 소문은 황제의 귀에까지 들어갔다. 티송데짼 황제는 서신과 함께 사신 일곱 명을 칼첸에게 보냈다.

"제후 칼첸빠는 들으라. 황제의 엄명에 불복하면 병권을 즉각 회수할 것이다. 듣자 하니 자네에게 아주 출중한 딸이 있다던데 마땅히 나에게 황후로 보내야 할 것이다. 내 통치를 받는 백성으로서 전쟁을 일으키는 자는 누구를 막론하고 사형에 처한다고 법에 명시되어 있음을 명심해야 할 것이다."

칼첸은 사건의 전말을 상세하게 보고하는 상소를 올렸다.

"오! 거룩하신 만백성의 군주시여! 성은이 망극하옵니다. 말씀하신 대로 저에게는 용모가 빼어난 딸이 있습니다. 딸아이가 황제의 배필이 된다면 이 어찌 영광이 아니겠습니까. 그러나 전쟁이 일어날까 두렵습니다. 그러니 황제 폐하께서 정예군의 위력으로 해결하셔야 할 것 같습니다."

이에 크게 기뻐한 티송데짼 황제가 말과 소 구백여 필을 하사하고는 친히 슐칼의 집으로 왕림하니 슐칼은 황송해 하며 초겔을 바쳤다.

그리고 세 딸 중 첫째 딸 데첸초를 칼추에게, 둘째 딸 니마초를 슐칼에게 주니 황후로 간택된 초겔에 대한 미련을 버린 두 사람 다 만족해 하였다. 이로써 모두가 평화로워지고 화목하게 되었다.

초겔은 혼례복을 갖추어 입고 어머니가 준비해준 각종 보석으로 치장하고 많은 궁녀들의 인도를 받으며 삼예사원으로 나아갔다. 그리고 그곳에서 황제와 함께 삼 개월 동안 혼례와 연회를 베풀었다.

황제는 초겔이 불법에 신심을 가진 것을 알고는 불교학자들에게 명하여 그녀의 불교 공부를 돕도록 하였다. 그녀는 불교의 경전과 성률학聲律學을 비롯해 오명五明²⁴과 내외전內外典²⁵을 두루 배워 통달하였다.

티송데짼 황제는 빠드마삼바와를 초청하기 위하여 보석으로 만든 법상과 만다라 공양을 아주 성대하게 준비하고 각 지방의 모양을 본떠 재물과 진귀한 물건들을 산더미처럼 쌓아올렸다. 은으로 만든 만다라 판 위에는 금덩이를, 금으로 만든 만다라 판 위에는 터키석을 쌓아올렸는데, 특히 티베트의 중심부인 웨와 짱의 네 개의 성은 수미산의 모습으로 장엄하게 올렸다. 중국과 장과 캄 지방은 동승신주와 중주中洲와 소주小洲의 모습으로 올렸다. 잘과 꽁뽀와 몬 세 지방은 남섬부주와 중주와 소주의 모습으로 올렸다. 응아, 리, 꼴 세 지방은 서우화주와 중주와 소주의 모습으로 올렸다. 홀, 속, 독 세 지방은 북구로주와 중주와 소주의 모습으로 올렸다. 황제는 이렇게 사대부주四大部洲 및 팔대소주八大小洲²⁶를 상징하는 갖은 보배와 국정을 다스리는 데 필요한 보물들과 왕후²⁷를 묘공妙供²⁸으로 하여 만다라를 지어 올리고는 법을 청하는 기도를 간절히 올렸다.

위대하신 구루린포체[29]시여!
이와 같이 저의 힘으로 모을 수 있는
모든 보배들을 모아서 만다라를 지어 올리오니
대자비로써 사람과 신을 포함한 모든 중생들을 섭수攝受하소서.
언제 어디서든지 당신의 모습을 떠나지 않고
인과를 초월할 수 있는 수승한 밀법을,
다른 보편적인 법을 수행하지 않고도
한 생에 이 몸을 가지고 정진하여
단번에 성불하는 데 의지가 되어줄
그런 특별하고도 희유한 법을 내려주소서.

　황제가 이렇게 간청하며 아홉 번 오체투지를 하니 구루린포체께서
다음과 같이 말씀하셨다.

에마호!
호법의 왕, 티송데짼은 들으시오!
나 빠드마삼바와는
방향도 없고 이미 방향을 떠난
극락의 연꽃 정토에서 태어났으나
그곳은 탄생도 없고 죽음 또한 없는 곳
나는 태어남도 사라짐도 없는
불멸의 아미타 부처님
그 신구의身口意 삼문三門의 금강광명으로부터 나왔다네.

끝이 없는 바다 한가운데에

인因도 없고 연緣도 없는 연꽃의 줄기에서

아버지도 없고 어머니도 없고 성姓도 없이

희유하게도 저절로 탄생한 나는

생사를 떠난 다키니들의 통솔자라네.

인과를 초월한 밀법의 전승과 구전, 그 가르침을 받는 데는

목숨을 걸고 지켜야 할 삼마야 즉 계율이 있다.

황제의 높은 권력으로 올린 공양물이 좋기는 하나

물질과 바꿀 수 있는 법은 없으니

만약 법을 물질과 바꾼다면 그것은 근본계에 어긋나는 것이다.

계율을 어기게 되면 나는 물론 나와 인연이 있는

모든 이들이 화를 입게 되고

목숨이 다한 뒤에는 지옥의 과보果報를 받을 것이다.

그러나 사바세계는 나의 권한 안에 있는 곳

그대가 많은 공양물을 올리고

금강승의 비밀스런 법을 청했으나 그 법을 펴기 위해서는

그 법을 받아 지닐 만한 큰 그릇을 갖춘 사람이 필요하다네.

설산에 사는 설사자의 젖은 순금의 그릇에 담아야지

다른 그릇에 담게 되면 그릇도 깨지고 젖도 새버리게 되듯이

그런 연고로 나는 이 수승하고 비밀스런 법을

내 가슴속에 그냥 묻어두고자 한다오.

이렇게 말씀하신 빠드마삼바와께서는 신통력으로 윗몸은 욕계에
아랫몸은 지옥에 나타내시고는 법상 꼭대기에 라마의 법복을 갖추고

앉아 계셨다. 그러자 황제는 온몸을 땅에 내던져 쓰러지듯이 절하면서 통렬히 부르짖었다.

> 위대한 스승 빠드마삼바와시여!
> 저와 같은 복력福力으로도
> 밀법의 수승한 법을 담을 만한 그릇이 되지 못한다면 ……

황제는 온몸으로 땅을 치면서 대성통곡하였다. 이에 빠드마삼바와가 다시 말씀하셨다.

> 선재 선재라!
> 밀승을 비밀스런 법이라 말하는 이유는
> 그 가르침 자체에 허물이 있기 때문이 아니라
> 마음이 작은 소승 근기의 사람들에게는 비밀로 하라 했기 때문이다.
> 그대의 복력이 부족한 것은 아니나 이 법을 전수받기 위해서는
> 법을 청문할 수 있는 귀가 있어야 하며,
> 지혜와 마음이 커야 하고,
> 신심으로 계율을 어기지 말아야 하며,
> 스승님께 공경하고 헌신하는 마음으로 따르고 복종하면서
> 자신의 욕망과 악업과 집착 등의 번뇌를 소멸해야 한다.
> 또한 이 법을 수행하는 데는
> 혈통이 좋고 신심 있고 계율을 철저히 지킬 줄 아는,
> 신체가 아름답고 구족하며 방편과 지혜를 두루 갖추어

마음이 너그럽고 흔쾌히 보시할 줄 아는 출중한 여인이 필요하다.

이러한 여인이 없으면 한 생에 성불하는 데 어려움이 있을 뿐 아니라

수행 또한 결실이 견고해지기 어렵다.

앞으로 티베트 땅에 밀법을 수행하는 자가 많아질 것이나

구경究竟의 해탈을 얻는 사람은

낮에 뜬 별만큼이나 드물 것이다.

그대는 이 수승한 금강승의 법을 널리 펴는 데 힘을 쓸지니라.

　빠드마삼바와는 이렇게 말씀하시고는 지금강불의 모습으로 변해 앉아 계셨다. 티송데짼 황제는 이마를 땅에 찧으며 피가 나도록 감사의 절을 올리고는 황후인 초겔과 함께 다섯 가지 성스러운 공양물을 올렸다. 빠드마삼바와는 매우 흡족해 하면서 초겔에게 관정灌頂30을 내리셨다. 그러고 나서 빠드마삼바와와 초겔은 밀종의 법을 전수하기 위해 우선 침부게우루라는 동굴로 떠났다.

4

구루 린포체께 법을 청하다

빠드마삼바와에게서 수승한 법을 전수받고

영적인 도반 아짜라싸레와 함께 수행에 정진하니

대일여래의 불모, 꾼두상모의 지위에 오르게 되었도다.

침부게공과 야마룽 등지에서 구루린포체께서는 초겔이 먼저 부처님의 확실한 진리인 사성제四聖諦를 통해서 선업善業을 수행하도록 하였다. 그리고 부처님의 모든 가르침을 총 망라한 경률론 삼장 에 서술된 인과에 대해 강론하시면서 청정한 선업을 지을 수 있는 계율에는 방편으로 열어도 되는 것과 지켜야 할 것[持犯開遮]이 있음을 설해주셨다. 그리고 나서 육승六乘[31]의 모든 법을 배우고 익혀서 마음에 새기게 하였다. 그녀는 점차 수행이 안정되게 되었고 말씀하신 경전의 모든 의미를 확실히 알 수 있게 되어 모든 것에 통달할 수 있게 되었다.

어느 날 지혜의 여신인 양쩬마께서 현신하시어 그녀에게 가피를 내리셨다. 그러자 그녀는 한번 들으면 절대 잊어버리지 않는 총지력을 성취하게 되었다. 모든 세계를 육안으로 볼 수 있게 되었고 유루와 무루의 예지력과 신통 변화를 보일 수 있는 능력이 생겨났다.

글이 너무 장황해질까 봐서 들었던 많은 내용의 법을 다 쓰지는 못하지만 간단히 요약해서 말하자면 그녀 자신이 말한 바와 같다.

구루이신 빠드마삼바와께서는 부처님의 가르침들을 그대로 다 한 몸에 지니고 계셨다. 내가 구루께 오랫동안 공양을 올리고 시봉을 잘하고 또한 당신의 가르침대로 수행을 잘한 연고로 보배로운 병에 담긴 물을 남김없이 다 부어주듯이 당신에게 있는 모든 법을 나, 예세초겔에게 다 전해주셨다. 그 후 나는 더욱 수월하게 수행을 할 수 있게되었다. 나는 구차제승九次第乘[32]의 차이점을 잘 분별할 수 있게 되었고 법에 맞는 것과 법에 맞지 않는 것을 잘 분별하여 알게 되었다. 인과의 법칙을 잘 알게 되니 업과 인과를 초월한 위없이 수승한 최고의 법을 구하고자 하는 마음이 일어났다. 그래서 구루린포체께 말씀드렸다.

께마!
거룩한 부처님의 화신이시여!
우겐국에서 탄생하사 인도에서 최고의 성취자가 되셨네.
티베트 국토에 부처님을 대신해 오신 분이시여!
저는 어린 나이에 많은 경험을 한 사람으로
열두 살이 되던 해부터 고통은 시작되었답니다.
부모님 또한 관심도 없이 저를 다른 남자의 신부로 보냈습니다.
사바세계에서 윤회를 계속하는 일에는 마음이 내키지 않아
온푸딱창으로 도망하였습니다.
욕망에 눈이 먼 그들은 사방으로 미친 듯이 나를 찾았고
할 수 없이 끌려가서 고통의 수렁 속에 갇혔습니다.

그러다가 구루린포체 당신의 대자비와
황제 폐하의 성은으로 황후가 되어 삼예사원으로 오게 되었습니다.
열여섯이 되던 해에 황제 폐하의 성은으로
세 가지 관정을 청하는 예물로 당신에게 바쳐졌습니다.
이제는 인과의 법칙을 깨달았으니
인과를 초월한 가장 수승한 법을 저에게 가르쳐주소서.

이렇게 말씀드리자 빛나는 모습을 한 구루린포체께서 미소를 띠시더니 운율에 맞추어서 아름다운 목소리로 다음과 같이 말씀하였다.

그랬구나, 칼첸사의 딸아!
열여섯 살 소녀의 나이에
여든이 넘은 노파만큼이나 고생을 하였구나.
그런 일 또한 전생의 업인 줄 알아야 한다.
여기에서 남은 업장을 마저 정화하였으니
이제부터는 항상 행복만 있을 것이고
나쁜 업장의 결과로 인한 나쁜 몸을 다시는 받지 않을 것이다.
인과를 깨닫고 나서 이제는 인과를 초월한
수승한 법을 구하고자 하다니 참으로 장하구나.

그러고는 밀승의 문으로 들어가시더니 근본계와 지말계의 삼마야를 받아 가지고 나오셔서 다시 말씀하였다.

께마!

잘 들어라. 칼첸사의 딸아이야!

산란해 하지 말고 잘 들을지어다. 왕후인 꾼두상모여!

밀승의 근본 계율을 어기게 되면

우리 둘 다 지옥으로 떨어지게 될 것이다.

그러므로 계율을 잘 지켜야 한다.

그러고 나서 먼저 나에게 네 가지 종류의 계율을 설해주셨다. 그 내용은 신구의 삼문의 근본 계율과 스물다섯 가지의 지말계였다.

"보리심[33]의 근본 계율은 세속 보리심과 승의勝義 보리심[34]을 완전히 통달하여 깨닫는 것이다. 우리 몸이 본래 부처의 몸이요, 말은 만트라, 곧 진언의 소리이며, 마음은 그대로 불성자리와 다르지 않기 때문이다. 몸의 삼마야에는 세 가지가 있는데 그것은 스승에 대한 삼마야와 제자가 지켜야 할 삼마야와 그것을 지키는 방법이다.

첫째, 스승은 여섯 부류로 나눌 수 있다. 곧 일반적인 스승과 안내자와 같은 스승, 계율을 설해주시는 스승, 욕망을 만족시키는 스승, 경전과 가르침을 통달하게 해주시는 스승, 구전과 가르침을 주시는 스승이다. 또한 함께 수행하는 도반은 네 부류로 나눌 수 있는데, 일반적인 도반과 먼 도반과 가까운 도반과 같은 만다라에 함께 들어가는 도반이다.

몸의 삼마야를 지키는 방법에도 세 가지가 있다.

외적으로는 자신의 주인처럼, 부모님처럼, 형제자매처럼 보호하고 내적으로는 눈동자처럼, 심장처럼, 생명처럼 수호해야 한다. 비밀스런 신구의 삼문을 속이지 말고 본존불처럼 모셔야 하는 것이다."

요약해서 말하자면 몸으로는 스승님과 모든 도반들을 예의로써 공경하고 오른쪽으로 돌며, 하인과 시녀가 주인을 대하듯 방석 등을 잘 준비해드리며 공경스럽게 받들어야 한다. 먹을 것과 재물과 몸과 필요한 모든 것들을 최대한으로 공양해야 한다. 특히 스승님을 모시고 있는 칸돌마나 아들, 딸, 도반, 부모님, 형제자매뿐만 아니라 시자侍者들까지도 스승님과 다름없이 대하고 공양해야 한다. 이것이 바로 성스러운 삼마야를 잘 지키는 것이다. 그와 같이 스승님께서 무슨 말씀을 하시든지 잘 들어야 하며, 스승님을 시봉하는 시자나 제자나 시주자들을 박대하지 말아야 한다.

스승님께서 좋아하시는 것은 무엇이든지 스승님과 다름없이 공경하고 공양해야 한다. 말이나 개, 하인들에게도 그와 같이 해야 하고 특히 스승님의 도반들이 주지 않은 것은 겨자씨만큼이라도 사용치 말아야 하며 오만한 마음을 결코 가져서는 안 된다. 구루린포체께서는 모자, 옷, 신발, 방석, 침대와 집과 그림자 등을 넘어가거나 바닥에 내려놓으면 탑을 파괴한 것과 다름이 없다고 말씀하였다. 그러한 것들을 때린다든지 죽인다든지 훔치고 강탈하는 일 등은 장난으로라도 해서는 안 된다. 또한 스승님의 허물을 말한다든지 없는 것을 지어내서 헛소문을 낸다든지 꾸지람을 듣고 말대꾸를 한다든지 하면 삼천대천세계三千大天世界에 계신 모든 부처님을 다 시봉했다 하더라도 반드시 금강지옥에 떨어지게 될 것이다. 나, 초겔은 스승님과 도반들을 속인다거나 나쁜 마음을 품는다거나 조롱한다거나 또는 삿된 지견이나 해치고자 하는 마음, 미워하는 마음을 품는다거나 해서 몸의 삼마야[35]들을 어기는 짓은 찰나라도 터럭 끝만큼도 한 적이 없다.

두 번째 말의 삼마야는 본존불[36]과 연결되어 있는데 그 또한 지키는 방법을 두 가지로 나눌 수 있다.

먼저 세 가지 부류의 만트라와 네 가지 부류의 수인手印이 있다. 세 가지 만트라란 바로 바른 인지因地에서 나온 근본 만트라와 생기차제生起次第에서의 연緣 만트라, 독송을 위한 사업 만트라이다. 네 가지 수인이란 마음으로 연결된 삼마야 수인, 원초적인 지혜와 관련되는 사업 수인, 법의 수인, 대大수인을 말한다.

말의 삼마야를 잘 지키기 위해서는 자신의 신구의 삼문이 구루와 본존 호법신의 만다라와 하나가 되도록 해야 한다. 스승님과 본존, 호법신의 삼근본[37]과 하나가 되는 수행을 하는 데에는 상중하의 세 가지 방법이 있다. 나 또한 구루께서 주신 밀법의 칠만 가지 수승한 만다라를 상중하 세 가지 방법으로 나누어 수행하였다.

상근기上根機의 방법으로는 희론戲論을 벗어난 대락大樂 삼매에, 상중上中의 방법으로는 모든 현상계가 본존과 다키니로 보이는 삼매에, 상하上下의 방법으로는 끊임없이 흐르는 물과 같은 삼매에 항상 안주해 있었다. 특히 상상上上의 마두명왕[38]과 금강해모 같은 본존 만다라에서 흐르는 물과 같이 끊임없이 수행했고, 상중上中의 풀바금강 수행을 낮에 세 차례 밤에 세 차례 모두 여섯 차례 해야 하는 삼마야를 어기지 않았다. 상하上下로는 둡첸깝게(팔대 헤루까) 수행[39]을 만트라 기도와 요가와 함께 낮에 한 차례 밤에 한 차례씩 했고 회공薈供 기도[40] 등의 법본도 한 번씩 수행하였다. 이처럼 본존 기도들은 물론 전수받은 어떤 유형의 만다라도 일말의 소홀함 없이 잘 수행하였다.

최고로는 매달 한 번씩 그 본존의 재일齋日에 맞추어 공양 의식을 올렸고 중간 정도로는 초순과 그믐날, 음력 팔일, 십일에 맞추어 공양을 드렸다. 중하中下로도 매달 초순과 그믐에 공양을 올리며 기도하였고 적어도 일년에 한 번은 법본에 맞추어 기도를 올렸다.

세 번째는 마음의 삼마야로서 이는 지견과 수행과 행위 세 가지로 나눌 수 있는데, 지키는 방법에는 두 가지가 있다.

우선 수행을 통해 심오한 지견을 체득하여 내적으로, 외적으로, 비밀스런 방법으로 행위를 여법하게 행해야 한다.

비밀에는 보편적인 비밀, 중간 정도의 비밀, 마땅히 지켜야 할 비밀과 비밀리에 행해야 할 일이 각각 네 가지씩 있다.

보편적인 비밀로 해야 할 네 가지는 본존의 모습과 종자자와 그 마음의 만트라와 성취의 징조이다.

중간 정도의 비밀로 해야 할 네 가지는 수행할 장소와 수행할 시기와 수행을 같이 할 도반과 수행하는 데 사용하는 물건이다.

마땅히 비밀로 해야 할 네 가지는 내적인 공양과 비밀스런 공양과 약과 똘마[41] 등의 공양물과 까바라(해골바가지), 풀바금강저, 해골 지팡

이, 금강저, 요령, 염주 등의 법구와 법구의 만다라와 한림팔식[42]과 뼈
장식 등의 무상요가부의 법구들이다. 이중 다마루, 까바라, 정강이뼈
로 만든 나팔은 특히 비밀로 해야 한다.

비밀리에 행해야 할 네 가지는 금강형제들의 비밀스런 수행이나 그
들의 사적인 활동 등인데, 다시 말해 스승님이나 금강형제들이 중생
들을 위하여 행하는 행위들은 마땅히 비밀에 부쳐 다른 이들이 알게
해서는 안 된다는 것이다.

또한 몸과 말과 마음에 비밀스런 삼마야가 열 가지 있고 스승님과
금강형제들의 몸의 삼마야 네 가지와 세 가지 유형의 만트라와 네 가
지 수인이 있다. 보편적인 비밀로 해야 할 네 가지와 중간 정도의 비
밀로 해야 할 네 가지와 마땅히 비밀로 해야 할 네 가지와 비밀리에
행해야 할 네 가지 수행들을 스승님께 받은 이래로 나는 이것들을 털끝
만큼도 어기지 않고 잘 지켰다.

거룩하신 스승님께서는 그 외에 스물다섯 가지의 지말계를 더 설
하였다. 행위에 관한 다섯 가지는 살생하는 것과 삿된 음행을 범하는
것과 주지 않은 물건을 훔치는 것과 거짓말을 하는 것, 나쁘고 거친
말을 하는 것과 관련된 것이다. 밀법에서 사용해야 할 다섯 가지 감
로는 대변, 소변, 생리피, 정액, 사람 고기[43]이다. 성취해야 할 다섯 가
지는 오방불五方佛과 오지혜, 다섯 분의 불부佛父, 다섯 분의 불모佛母,
오신五身이다. 버리지 말아야 할 다섯 가지는 욕망과 성냄, 무명, 오만
함, 질투이다.[44] 알아야 할 다섯 가지는 오온五蘊, 오대五大, 오근五根, 오

경五境, 오색五色이다.

이 모든 삼마야에 대해서는 다른 책에서 자세히 서술하였다. 나는 이 모든 삼마야를 스승님께 전수받고 나서 아주 미세한 부분까지 단 한순간도 어기지 않고 잘 지켰기 때문에 구루린포체의 크나큰 가피를 계속 입고 무상요가의 비밀스런 만다라에 들어갈 수 있었다.

밀승에 입문하는 문은 관정인데 관정에서는 삼마야가 그 뿌리가 된다. 그러므로 이와 같이 자세히 소개하는 것이다.

구루린포체께서는 삼예의 야마룽에서 밀승의 만다라를 열고 바다와도 같이 넓고 많은 가르침을 내려주셨다.

그때에 티베트에서는 새해가 되어 신년하례 모임이 열렸고 신하들은 황후인 내가 나타나지 않는 것을 보고 의아하게 여겼다. 어디로 갔는지, 무엇이 잘못되었는지 그 이유를 확실히 아는 사람이 아무도 없었다. 신하들은 황제에게 직접 여쭈었다. 이에 황제도 비밀로 할 수가 없어서 빠드마삼바와께 나를 수행의 대상인 칸돌마로 공양 올린 전말을 자세히 설명해주었다. 그러자 불법을 싫어하던 신하들이 이구동성으로 황제에게 상소를 올렸다.

께!
위대한 황제시여! 티베트 백성들의 주인이시여!
사악한 마구니가 당신의 마음을 혼미하게 했습니까?
국가의 법이란 우유의 진수인 제호醍醐와 같아서
함부로 버릴 수 없는 것입니다.

티베트의 머리를 피 속에 담그지 마옵소서.

티베트의 꼬리를 바람 속에 버리지 마옵소서.

티베트의 신하들을 개들 대열에 끼우지 마옵소서.

국가를 재앙의 재물로 삼지 마옵소서.

우리들의 황제는 신의 후예로

그 관례와 전통이 황금의 멍에와 같은 것인데,

이제 저 타향에서 온 문바족의 아들, 빠드마삼바와

그 비렁뱅이 행각승, 못된 주술 부리는 자로 인해 망쳐지게 되다니

이 망극함을 어쩌면 좋단 말입니까?

이미 돌이킬 수 없는 상황이 벌어져버렸으니

다만 티베트 백성들이 불쌍하고 안타까울 따름이옵니다.

도대체 초겔이 어떤 여인이기에

처음엔 그 아비의 이름을 망치더니 다음엔 시댁을 어지럽히고

이제 나라마저 망친단 말입니까!

그때 한 신하가 나서서 제의했다. "자, 여러 대신들은 배 속 깊은 곳에 아직 한 가닥 숨이 남아 있다면 깊이 생각해보셔야 합니다. 대신들의 충정이 살아 있다면 설사 황제 폐하의 심장이 떨어져 나갔다 해도 다시 붙일 방도가 있을 것입니다. 그러니 이제라도 그 잘못된 것을 바로잡을 대책을 상의해봅시다."

그러나 신하들은 모두 화가 나서 몸서리치며 웅성거릴 뿐 어느 한 사람도 감히 먼저 입을 열지 못했다. 얼마가 지난 후 연로한 대신이 입을 열었다.

"폐하! 망극하옵니다. 이렇게 폐하 면전에서 우왕좌왕할 게 아니라 잠깐 저희들이 밖으로 나가서 상의를 하는 편이 좋을 듯하옵니다."

그 제의를 받아들인 신하들은 밖으로 나가서 대책을 논의했다. 심기가 몹시 불편하고 불안했던 황제는 야마룽에 있는 빠드마삼바와에게 몰래 상황을 알리는 전갈을 보냈다. 그 소식을 받자마자 빠드마삼바와가 입을 열어 말했다.

께마!
거룩하신 군주, 성스러운 신의 아들이시여!
아직도 장애가 끊이지 않고 발동하고 있군요.
나 빠드마삼바와는 삶과 죽음을 초월한
금강불괴신金剛不壞身의 몸인데 어찌 팔난八難이 해를 입힐 수 있겠습니까.
온 세상 사람들이 다 적이 된다 한들 내가 어찌 두려워하겠습니까.
노인네들이 잔소리 몇 마디 한다고 해서 두려워한다면
장래에 무지하고 연약한 백성들을 어찌 구제하겠습니까?
나는 중생들의 귀의처인데 나를 의지하는 중생들도 구원하지 못한다면
어떻게 무량한 중생들의 길잡이가 될 수 있겠습니까?
그러니 대왕은 의심하고 두려워하는 마음을 버리고
일심으로 기도하십시오.
그러면 모든 원력이 뜻대로 성취될 것입니다.

황제는 이 말씀을 듣고 안심이 되어 다시 대전으로 돌아왔다. 신하

들은 여전히 모여서 상의하고 있었다. 신하들을 불러들인 황제는 다음과 같이 명령하였다.

> 불교도와 본교도들, 무신론자들을 막론하고
> 티베트의 모든 백성들은 들으라!
> 불법을 널리 펴기 위해서 부처님의 법을 받아들인 나는
> 나라가 온통 본교[45]로 덮이지 않게 하려는 불법의 수호자니라.
> 내 명령을 잘 들으라.
> 현교와 밀교[46]의 수행자들은 마음을 합해 협력할지니
> 이 명령을 어기는 자는 어명을 거역하는 것으로 간주하여
> 국법으로 엄히 다스릴 것이다.
> 곧 성자 빠드마삼바와를 모셔서 성대하게 공양 올릴 준비를 할지니라.

그때 딱라와 룽강이라는 두 신하가 황제에게 상소를 올렸다.

"폐하 망극하옵니다. 이번 일만은 좀더 깊이 심사숙고하셔서 결정하심이 옳은 줄로 아뢰옵니다. 대신들과 충분히 상의하셔야 합니다. 선조들의 관습을 쉽게 없애서는 아니 되옵니다. 티베트 국가의 법전을 망가뜨려서는 아니 되옵니다. 또한 백성들을 실망시키시면 아니 되옵니다. 그 동안 티베트의 행복과 기쁨은 본교에 의지해서 얻어진 것입니다. 본교의 신이 아니었다면 누가 티베트를 지켜왔겠습니까. 누구에게 티베트의 국기를 선양해 달라고 기도할 수 있었겠습니까. 황후 가운데 가장 탁월한, 정말 천상 여신의 딸 같던 예세초겔이 도대

체 어디로 갔단 말입니까? 이방인인 떠돌이 행각승에게 혼백까지 **빼** 앗겼단 말입니까?

폐하! 당신의 정신은 다 잃어버리셨습니까? 그렇게까지 의식이 없어진 이유가 무엇입니까? 이렇게 변한다면 국법은 머지않아 무너지고 말 것입니다. 그러니 초겔을 원래대로 데려오고, 저 이방인에게는 중한 벌을 내려 쫓아내야 지당할 줄 아옵니다."

그는 이어 신하들에게도 이렇게 말하였다.

"나쁜 주술을 오랫동안 방치하면 재앙이 끊이지 않을 것입니다. 고질병이 몸속에 있으면 고통 소리가 끊이지 않는 것과 같으니, 저 이방인을 빨리 잡아들여서 국법으로 다스려야 할 것입니다. 만약 응하지 않고 도망간다면 잡아 죽여야 마땅할 것입니다. 여러 대신들은 제 의견을 지지해서 뜻을 하나로 모아야 합니다. 만약 동의하지 않는 사람이 있으면 대신들의 회의석에서 마땅히 쫓겨날 것입니다. 우리에서 뛰쳐나온 돼지와도 같은 어리석은 황제에게 단결된 사자의 무리와 같은 우리들이 화를 입게 생겼습니다. 황제에게 명령할 수 있는 권리가 있다면, 신하들에게는 상의해서 결정할 수 있는 힘이 있습니다. 그러니 의견을 한데 모아 결정합시다."

본교도 신하들은 전부 그 의견에 찬성하였다. 그때 불교 신하인 슈부뺄셍, 두구우베, 까와뺄짹, 촉도뤼걀첸, 남캐닝뽀, 랑도, 데, 융, 눕 아홉 명은 이제 곧 불법이 시련을 겪는 어지러운 시기가 도래할 것임을 알고 함께 모여 상의하였다.

"제이第二의 부처님인 빠드마삼바와를 대상으로 감히 상상할 수도 없는 나쁜 계획을 꾸밀 뿐만 아니라 법의 수호자이시며 태양같이 위대한 황제 폐하를 경멸하는 일이 벌어지고 있습니다. 불법을 발전시키고 정착시키기는커녕 오역죄의 큰 악업을 짓게 생겼으니 차라리 죽음을 택하는 것이 낫겠습니다. 그렇게 해서 티베트 전체가 불모의 사막이 된다 해도 우리는 빠드마삼바와 칸돌마 예세초겔을 지켜서 불사를 성취하도록 합시다."

신하들은 말을 마친 뒤 일어나 나가버렸다.

이에 황제도 다음과 같이 말하고 자리를 떴다.

"지금강불持金剛佛의 진신眞身과 같은 빠드마삼바와를 공경하고 잘 모시지는 못할 망정 분수를 모르고 악업을 지을 궁리만 하고 있구나. 빠드마삼바와님께 어떠한 벌을 계획하든지 그대들에게 그것의 아홉 배 이상 되는 대가를 반드시 치르도록 할 것이다. 나는 이 땅의 절대 군주임을 명심할지니라."

황후인 체뽕사도 나쁜 신하들의 의견에 찬동하지 않고 나가버렸다. 결국 의견이 일치되지 않아서 혼란한 상태에 빠졌다.

얼마 후 원로 신하 고겐이 황제에게 의견을 제시하였다.

"폐하! 나라가 산산조각 나게 하는 것보다는 신하들과 화합을 도모하는 것이 옳은 줄 아뢰옵니다."

황제가 그 뜻을 받아들이니 본교의 나쁜 신하들이 먼저 의견을 내었다.

"여러 대신들이여! 이 세간에서 가장 힘이 있으신 분은 바로 대왕이십니다. 황제께서 힘이 있어야 신하들에게도 힘이 있는 법인데, 황제가 안 계신다면 우리들이 누구를 의지하고 살 수 있겠습니까? 그러니 어의를 거스르지 말고 대왕의 뜻에 따르는 것이 합당할 것입니다" 하니 신하들이 모두 그 뜻을 받아들였다.

그는 불교 쪽의 신하들에게도 말했다.

"불법을 편파적으로 수호하고자 하는 욕망을 버려야 합니다. 불법으로 인해서 악업을 짓는다면 참회할 방법이 없습니다. 빠드마삼바와의 금강의 몸에 누가 감히 해를 끼칠 수 있겠습니까? 그러니 황제와 신하들 모두 화합하여 의견을 한데 모아야 합니다."

불교도들도 이 의견에 모두 동의하였다. 모든 신하들이 어전에 모여 신중하게 회의를 하였다.

잠시 후 황제는 빠드마삼바와의 몸에 어떤 해도 입히지 않겠다는 약속을 받아낸 다음 빠드마삼바와는 황금을 주어 인도로 돌려보내고 나 초겔은 효닥으로 귀양 보내기로 결정했다. 신하들의 뜻을 따르는 결정인 듯 보였으나, 빠드마삼바와 내가 실제로 간 곳은 쇼뒈띨도의 바위산에 있는 칸도촉캉첸모(대호법신전)였다. 우리는 그곳의 탈제딜부장모[47]에 머물면서 어떠한 장애나 방해도 받지 않고 밀교 수행에 전념할 수 있었다.

황제는 빠드마삼바와 내게 금가루 석 되와 금 장식품 일곱 개를 공양 올리고 가피와 수기授記를 청하였다. 그리하여 구루린포체와 나는 야마룽으로 내려와서 까마귀 바위의 목부분에 경전의 보장[48]을 숨기고, 장래에 보장을 숨긴 곳을 찾을 수 있도록 위치를 표시해두었다. 그러자 보장을 지키는 열두 명의 수호 여신 땐마쭈니[49]가 흰빛을 발하며 꽃가마 형상으로 변하여 날아왔다. 꽃가마에 올라탄 빠드마삼바와와 내가 공중으로 날아올라 그 자리를 뜨니 그때부터 그 산을 외깔닥리(흰빛의 바위산)라고 부르게 되었다. 황제와 신하들은 이 모습을 보고 모두 환희하면서 신심을 냈다. 빠드마삼바와와 나는 떨도에 있는 동굴로 돌아왔다. 칸도촉캉첸모에 머물면서 나는 먼저 만다라를 지어서 공양 올린 다음 빠드마삼바와께 아홉 번 절을 하고 나서 다음과 같이 간청하였다.

께마!
위대하고 거룩하신 성자 빠드마삼바와시여!
금강과 같은 몸 얻으사 죽음의 마구니 두려워하지 않으시고
환幻과 같은 몸 얻으사 천마天魔를 이기시고
무지개의 금강신 성취하사 오온의 마구니를 순식간에 물리치시네.
삼매의 몸 증득하사 번뇌의 마구니들을
해탈에 이르는 도반으로 삼으시네.
죽음이 없는 연꽃에서 태어나신 위대한 스승이시여!
제가 불변의 신심 일어나서
비교할 수 없이 수승한 금강승의 법을 청하려 하자
야마룽의 마구니들이 장애를 일으켰습니다.

위대하신 당신의 자비로써 하늘로 올라갔다가
이곳으로 내려왔습니다.
이제 대자비로 굽어 살피사 근기를 성숙하게 하고
해탈에 이르게 하는 만다라를 내려주소서.
또한 깨달음을 성취할 때까지 장애가 없도록 가피하소서.

이에 빠드마삼바와께서 말씀하셨다.

선재 선재라. 칼첸사 여인이여!
위대하고 수승한 금강승의 만다라는 우담바라 꽃과 같아서
희유하고 진귀하여 오랫동안 피지 않으므로
복덕을 구족한 사람이 아니면 만나기 어렵다네.
이제 우리 그것을 만나게 됨을 무한히 기쁘게 생각해야 하나니
그대는 마땅히 비밀스런 공양을 올릴지니라.

그리하여 나 또한 부끄럽고 수치스러운 세속적인 관념과 모습을 버리고 기쁘고 공경하는 마음으로 만다라를 지어서 공양을 올렸다. 그러자 빠드마삼바와의 대자비로 가득 찬 흡족한 얼굴에서 오색 빛이 나오더니 삼계를 다 비추고는 온 시방에 퍼졌다가 다시 빠드마삼바와의 얼굴로 돌아와 흡수되었다. 그러고는 '자' '훔'이라는 소리를 내면서 여덟 가지 형태로 몸을 변화하여 나타내시더니 당신의 비밀스런 금강저[50]를 분노본존의 모습으로 나투셨다. 빠드마삼바와와 나는 고요하

고 평화로운 연꽃 위에서 하나가 되어 큰 희열의 춤을 추었다. 그러자 빠드마삼바와와 나의 여덟 차크라에서 나온 큰 광명이 해와 달의 만다라가 되어 삼계를 두루 비추었다. 그 빛 가운데서 공양 올리는 다키니들이 나타나 신들에게 갖은 공양물을 바치고 나니 견디기 어려운 대락의 정점에 도달한 듯한 느낌이 찾아왔다. 그 순간 다키니들의 마음의 명점이라 불리는 만다라가 나타났다. 그 가운데 있는 빠드마삼바와 몸의 만다라에서 오방불과 지금강불이 쌍신의 모습으로 나타나 신관정身灌頂[51]을 주셨다. 라마의 신관정을 받고 나니 오온五蘊[52]이 다섯 가지 청정한 몸으로 바뀌고 청정해진 오대五大(地, 水, 火, 風, 空)가 다섯 가지 다키니의 몸으로 변하여 스승의 오방불[53]의 몸을 증득하는 수행을 하기 위한 관정을 받을 수 있게 되었다. 빠드마삼바와께서는 부처님의 서른두 가지 좋은 모습과 여든 가지 길상한 특성을 구족한 오방불의 외적인 모습을 성취하는 수행법과 보병외부寶瓶外部 관정[54]을 주셨다. 그리고 나서 외적으로 보이는 현상계와 유정 중생들을 다 본존불과 본존부처님의 청정한 국토로 관상觀想하는 가르침을 주시고는 그 수행을 칠일 동안 하여 완성하라고 말씀하셨다.

빠드마삼바와가 말씀하신 대로 칠일 동안 수행 하여 관상을 성취하고 나니 노력하지 않고도 현상계의 모든 세간을 본존부처님의 청정한 국토로 선명하게 볼 수 있게 되었다. 뿐만 아니라 유정 중생들이 모두 오방불의 불부와 불모가 얼굴을 맞대고 있는 모습으로 선명하게 보였다. 그러한 현상들이 밤낮없이 저절로 나타나 보였다.

그때 빠드마삼바와께서 "자, 이제는 외부 관정 가운데서 그것의 내적 內的 관정을 줄 때가 되었다. 그러니 지난번과 같은 만다라를 일곱 번 지어 올릴지니라" 하고 말씀하셨다. 나는 기쁘고 공경스러운 마음으로 만다라를 일곱 번 지어 올리며 기원했다.

아, 수승하도다.
몸을 수미산과 사대부주로 관상하면서
두 팔, 두 다리와 머리, 그리고 윤회와 열반의 근원인
대락大樂의 연꽃에
최상의 희열을 담은 이 만다라를
올리오니
중생들을 위한 대자비로써 섭수攝受하소서.

빠드마삼바와가 이 공양을 받고 충족한 미소를 띠시자 삼계가 크게 진동하였다. 천지가 크게 요동 치고 빠드마삼바와의 분노존인 헤루까가 모습을 나투시니 하하, 히히 하는 성난 소리와 함께 비밀스런 금강저가 연꽃 위에 분노존의 모습으로 안주하였다. 나는 바즈라요기니의 모습으로 변하고, 빠드마삼바와의 몸은 수많은 분노본존의 우두머리인 헤루까 마두명왕의 만다라를 나타내었다. 빠드마삼바와는 마두명왕 마음의 명점이라 불리는 만다라를 펴고 관정을 주셨다.

몸의 다섯 차크라가 그대로 찬란한 마두명왕으로 변한 구루린포체께서는 그의 권속 다섯 명과 다카 다섯 명이 쌍신으로 모습을 나툰

만다라에서 불타는 듯이 화려하게 빛나는 얼굴을 내밀어 당신의 비밀 관정을 내리셨다.

바즈라요기니로 변한 나는 마두명왕과 하나가 되어 단번에 기맥 명점의 의미를 깨달았다. 다섯 가지 번뇌가 다섯 가지 지혜로 바뀌니 낙공불이樂空不二의 무루의 삼매를 체득하고 비밀 관정을 받을 수 있게 되었다.

나는 보살의 여덟 번째 과위果位인 부동지不動地[55]를 증득하였다. 구루린포체께서는 부모불인 마두명왕의 수행법을 성취할 수 있는 관정을 차제를 초월해서 주셨다. 빠드마삼바와 내內본존 수행법과 내內비밀 관정도 받았다. 빠드마삼바와는 나에게 자신의 몸에 있는 만다라와 기맥명점[56]의 만트라, 대수인 등의 가르침을 받아 칠일이나 삼일 내로 그 수행을 성취하라고 명을 내렸다. 그런 뒤 버터불로 연비燃臂를 해주면서 "바깥 경계가 모두 지혜로 변하고 견고해져서 흔들림이 없을 때까지 수행하라"고 말씀하셨다.

처음에는 몹시 큰 어려움과 고통이 따랐지만 차차 각 맥의 차크라에서 종자자[57]의 진동음이 저절로 울려 나오고, 기氣를 마음대로 움직일 수 있게 되었다. 뿐만 아니라 대수인[58]의 의미를 깨달아서 번뇌가 다 정화된 지복의 힘이 완전해졌다. 또한 분별의 에너지가 사라지고 지혜의 에너지가 중맥으로 들어가는 성취의 징조가 가끔 나타났다.[59]

구루린포체께서는 "거기서 만족해서는 안 된다. 아직 관정이 다 끝나지 않았다"고 말씀하셨다. 나는 모든 부처님에 대한 좀더 강한 신심을 가지고 한 번 더 구루린포체께 간청하였다.

께마호!
과거 현재 미래의 어느 부처님보다
더욱더 수승하고 성스러운 우겐린포체[60]시여!
저와 같은 하열한 모든 중생들을 위하여
수승한 관정을 내려주시기를 간청하옵니다.

그러자 분노존인 바즈라낄라야[61]의 만다라를 세우신 빠드마삼바와의 가슴에 있는 '훔'자에서 거센 빛이 퍼져 나왔다가 다시 만다라로 흡수되었다. 빠드마삼바와는 손가락으로 나를 가리키면서 말씀하셨다.

라함!
하늘을 나는 다키니 초겔마여!
산란해 하지 말고 마음을 모아 잘 들어라.
왕후 꾼두상모여!
내 말에 귀를 기울이시오.
에센스인 내부의 만다라에 들어가길 원하거든
비밀스런 지복의 공양을 올릴지니라.
이와 같은 수행 과정을 누설하게 되면
삼마야를 어기게 되나니 명심할지니라.

드디어 세속적인 남녀의 관념을 뛰어넘게 된 나는 대락의 나체를 그대로 드러내고 비밀스런 지복의 공양물을 다섯 가지 법구로 정화한 후에 기원하였다.

대락의 주, 영웅이시여!
저를 어여삐 여기소서.
성스러운 지복의 스승이시여.
에센스인 내부 만다라에
반드시 들어가야 한다는 것을 알고 있습니다.
계율을 지키기 위해서라면
목숨마저 버릴 각오가 되어 있습니다.

그런 후에 두 손가락 끝으로 연꽃의 꽃술을 자극하여 구루의 몸의 만다라에서 성난 물결 같은 지복의 춤을 공양 올렸다. 위대한 진제혜루까[62]인 금강의 분노존 모습을 한 위대한 뻬마헤루까께서는 쇠갈고리 형태로 만들어진 만다라를 당신 쪽으로 끌어당기시더니 호탕하게 웃으시며 대락의 위세로 나를 거세고 사납게 압도하였다. 그런 후에 연꽃 방석 위에 앉으신 빠드마삼바와께서는 허공에 태양과 같은 만다라를 선명하게 세우고 관정을 주셨다.

빠드마삼바와의 지혜와 방편의 만다라에서 분노존 네 분의 정토가 된 네 부분의 차크라에서는 부처님의 모습과 명점과 종자자 등이 저절로 생겨 나왔다. 그러자 빠드마삼바와께서는 수천만 개의 빛나는

71

만다라를 세우고 네 가지 희열[四喜][63]의 관정을 주셨다.

이로써 스승과 하나가 되어 연결된 맥을 통하여 직접 가피를 입고 원초적인 희열에서 오는 지혜를 체험하였다. 그러자 서른두 개의 흰색 정수리 차크라에서 생겨난 서른두 분의 흰색 분노존 헤루까들이 서른두 개의 정토에 헤아릴 수 없이 많은 권속들에게 둘러싸여 칸돌마들과 하나가 되어 있는 모습이 보였다. 그들 가운데 우두머리 헤루까가 나에게 원초적 희열을 통한 지혜에 대해 가르침을 내리셨다.

그러자 나는 마음에서 화가 나는 번뇌가 정화되고 습관적인 흔적으로 몸에 남아 있던 악업이 소멸되어 가행도加行道[64]의 한 부분을 깨닫게 되었고, 시방에 있는 일곱 세계에 이익을 줄 수 있는 능력 또한 얻게 되었다. 그리고 데첸깔모초겔(순결한 지복의 여인)이라는 비밀 이름[65]을 받았다.

열여섯 개의 노란색 목 차크라에서는 노란색 몸을 한 헤루까 열여섯 분의 부모불이 십만의 권속들에게 둘러싸여 있었다. 모든 헤루까들의 주존인 부모불이 환희지歡喜地의 무량한 공덕을 설해주었다. 그러자 욕심내는 마음의 번뇌가 정화되고 말에 습관적으로 남아 있던 업장이 청정해져서 자량도資糧道를 깨닫게 되었다. 이로써 시방에 있는 스무 세계에 이익을 줄 수 있는 능력을 얻었다. 그리고 욘댄게제셀모초겔마(공덕을 증장하게 하는 황금의 여인)라는 비밀 이름을 얻었다.

짙은 남색의 여덟 개 가슴 차크라에서는 짙은 남색의 헤루까 부모불 여덟 분이 십만의 권속들에게 둘러싸여 있었다. 그 가운데 모든 헤루까의 주존인 붓다빠오 부모불께서 묘희대수인妙喜大手印을 설해주시니 마음의 습기가 정화되어 해탈도를 깨닫게 되었다. 이로써 시방에 있는 서른여섯 세계에 이익을 줄 수 있는 능력을 얻었다. 그리고 돌제담칙초겔(해탈에 이르는 계율)이라는 비밀 이름을 얻었다.

배꼽의 예순네 개의 붉은색 차크라에서는 헤루까 부모불 예순네 분이 권속들에게 둘러싸여 있었다. 그 가운데 주존인 붉은색의 헤루까 부모불께서 구생대락俱生大樂의 지혜를 설해주시니 집착의 번뇌가 정화되고 신구의 삼문에 마지막으로 남아 있던 애욕에 탐착하는 업이 정화되어 모든 도에 다 통달한 무학도無學道를 깨닫게 되었다. 이로써 시방에 있는 무량무변한 세계에 이익을 줄 수 있는 능력을 얻었다. 이에 구루께서 타예예세초겔(무량한 지혜)이라는 비밀 이름을 주셨다.

구루께서 말씀하셨다.

"네 가지 희열의 절대적 진리에 입각한 만다라에서 네 가지 지혜를 칠일 동안 수행하여 자기 자신에게서 관정을 받도록 해야 한다. 그러고 나서는 욕망을 지혜로 바꾸는 수행을 하여라.

몸의 여섯 가지 감각을 통해서 일어나는 모든 바깥 경계를 지혜로 바꾸고 그와 더불어 생기는 네 가지 희열의 도반을 더욱더 수승하게 진전시키는 수행을 하려면 보리심을 발해야 한다. 보리심을 발하는 것이 늦어버리면 그것이 부처님의 지혜 광명으로 바뀌기는커녕 오히려 사라져버리게 된다. 또한 나쁜 행위를 하여 허물을 짓게 되었을 때 바로 참회하지 않으면 아비지옥으로 떨어질 업을 짓게 된다. 그렇게 향상하는 힘을 따라서 욕망과 분별의 기를 지혜의 기로 바꾸는 수행을 해야 한다.

분별하고 산란한 에너지를 지혜롭고 집중된 기운으로 바꾸려면 요가를 수련하여 우리 몸을 단련하여야 한다. 단전 아래로 움직이는 하행기下行氣를 끌어올려 보병 속에 가두는 보병기寶瓶氣[66]를 단련해야 우리가 평소에 생각으로 지어낸 욕망의 희열과 혼동하지 않게 된다. 생각으로 지어낸 선정 상태의 고요함에 대한 탐착을 버려야 잠시라도 게으름과 나태함에 빠지지 않고 수행을 할 수 있다."

나는 이와 같이 수행하여 여인의 생식기에 얽혀 있는 무명을 모두 정화하였다.

일천여든 가지 분별의 기운이 사라진 첫 번째 단계에서는 만물의 실상을 그대로 다 알 수 있는 여소유지如所有智와 모든 것을 다 알 수 있는 진소유지盡所有智, 그리고 이 두 가지 지혜를 구족한 견도見道[67]를 깨달아 보살의 초지初地인 환희지歡喜地를 증득했다. 그러고 나자 미래를 예견하는 여러 가지 현상들이 일어났다.

생식기 부분의 보주륜寶珠輪 차크라 주위에 얽혀 있는 행연기行緣起[68]가 정화된 두 번째 단계에서는 호흡 수가 줄어들면서 보살의 이지二地인 이구지離垢地를 얻었다. 그러자 생식기와 배꼽 사이에 얽혀 있는 식연기識緣起가 정화되었다.

세 번째 단계에서는 호흡 수가 줄어들면서 보살의 삼지三地인 발광지發光地를 얻었다. 그와 함께 배꼽에 얽혀 있는 명색연기名色緣起도 정화되었다.

네 번째 단계에서는 호흡 수가 줄어들면서 보살의 네 번째 지위인 염혜지焰慧地를 얻고 윤회와 열반에 대한 마음과 지혜, 그리고 구생희俱生喜가 정화되어 자성신自性身[69]을 증득하게 되었다. 그러자 배꼽에서 가슴 중앙까지 얽혀 있던 육입연기六入緣起가 정화되었다.

다섯 번째 단계에서는 호흡 수가 줄어들면서 보살의 다섯 번째 지위인 난승지難勝地를 얻고 가슴 차크라에 얽혀 있던 촉연기觸緣起가 정화되었다.

여섯 번째 단계에서는 호흡이 줄면서 보살의 여섯 번째 지위인 현전지現前地를 얻고, 평상 수면에 대한 마음과 차별희差別喜가 정화되어 법신의 과위를 얻었다. 그러자 가슴에서 목까지 얽혀 있던 수연기受緣起가 정화되었다.

일곱 번째 단계에서는 호흡이 줄면서 보살의 일곱 번째 지위인 원행지遠行地를 얻고 목 차크라[喉輪]에 얽혀 있던 유연기有緣起가 정화되었다.

여덟 번째 단계에서는 호흡이 줄면서 보살의 여덟 번째 지위인 부동지를 얻고, 꿈과 승희勝喜가 정화되어 보신報身의 과위를 얻었다. 이로써 목에서 미간眉間까지 얽혀 있던 취연기取緣起가 정화되었다.

아홉 번째 단계에서는 호흡이 줄면서 보살의 아홉 번째 지위인 선혜지善慧地를 얻고, 이마의 차크라[額輪]에 얽혀 있던 애연기愛緣起가 정화되었다.

열 번째 단계에서는 호흡이 줄면서 보살의 열 번째 단계인 법운지法
雲地를 증득하여 깨어 있을 때의 오근五根의 분별의식과 몸에 얽힌 기
맥과 초희初喜의 지혜가 정화되었다. 이로써 허물이 없는 청정한 변화
신變化身을 증득하여 이마에서 정수리까지 얽혀 있던 생연기生緣起가
정화되었다.

열한 번째 단계에서는 분별의 기가 정화되어 보살 십일지(十一地: 等
覺)를 얻고 정수리 차크라에 얽혀 있던 노사老死의 십이연기가 다 정화
되었다.

열두 번째 단계에서는 이만 천육백 번의 호흡의 기가 다 멈추면서
욕망(무명)의 마음과 깨어 있을 때, 잠잘 때, 꿈 가운데 있을 때의 네
가지 정화되지 못한 상태와 기, 맥, 명점과 사희四喜가 다 정화되어 묘
각妙覺의 지위인 십이지十二地를 증득하였다. 그리하여 부처님의 몸과
공덕을 다 갖추고 무량무변한 중생들을 위해 불사를 짓는 몸이 되어
부처의 공덕과 지혜에 전부 통달하게 되었다.

이와 같이 세 번째 관정의 의미도 육 개월 동안 다 깨달아 마치자
구루 빠드마삼바와께서 말씀하셨다.

께마!
선재 선재라. 다키니 여인이여!
성숙하고 출중한 몸을 가진 소녀여.
열여섯 살의 성숙한 몸을 가지고

열심히 수행하는 정진녀야!
큰 지혜를 갖춘 문수보살의 칸돌마 양짼마여!
금강승의 수행을 성취한 성스러운 여인아!
이제는 나와 남을 성숙게 하기 위하여
근기를 성숙시키는 금강승의 문을 열 때니
보살의 마음을 가진 그대여, 힘차게 정진할지니라.

나는 거룩하신 스승 구루린포체께 몸과 재물로 공양을 올리고 말하였다.

성스러운 우겐국의 주이신 퇴탱짤[70]이시여!
금강승의 대들보이신 지금강불이시여!
당신의 크신 은혜는 갚을 길이 없습니다.
당신께서 좋아하시는 일이라면 무엇이든지
생명을 돌보지 않고 하겠습니다.

그러자 구루께서는 다시 대원만[71]의 최고 단계인 문자 관정을 주셨다. 그러고는 고요하고 자비로운 모습의 적정존을 나타내 보이시며 다음과 같이 예언하셨다.

아직 노력이 필요 없는 최상승의 아띠요가[72]로 들어갈 때가 되지 않았다.
대승의 가르침 가운데 비밀스런 만트라를 열심히 수행해야 한다.[73]

여인은 방편의 도반인 용부勇父[74]가 없으면
밀법을 수행할 방편이 없는 것이니
이는 옹기그릇을 불에 굽지 않으면
질기고 강한 성질이 생기지 않는 것과 같고,
산에 나무가 없으면 산불이 날 이유가 없는 것과 같다.
또한 모종에 물을 자주 주어 촉촉이 적셔주지 않으면
자라지 못하는 것과 같다.
네팔에 가면 인도의 쎌링에서 온 떠돌이로
아짜라싸레라는 이름을 가진 용부가 있을 것이다.
마두명왕의 화신이며 가슴에 붉은 점이 하나 있고
열일곱 살쯤 된 그를 찾아서 수행의 도반으로 삼아라.
그러면 한순간에 대락의 경지에 도달하게 될 것이다.

산적들을
교화하다

나는 금가루 한 되와 금장식품 한 개만을 가지고 여자의 몸으로 갖은 어려움을 견디며 아짜라싸레를 찾아 네팔로 갔다. 도중에 에동촉이라는 곳에서 일곱 명의 강도를 만났는데, 그들은 금품을 빼앗더니 굶주린 이리떼처럼 달려들어 돌아가며 강간을 하였다. 그 순간 나는 구루린포체를 떠올리며 강도들을 모두 본존불로 관상하였다. 그리고 옷가지들로 만다라 공양을 지어 올리고 청정한 마음으로 목소리를 가다듬어 노래하였다.

께마!
에동촉에 계신 일곱 분의 본존불들이여!
오늘 이곳에서 만나게 되니 참으로 좋은 인연이라.
나는 이미 모든 자량이 원만해져
오직 중생의 이로움만 생각하는 요기니[75]
전생에 우리에게 얽혀 있던 모든 원한의 빚, 곧 청정해지리라.
참다운 스승님은 진실로 대자대비하신 분
그 거룩하고 수승하심, 범부들은 헤아릴 수 없다네.
마음 깊은 곳에서 우러나오는 환희로써 보시하니
일체 유정들이여! 다 해탈할지어다.

이렇게 말하며 합장하고는 나머지 금 또한 강도들 앞에 펼쳐놓았다. 비록 알아듣지는 못하였으나 그 아름다운 선율과 부드러운 기운에 사로잡힌 강도들은 마음이 고요해지고 삼매에 드는 것을 느끼며 물끄러미 나를 우러러보았다. 그리고 네팔어로 물었다.

어머니 수행자시여!
당신의 나라는 어디이며, 부모님은 누구십니까?
당신의 스승님은 누구시며, 무슨 일로 이곳까지 오셨습니까?

그러면서 그들은 아까와 같은 목소리로 다시 한 번 말씀해 주십시오 하고 부탁하며 욕망과 성냄으로 어지럽게 섰던 털들을 부드럽게 가라앉혔다. 얼굴에는 고요하고 행복한 미소가 번졌고, 화가 났던 얼굴들도 다 평화로워졌다. 그들은 가지런한 이빨이 다 드러날 정도로 즐겁게 웃으며 내 앞에 모여 앉았다. 나는 곁에 있던 등나무 지팡이에 몸을 기대고 네팔어로 그들에게 말하였다.

에마호!
선재 선재라!
전생의 인연으로 만난 일곱 산적이여!
화 잘 내는 나쁜 마음 그 자체가 바로 대원경지大圓鏡智[76]니라.
번뇌의 욕망과 성냄의 나쁜 마음 밖에서
광명과 순수함을 찾을 수는 없는 것,
그러한 인연이 일어나는 그 근본을 보면
그것이 바로 금강살타金剛薩陀[77]니라.
외적인 상에 탐착하지 않는 공성을 배울지니라.
내 고향은 기쁨과 행복이 넘치는 묘희세계妙喜世界,
쾌락도 공허함도 없는 보신불의 정토니라.
나는 겉으로 표시된 이름과 모양에 집착하는 사람이 아니다.
그대들이 어머니의 고향을 좋아한다면 함께 데리고 가리라.

전생의 업연으로 만난 일곱 산적들아!
오만과 편견 그 자체가 그대로 평등성지平等性智니라.
자신이 잘났다는 교만한 마음을 버리면 따로

다른 곳에서 평등성품의 자성을 찾을 필요가 없느니라.
본래 부처의 모습을 보면 그것이 바로 보생불寶生佛이니라.
공空에 탐착하지 말고 현상을 배워야 한다.

내 아버지는 원하는 것은 무엇이든지 주시는 여의주!
환영과 같은 재물에 탐착하는 사람이 아니다.
내 늙으신 아버지를 원한다면 그대들에게 주리라.

전생의 업연으로 만난 일곱 산적들아!
욕망과 교만한 마음 그 자체가 묘관찰지妙觀察智니
어떤 것에 대한 욕망이나 아름다운 경치에
집착하는 마음을 떠나 다른 곳에서 그것을 찾을 수 없느니라.
깨끗하고 순결함을 보면 그것이 바로 아미타불이니
광명에만 탐착하지 말고 지복을 배울지니라.
무량무변한 현상은 바로 내 어머니,
끝없는 지복의 희열이시니
좋고 안 좋은 맛에 탐착하는 사람이 아니다.
그대들이 내 어머니를 원한다면 내가 주리라.

전생의 업연으로 만난 일곱 산적들이여!
질투와 두 가지 집착[78]은
바로 성소작지成所作智니,
질투가 일어나는 마음을 떠나서
성취할 수 있는 곳을 찾을 수 없느니라.

일어나는 분별심과 생각을 바로 보면
그것이 바로 불공성취불不空成就佛이니라.
작고 큰 것에 집착하지 말고,
무엇이 일어나든지 거기에서 배워라.
내 스승은 모든 사업을 다 원만히 성취하신 분,
일과 행위의 경계에 집착하는 사람이 아니다.
내 스승을 그대들이 원한다면 보내주리라.

전생의 업연으로 만난 일곱 산적들이여!
무명과 어리석음이 바로 법계체성지法界體性智니
깊은 무명으로 혼미해진 심식心識을 떠나서는
모든 허물과 장애로부터
벗어나는 법을 찾을 수 없나니
무명을 바로 보면 그것이 비로자나불이니라.
밝은 성품에만 집착하지 말고
무엇이 일어나든지 그곳에서 배워라.
내 도반은 상相으로 나타난 일체의 현상,
모든 사업을 성취한 그러한 도반을 원하나니
그는 일체 현상 가운데서 정신이나 물질에 집착하는 사람이 아니다.
그런 사업을 원한다면 내가 가르쳐주리라.

  내 말을 듣고 견고한 신심을 갖게 된 일곱 산적들은 그 마음이 세
속에서 떠나게 되었다. 그들은 나에게 불법을 배워 모두 해탈을 얻었

다. 나는 일곱 명의 강도들이 사는 곳까지 직접 찾아가 청정한 불법을 설해주었다.

그리고 다시 네팔에 있는 바우다나트수투파(佛眼佛塔)로 길을 떠났다. 옛날 몬바(현재의 부탄) 지방의 세 거지가 국왕의 허락을 받아 원력으로 세운 그 불탑은 성스러운 최고의 성탑聖塔으로 지금까지도 많은 사람들이 찾아와 예배하고 있다.

이 탑 앞에 도착해 나는 황금을 한 움큼 공양 올리고 기원하였다.

옴아훔!
부처님의 청정한 정토 네팔 땅에
모든 중생들의 호법이신 법신의 상징으로 오셔서
미래세에 무량한 아승지겁에 이르도록
모든 유정들을 윤회의 바다에서 해탈시키기 위하여
위없이 수승한 법륜을 굴리고 계시는 분이시여!
유정 무정의 일체 중생들을 호법의 주이신 당신의 위신력으로
고통의 윤회 가운데에서 저 피안의 열반으로
이끌어주소서.

기도가 끝나자 탑에서 무량한 빛이 나와 구름과 연기가 뭉실뭉실 피어 오르더니 그 속에서 구루 빠드마삼바와가 켄보 보디사퇴와 티송데짼 황제, 몇 명의 다키니들에게 둘러싸여 나타나셨다.

칼첸사 여인은 들어라.

계율의 몸을 가지고 인욕으로 성냄을 없애고,

큰 지혜로 중생들을 인도하고자 불사를 짓고,

보시로써 중생들을 모두 해탈에 이르게 하고,

정진으로써 구경에 도달하여

선정의 지위에 오르는 길을 다 성취할지니라.

이제 이곳에 너무 오래 머물지 말고,

그대가 필요로 하는 용부를 찾아서

함께 티베트로 돌아와 금강승의 심오하고 깊은 문을 여는 데

힘쓰도록 하여라.

구루 빠드마삼바와는 이렇게 미래에 대한 예언 수기를 주시고는 사
라지셨다.

영적인 도반
아짜라를 만나다

그 말씀에 따라 이곳저곳을 차례대로 돌아다니며 세심하게 살펴보
았으나 어디에고 마음에 와닿는 이가 없었다. 그러다가 코콤핸(현재의
박타풀)이라는 마을에 이르러서 남문 쪽 상점들이 모여 있는 큰 거리
를 지날 때였다. 잘 생기고 매력적인 용모의 소년이 마음을 끌었다.

그는 가슴에 붉은 점이 있고, 매끄러운 피부와 광택 나는 얼굴을 하고 있었다. 희고 투명한 소라 빛의 앞니가 가지런히 나 있었고, 네 개의 송곳니는 오른쪽으로 돌아간 나선형 소라 모양이었다. 눈은 붉은 기운이 돌면서 빛이 났고 코끝은 뾰족했으며 눈썹은 남색이었다. 곱슬곱슬한 머리카락에는 가마가 오른쪽으로 나 있었다. 또 손가락 사이에는 오리발처럼 물갈퀴가 나 있었다.

소년은 대범하게 내 앞으로 다가와서는 "아주머니, 어디서 오셨습니까?" 하고 물었다. 그러고는 "나를 노예에서 해방시켜주러 오셨습니까?" 하였다. 이에 내가 답하였다.

에마호!
선재 선재라!
산란해 하지 말고 집중해서 잘 들으라, 매혹적인 소년아!
나는 티베트의 중심부에서 왔으며,
성자이신 빠드마삼바와의 제자니라.

너는 이름이 무엇이고, 고향은 어디며, 여기엔 무엇 하러 와 있느냐?
그러자 소년은 "저는 성인의 나라 인도의 쎌링이라는 곳에서 왔습니다. 한 외도外道가 부모님 몰래 나를 이 마을로 납치하여 하인으로 팔아버렸습니다. 이름은 아짜라싸레이며, 칠 년 동안 이곳에서 머슴살이를 하고 있습니다" 하고 답하였다.
그때 내 음성에 마음이 끌린 장사꾼들이 순식간에 모여들더니 목소리를 다시 듣기를 청하였다.

"아주머니, 다시 한 번 말씀해주십시오. 당신의 목소리를 듣고 마음이 행복해지니 큰 선물을 드리고자 합니다."

이에 나는 노래를 불러 답하였다.

> 나무구루빼마시디흐릿![79]
> 거룩한 꾼두상보(法性)의 거대한 허공에 대원만의 태양이 떴으니
> 어머니와 같은 육도六道 중생들에게 무명의 어둠 머물 곳 없어라.
> 바로 그분이 우리들의 아버지 구루린포체가 아닌가.
> 변함없는 우주의 본질, 금강의 정토에서 삶과 죽음을 초월하셨으며
> 자비로운 마음으로 좋고 나쁜 업이 없는 부처를 성취하신 분,
> 바로 우리들의 아버지 빠드마삼바와가 아닌가.
> 거룩한 보신불 정토에서 띨도에 있는 동굴로
> 아버지의 자애로운 마음에 고무되어 초청된 칸돌마
> 인연이 있는 모두에게 지복의 축복을 내리는 여인
> 그것이 바로 나 어머니, 지혜의 예세초겔이 아닌가?
> 계시를 받아서 네팔 땅에 법의 어머니로 온 사람이 나, 초겔이니
> 인연으로 정해진 소년이여,
> 더 이상 여기에 머물지 말고 나와 함께 가야 하나니
> 너를 찾으러 온 사람이 바로 나이기 때문이라네.

의미는 몰라도 지루한 줄 모르고 아름다운 곡조를 듣던 사람들은 나를 양낸 칸돌마(아름다운 소리를 내는 다키니)라고 불렀다.

그러고 나서 나와 아짜라싸레는 그의 처소로 갔다. 그날 밤 그의 주인이 나를 문 밖에 두고는 "당신은 어디서 왔습니까? 여기에는 무엇 하러 왔습니까?" 하고 물었다. 나는 이곳에 온 목적을 간단하게 설명해주고 이렇게 덧붙였다.

"스승이신 구루린포체께서 당신 집 종인 아짜라싸레를 사 오라고 보냈습니다."

그러자 주인은 그 동안 아짜라싸레와는 부자지간이나 다름없는 사이로 지냈고, 몸값으로 많은 금을 지불했기에 팔 수 없다며 난색을 표했다. 그러면서 "하지만 원한다면 아짜라싸레와 같이 살아도 좋습니다. 둘이 함께 하인으로 지내십시오" 하고 말하였다. 이에 나는 이렇게 답하였다.

"태양의 만다라가 있는 곳에는 그 어디에서도 어둠이 존재할 수 없으나 태양이 넘어가고 나면 별이 뜹니다. 그리고 내일이 오면 태양이 다시 떠오르겠지요. 마찬가지로 여의주 구슬이 어디에 있든지 그곳에서는 황금의 필요성을 느끼지 못하다가 여의주가 없어지면 황금의 가치를 따지게 됩니다. 그러면 다음날부터는 황금이 여의주로 사용되겠지요. 원만한 성취를 하신 부처님께서 계시는 곳에서는 방편이 필요치 않지만 부처님께서 돌아가시고 나면 방편에 의지해야 합니다. 그 방편을 지혜와 연결해서 수행해야 과위를 성취하게 되는 것입니다. 수행을 성취하기 위한 도반으로 아짜라싸레가 필요하니 내게 파십시오."

내가 말하는 동안 주인 부부와 아들은 내 고운 목소리에 마음을 뺏겼다.

"일단 안으로 드시지요" 하고 청한 안주인은 나를 융숭히 대접하고 나서 말했다.

"아짜라싸레를 사 가서 남편으로 삼으려 합니까? 만약 신랑이 필요하다면 내 아들하고 결혼하면 어떻겠습니까? 아가씨가 매우 예쁘고 매혹적이어서 하는 소립니다."

"아짜라싸레는 제 구루께서 예언한 사람입니다. 내게 금전이 있으니 꼭 좀 넘겨주십시오."

"황금이 얼마나 있단 말이오? 이 아이를 사올 때 오백 냥을 주었으니 이제 그보다 더 많은 금전을 주어야 팔 거요" 하고 안주인이 말했다. 나는 황금은 얼마든지 필요한 만큼 주겠다고 대답했다. 그러나 금전을 풀어 세어보니 오백 냥은커녕 백 냥도 채 안 되었다.

"이것으론 아짜라의 팔 한쪽도 못 사겠네. 금전이 모자라니 어떻게 할 테요?"

그때 그 지방은 한창 전쟁 중이었는데 그 마을에서 가장 부유한 사람인 다나아유의 집에 초상이 났다. 다기나라는 이름의 스무 살 남짓 된 아들이 그만 전쟁터에서 죽고 만 것이다. 아들의 시신을 집으로 옮겨와 영혼을 천도하는 제사를 지내던 부모들은 너무나 가슴이 아픈 나머지 "나도 따라 죽겠다"며 간장이 끊어져라 통곡을 하였다. 그 광경을 보니 두 부부에게 측은한 마음이 일었다. 나는 그들에게 이렇게 제안하였다.

"이 마을에서 아짜라싸레라고 부르는 머슴 하나를 꼭 사고 싶은데 가져온 금이 조금밖에 없습니다. 만약 내게 금전을 준다면 아들을 살려드리겠습니다."

이 말에 노부부는 "아들을 살릴 수만 있다면 아짜라싸레뿐만 아니라 왕의 아들이라도 살 만한 돈을 주겠습니다" 하며 크게 기뻐하였다. 그들은 아들을 살리기 위해 금전과 여러 가지 물건들을 서둘러 준비하였다. 나는 크고 흰 천을 반으로 두 번 접어 죽은 아들의 시체 위에 목까지 덮고서 노래를 불렀다.

옴아훔 구루 사르바 흐릿!
환상을 떠나 본래 청정무구한 대우주인 꾼두상보(사만타바트라).
여러 세계에 환신幻身으로 태어나 육도윤회六道輪廻 가운데 있는 중생들은
선과 악의 행위로 인과응보가 분명한 줄 알면서
어찌하여 어리석게도 그렇게 행동하는가?
나는 금강승을 성취한 여자 수행자, 요기나라네.
아버지 빠드마삼바와의 자비로운 마음을 전수받아
삶과 죽음을 뛰어넘은 성취자라네.
다른 사람의 나쁜 장애를 물리칠 수 있는 능력 있으니
이제 간절히 기도하면 반드시 가피 있으리.

노래를 마치고 손가락으로 가슴을 가리키니 시체에 생기가 돌기 시작했다. 나는 입에다 침을 조금 넣고, 귀에다 대고 '아윤자나훔'

하고 만트라를 외우면서 칼자국이 크게 난 상처들을 손으로 어루만
졌다. 그러자 상처들이 이전처럼 회복되고 죽은 아들의 머리가 점
점 맑아지더니 정신이 돌아와 소생하였다. 그 자리에 모인 사람들
은 신기하고 기쁜 마음에 나에게 절을 올리며 감사해 하였다. 아들
이 예전처럼 살아 돌아오니 두 부부도 깨어난 아들을 끌어안고 하
염없이 울었다. 그런 뒤 내게 선물과 공양물을 산더미처럼 올리고
는 금화 천 냥을 주고 아짜라싸레를 사서 바쳤다.

　내 명성이 두루 퍼지니 그 나라 왕까지 나서서 많은 공양물을 올리
고 그곳에 오래 머물기를 청하였다. 그러나 나는 허락하지 않고 아짜
라싸레를 데리고 네팔에 있는 에이쭐라캉 사원으로 갔다. 그곳에서
나는 네팔에서 바수다라라고 부르는 빠드마삼바와의 제자 한 분을
뵙고 금 장식품 하나를 공양 올리면서 가르침을 청했다. 바수다라도
내가 빠드마삼바와의 제자인 줄 알고는 많은 공양물을 올리고 많은
가르침을 구전으로 전수하였다. 그리고 아쑤라와 양레쒜라는 곳에서
빠드마삼바와의 또 다른 제자인 캬데마와 지라지빠를 만나 뵙고 금
을 예물로 드리면서 다음과 같이 청하였다.

께마호!
금강승의 도반이며 빠드마삼바와의 칸돌마,
티베트의 여인인 나 초겔의 말을 들으소서.
원하는 것은 무엇이든 다 얻을 수 있는 무진장한 마음의 보배를 가지고
누가 무엇을 원하든 다 베풀어주는

그것이 나 초겔의 보시행이요,

허물없고 청결하며 순수한 마음으로 잘못된 계율에서 다 벗어나

언제나 적절한 행위를 지키는 그것이 나 초겔의 지계행持戒行이라네.

좋다거나 싫다거나 똑같다는 생각조차 없는 치우침 없는 마음으로

어떤 상황에서도 그대로 참는 그것이 나 초겔의 인욕행이요,

모임도 흩어짐도 없는 공성과 대락이 둘이 아님을 배워

강물이 흐르듯 열심히 정진하는 그것이 나 초겔의 정진행이라네.

일어나는 마음이 생기차제와 원만차제圓滿次第[80]와 하나로 돌아가는

대수인大手印에서 흩어짐이 없는 그것이 나 초겔의 선정행이요,

지복과 자성의 지혜를 함께 닦아 방편에 의지해서

지혜 바라밀을 완성하는 것이 나 초겔의 지혜행이니

훌륭한 지혜를 갖춘 분이시여!

지니고 계신 법의 진수를 도반인 저에게 빠짐없이 전해주소서.

이에 캬데마 또한 매우 기쁘게 화답하였다.

에마호!

구루의 칸돌마이신 불모시여!

이곳에 오심을 진실로 환영합니다.

나에게 구전할 수 있는 법이 많지는 않으나

거룩한 구루린포체의 대자비의 가르침으로

삶과 죽음에서 해탈할 수 있는,

생기차제와 원만차제가 하나인 마하무드라와

정광명 수행, 환신 수행[81]을 전수받았습니다.

또한 자궁을 텅 빈 허공과 같이 만들 수 있는 바르도[82]라는

수승한 법이 네팔 사람인 나 캬데마에게 있습니다.

의식을 옮기는 데 필요한 포와[83]의 가르침과

기에 의지해서 중맥을 정화하는 기맥성취 수행과

뚬모의 열을 일으켜서 정수리에 백색 감로를 녹게 하는 구전이 있습니다.

의식을 옮기는 것과 죽음에 대한 두 가지 두려움이 없으니

그것이 네팔 사람 나 캬데마의 가르침입니다.

번뇌를 수행으로 삼는 법과 지혜와 방편의 합일[84]된

명점에 의지해서 지복과 공성을 수행하여

네 가지 희열과 지혜를 일으키는 구전이 있습니다.

무수한 번뇌의 적이 일어난다 해도 두려움이 없으니

그것이 네팔 사람 나 캬데마의 가르침입니다.

무명의 깊은 잠을 대치하는 가르침인 대원만 수행에 의지해서

꿈을 정화[85]하고 자성광명으로 들어가는 구전이 있습니다.

아승지겁의 무명이 덮친다 해도 두려움이 없으니

그것이 네팔 사람 나, 캬데마의 가르침입니다.

법성 자체에 필요한 가르침으로 여섯 가지 등불[86]에 의지해

광명을 계발하고 네 가지 신심을 최대한 증장시키는 구전이 있습니다.

부처가 원수로 온다 해도 두려울 바 없으니

그것이 네팔 사람 나, 캬데마의 가르침입니다.

인과응보와 보살의 지위점차地位漸次나 수행차제를 무시하고

찰나에 부처를 이룰 수 있으니 그 비할 바 없이 수승한

구경의 과위가 얼마나 희유하고 거룩한가!
거룩하고 지혜로운 분이시여!
당신께서 가지고 계신 비밀스런 구전을
법기로서 자질을 모두 갖춘 저에게 다 전수해주십시오.

나는 캬데마와 한마음이 되어 비밀스런 구전을 서로 주고받고 나서 티베트로 돌아왔다.

아짜라싸레와 함께 네팔을 떠나 장이라고 불리는 티베트 땅으로 돌아온 나는 띨도에 있는 칸도촉캉에 머물렀다. 그곳의 신도들 대부분은 나를 우러르며 많은 공양을 올렸지만 몇몇은 나를 못마땅하게 생각했다. 그들은 내가 삿된 마구니에게 홀려서 빠드마삼바와와 같은 훌륭한 스승은 시봉하지 않고, 젊은 떠돌이 녀석과 함께 다닌다면서 뒤에서 손가락질하며 쑥덕거렸다.

음력 십일[87]이 되어 공양을 올리고 구루의 비밀집회 만다라를 차려놓고는 스승을 초청하자 구루린포체께서 햇살을 타고 그곳에 당도하였다. 나는 너무나 기쁘고 감격스러워서 쓰러지듯이 절을 올렸다.

오! 대자대비하신 구루시여!
저는 거짓된 환영에 집착하는 어리석은 여인입니다.
나쁜 업으로 얽혀 있는 저를 대자비로써 잡아주소서.
어떠한 악업이라도 모두 정화하여 성스러운
당신을 언제나 떠나지 않도록 자비로써 굽어 살피소서.

아짜라싸레를 찾아 네팔에 갔던 일을 잘 수행했으니
이제 금강승의 문으로 들어갈 수 있도록 가르침을 내리소서.
그리고 수행하는 길에 장애가 없도록 가피를 드리우소서.

빠드마삼바와는 기쁨으로 빛나는 모습을 하고 말씀하셨다.

께마!
오! 칼첸사의 착한 여인아!
그대의 신심이 정말 장하구나!
내 이제 너를 위해 설하리니 집중해서 잘 들어라.
이 끝없는 윤회의 바다에서 유정들을 해탈시키고자 하거든
인도자가 될 훌륭한 스승에 의지하여 그 구전 전승의 배에 올라
깊고 오묘하고 비밀스런 가르침의 큰 깃발을 드날려라.
장애를 일으키는 거대한 바다 괴물은 소라를 불어서 대처하고,
거센 업장의 태풍은 납을 가득 채운 주머니로 눌러라.
신심의 바람이 부족한 것은 돛을 잔뜩 올려 채우고
순결한 계율의 구멍을 잘 막아서
성숙과 해탈의 부서지는 파도를 타고
행운이 가득한 보물섬으로 올라가거라.
어떠한 욕망이나 재물이든 마음껏 취하고 즐겨도 좋다.
보배로운 현상이 가득 차면 좋고,
좋아하지 않는 흙이나 돌은 없는 것이 행복하다.
이제는 영원히 행복을 누릴 수 있을 테니 참 좋겠구나.

말을 마친 뒤 빠드마삼바와는 그간의 노고를 치하하며 여러 가지를 물었다.

"그래, 얼마나 고생이 많았느냐? 장애는 다 없어지고 편안해졌느냐? 이곳에 온 지는 얼마나 됐느냐?"

내가 길에서 고생한 이야기와 네팔에서 금이 없어 어려웠던 일, 죽은 사람을 살려주고 금화 천 냥을 얻어 아짜라싸레를 사온 이야기 등을 자세히 말씀 올리니 빠드마삼바와께서 "잘했다, 정말 잘했구나" 하시면서 기뻐하셨다.

"고생은 얼마든지 해도 좋은 것이다. 그로써 무량한 악업이 정화되고 소멸되기 때문이다. 여인이 욕망을 채우고자 남편을 구한 것이 아니니 어려움은 클수록 좋다. 무량한 자량이 구족해지기 때문이다. 죽은 사람을 살린 것은 일반적인 성취에 불과하므로 자만심을 일으켜서는 안 된다. 다른 사람보다 특별히 성스러운 아짜라의 몸값으로 금전을 많이 줬으니 이제부터 그를 셀외(황금의 빛이라는 뜻)라고 부르도록 해라."

그런 뒤 가피를 내리는 구루 만다라를 세우고 아짜라의 근기를 성숙시켜주셨다. 나는 나 자신을 관정을 위한 예물로 올렸다. 근기가 성숙되어 지혜가 열린 아짜라싸레는 해탈의 길로 들어서 불법의 요의要義(대의)와 경전의 진수에 다 통달하게 되었다. 구루린포체께서는 아짜라에게 나의 도반이 되어 밀법을 다 성취할 때까지 수행을 하라고 이르고는 효닥으로 가셨다.

나와 아짜라 두 사람은 초겔의 비밀동굴이라고 불리는 인적 없는 동굴에서 일곱 달 동안 사희四喜를 증득하는 수행을 하였다. 그 결과 나는 물질에 걸림이 없이 오고 갈 수 있는 능력과 늙거나 병들거나 육신이 추해지는 경계에서 자유로워지는 힘을 얻었다. 또한 지수화풍공地水火風空의 오대五大를 자유자재로 다스릴 수 있는 힘을 얻어 사희를 증득하고 사신四身[88]을 성취하였다.

그러자 구루린포체께서 부처님의 법을 전수하기 위하여 돌아오셔서 우리와 함께 떨도의 큰 동굴에 머무셨다. 돌아오시기 전에 구루린포체께서는 티송데짼 황제에게 둡첸깝게 수행 중에서 신제에와 땀떤빠오, 양닥말메, 틴레풀바, 뒈찌퇴, 마모탐 같은 밀승의 몇 가지 만다라와 법을 내리셨다. 황제는 이러한 본존불들의 만트라 수행을 하면서 수승한 가피를 입은 몇 가지 징조를 체험하고 미래 예언적인 계시를 받았다. 이로써 더욱 깊은 신심이 생겨 심오한 밀법을 더 많이 청해야겠다고 생각한 황제는 통역관인 슈부뺄셍과 갸차하낭과 마린첸촉 세 사람을 예물과 함께 보내어 구루린포체 내외분을 모셔오라 하였다. 떨도촉캉에 도착한 세 사람은 빠드마삼바와께 말씀드렸다.

께마!
구루린포체 내외분이시여!
저희들은 티베트 황제가 보낸 신족통을 지닌 사신들입니다.
황제께서 심오한 밀교의 최상승법으로 들어가고자

구루린포체를 모시길 청하오니
대자비로 굽어 살피사 어서 가시도록 하시지요.

그러고는 황금과 예물을 올렸다. 이에 구루린포체께서 말씀하셨다.

께호!
신심이 있는 신족통의 사신들이여!
선근과 복덕이 있는 세 사람이여! 잘 오셨소이다.
나는 연꽃에서 태어난 빠드마삼바와
몸은 인간 세상에 있지만
생각은 부처님과 똑같아서
지금강불과 둘이 아니니
나의 화신은 세간에 가득 차 있다네.
위대하신 황제께서 좋은 마음을 일으키셨으니
이제 밀법이 번창할 때가 왔도다.

빠드마삼바와와 나는 청년 아짜라와 사신 세 사람과 함께 삼예를
향해 떠났다. 도중에 쇼동이라는 곳에 도착했을 때 구루린포체는 우
리 셋은 곧 뒤따라 가겠으니 앞서 가서 황제에게 영접할 준비를 하라
고 전하라며 통역관 세 사람을 먼저 보냈다.
앞서 간 통역관들은 황제에게 구루린포체께서 오시고 있음을 말씀
드리고 영접할 준비를 해야 한다고 하였다. 그러자 신하들이 앞다투
어 말했다.

"빠드마삼바와라는 그분은 하늘과 같아서 존재하지 않는 곳이 없고 물과 같아서 칼이나 무기로 해칠 수도 없으며 불덩어리와 같이 몸에서 광채가 나고 불타는 듯이 보이고 바람과 같아서 잡을 수도 없다고 합니다. 그는 실물로 보이기도 하고 보이지 않기도 한다고 하니 오시는 도중에 길에서 방해할 생각 말고 황제께서 하시는 대로 따르는 것이 좋겠소. 그렇지만 천방지축인 초겔 황후에게는 본때를 좀 보여주어야지 그렇지 않으면 결국 황실의 권위가 손상될 것이오."

구루린포체께서는 이 일을 미리 예견하셨다. "밀법이란 그 많은 방편으로 수행을 어려움 없이 성취하고자 하는 것이다" 하고 말씀하시고는 신통력으로 내가 다른 사람 눈에는 해골 지팡이로 보이도록 위장을 해서 티베트로 출발하였다. 쇼달이라는 곳에 도달하니 황제를 대신하여 딱라궁과 신하들 백 명이 빠드마삼바와 일행이 탈 말을 끌고 영접을 나왔다. 이윽고 삼예에 도착하자 황제가 권속들을 데리고 나와서 큰 탑 앞에서 성대하게 환영식을 베풀었다.

황제는 구루린포체께 큰절을 올리고 예물로 크고 긴 카다[89]와 함께 새로 빚은 미주米酒를 황금 보병에 가득 담아서 올렸다. 구루린포체께서는 "지금 이 순간에는 이 밀법이 새로운 것이라서 위력이 있지만 그러나 미래에는 그것이 남용되어 많은 오류가 드러나게 될 것이다"[90] 하고 말씀하시고 나서 큰법당으로 가셨다. 티베트 백성들은 내가 보이지 않자 빠드마삼바와께서 시자로 아짜라 하나만 데리고 왔다고 생각했다. 내가 없으니 밀법을 청하는 데 어려움이 있겠다고 생각한 황제는 구루린포체께 내가 어디에 있는지 묻고 나를 보고 싶다고 말씀드렸다.

위대하신 구루린포체시여!
지금 초겔은 어디에 있는지요?
이곳에는 왜 함께 오지 않으셨습니까?
이 아짜라는 구루린포체의 제자입니까?
어떤 가르침을 내리려고 하시는지요?

구루린포체께서는 만면에 미소를 띠고 말씀하셨다.

께마호!
보살이시자 불법의 수호자이신 황제 폐하시여!
내가 펼쳐놓은 자성의 텅 빈 허공에
주인공의 신통 변화 헤아리기 어렵네.
여인 초겔은 그 하늘로 날아가버렸다오.
지금 윤회와 열반의 중간 지점에 있다오.
내가 펼치는 모든 법석의 자리에서
법 아닌 일은 아무것도 없다네.
여인 초겔은 법신으로 사라져서
지금 꾼두상모의 모습으로 계신다오.
내가 펼치는 공성의 지복에서는
공에서 벌어진 신통 변화로 무엇이든 원하는 대로 성취된다네.
여인 초겔은 공락空樂의 경계로 사라졌다오.

지금 법신, 보신, 화신을 구족한 지복의 궁전에 있다오.

그러고는 손으로 해골 지팡이를 만지자 금세 본래 내 모습으로 돌아왔다. 황제와 그 자리에 있던 황후와 시녀들은 매우 신기해 하며 신하들에게 이 사실을 알렸다. 그들은 "아짜라는 재주도 좋아서 초겔을 해골 지팡이에 숨겼다"고 말하였다. 신하들 대부분은 이 말을 믿지 않았다. 그들은 이제 이 황후가 하는 말은 들어볼 필요도 없겠다, 그 해골 지팡이 안에는 초겔은커녕 초겔의 손도 들어갈 수 없겠다며 쑥덕거렸다. 그렇지만 그들 모두 무언가 특별한 이적이 있었던 것만은 사실이라 생각하고 신기해 했으며, 자신들이 하고자 했던 일들을 부끄럽게 여기고 뉘우치면서 대부분 새로운 신심을 갖게 되었다.

스물한 명의
제자들

황제를 비롯해 황후와 신하들, 그리고 우리 일행은 법을 전수하기 위하여 침부계와의 한적한 곳으로 갔다. 구루린포체께서는 스물한 명의 제자들과 황제와 그 권속들, 서른두 명의 근기 있는 제자들과 일곱 명의 귀족 부인들을 위하여 밀교의 가장 수승한 만다라 일백스무 개를 세워서 근기를 성숙하게 하고 해탈의 길에 이르게 하였다. 특히 둡첸깝게와 마모신제, 풀바, 돼찌, 양닥라마공돼, 이담공돼와 툴시토, 양닥시토, 뻬마시토[91] 등의 법을 전수하였다. 또한 닝틱[92] 예순한 권과 공돼제닥 일곱 권과 까게게돼 열한 권과 규기공빠 백서른 권을 전수하였다. 황제에게는 특별히 돼찌왼땐기둡탑(공덕의 감로 성취법) 스물일곱 권과 스무 종류의 구전을 전수하시고는 잘 수행하라는 말씀과 함께 수기를 주셨다.

서쪽 지방에 사는 남캐닝뽀에게는 양닥말메구빠, 둘풀낙니슈 등을 내리시고는 효닥에서 수행하라고 말씀하시며 수기를 주셨다. 상게예세와 도제돼좀 두 사람에게는 잠빨신제세의 근본 수행법과 착갸실논 하둑의 수행 성취법 등 스무 가지의 구전된 근본법과 지말법을 함께 내리시고는 닥 지방에 있는 양종에서 수행하라고 말씀하시며 수기를 주셨다. 궁룽의 겔와촉양과 데의 겔뽀로되 두 사람에게는 땀딘양상롤빠와 요가숨의 근본 수행 성취법과 지말 수행의 구전 스물다섯 가지와 밀교 경전 열두 권과 타메마(호법의 여신)의 수행 성취법 등을 전수하시고 침부에서 수행하라고 하시며 수기를 주셨다.

베로짜나와 데마쩨모 두 사람에게는 뫼빠닥악 성취법과 빨댄낙뽀(호법신 이름) 성취법을 주시고는 야마룽에서 수행하라 하시며 수기를 주셨다.

까와뻴짝과 오댄왕축 두 사람에게는 마모(다키니)의 내외본과 비밀본의 근본 성취법과 요가숨의 근본 수행 성취법과 지말 수행의 구전 스물다섯 가지와 밀교 경전 열두 권과 타메마의 수행 성취법과 마구니들과 대치하는 법과 불사를 짓는 법 등을 주시고는 엘빠의 동굴에서 수행하라고 하시며 수기를 주셨다.

자나꾸마라벤자와 몽고 사람 학빨숀누 두 사람에게는 양풀상와의 구전과 대수인의 장수 성취법 구전을 주시고는 니모자메의 바위동굴에서 수행하라고 하시며 수기를 주셨다.

빨기셍게와 쪽로루이겔첸 두 사람에게는 분노본존 열 분이 있는 뒈빠의 근본 성취법과 지말 수행법 중에서 데뽄숨쭈깡둡을 구전과 함께 주시고는 성산聖山 카일라스⁹³에 있는 추오리의 동굴에서 수행하라고 하시며 수기를 주셨다.

통역관 린첸상뽀와 띵엔진상뽀 두 사람에게는 관세음보살의 비밀 성취법과 거룩한 스승의 성취법과 광명대수인의 최고 성취법을 주시고는 우루의 동굴에서 수행하라고 하시며 수기를 주셨다.

랑도꼰촉중덴과 겔와장춥 두 사람에게는 구루의 가피 성취법의 구전과 마두명왕의 상와꾼되 성취법과 따낙덱빠(호법신 이름)의 성취법을 주시고는 예루샹의 동굴에서 수행하라고 하시며 수기를 주셨다.

덴빠남카왕축과 케우충카딩 두 사람에게는 뻬마시토의 비밀 성취법과 금강살타의 근본본존 성취법, 한 분의 호법신 수행법, 헤루까 서른여섯 분의 성취법을 구전과 함께 주시고는 장 지방에 있는 남초의 연못에서 수행하라고 하시며 수기를 주셨다.

마린첸촉과 겔모의 유다닝뽀 두 사람에게는 금강수보살의 상와되빠 수행 성취법과 스무 가지의 구전과 백 가지의 가르침, 특히 장수 성취법의 구전과 가르침을 주시고는 침부의 동굴에서 수행하라 하시며 수기를 주셨다.

나에게도 구루린포체 자신의 내수행, 외수행, 비밀스런 수행 세 가지 부분[94]의 마음 성취법과 빼마왕의 근본 수행법과 구루린포체의 만다라와 연결된 일곱 가지 다른 수행법을 주셨다.

  또 세 가지 근본 만다라를 하나로 모아서 수행하는 법을 주시고 온푸딱창과 부탄에 있는 딱창, 캄에 있는 딱창[95] 등 구루린포체의 몸의 모습이 저절로 생겨난 곳(특히 띨도에서 저절로 생겨났다)에서 수행하라고 하였다. 그리고 구루린포체께서는 "어려움이 있을 때에는 언제나 기도하라. 그러면 언제든지 내가 오리라. 또한 도반인 아짜라싸레와는 무슨 일이 있어도 헤어져서는 아니 된다"고 말씀하시며 수기를 주셨다.

  황제는 구루린포체의 은혜에 보답하기 위하여 성대한 연회를 베풀고 만다라의 개수에 맞추어 공양을 올리는 회공의식을 올렸다. 황제는 황금과 비단을 비롯해 세상에 있는 모든 물건을 산처럼 쌓아놓고 구루린포체께 말씀드렸다.

  께마!
  위대하신 구루린포체시여!
  몇 겁을 통해서도 얻기 어려운
  비밀스런 법의 수승한 만다라를 이제 받았으니
  그 크신 은혜 갚을 길이 없습니다.
  이제부터 구경의 깨달음을 성취할 때까지
  산만한 제가 삼악도나 변지하천에 떨어지더라도

거룩한 당신의 자비가 헛되지 않도록

한시라도 버리지 마시고 굽어 살피소서.

기도를 마치고 나서 황제는 금을 일곱 주먹 집어서 구루린포체의
몸에 뿌렸다. 또한 각처에서 수행을 하도록 수기를 받은 제자들 모두
에게도 바로 수행하는 데 쓸 수 있도록 각각 금 한 되와 금메달 한
개, 흰색 붉은색 남색의 비단 각 한 필, 옷 한 벌, 말 한 필, 야크 한
마리를 하사하고 수행을 다 마칠 때까지 모든 생활을 책임지겠다고
약속하였다.

구루린포체께서 기쁨의 빛을 보이시면서 말씀하셨다.

께마!

위대하신 황제 폐하시여! 참으로 잘하셨습니다.

나, 빠드마삼바와는 더 이상 아무것도 필요없지만

밀법의 삼마야 때문에 받는 것이고

또한 황제께서 공덕을 지을 수 있도록 받는 것입니다.

스물네 명의 제자들이 진리를 수행하는 데 장애가 없도록

왕께서 모든 외호를 약속하신 것은 무척이나 잘한 일입니다.

그것이 바로 보살의 행이니 정말 잘하신 것입니다.

나, 빠드마삼비외의 법과 신심을 가지고 열심히 정진하는 제자와

국왕의 시주하고 외호하심, 이 세 가지가 하나가 되어

무루의 공덕을 짓게 될 것입니다.

원력과 인연의 업장이 정화되어

부처의 바다와 같은 공덕을 성취하게 될 것입니다.

그러고 나서 구루린포체께서는 그 자리에 모인 황제와 제자들에게 구전의 가르침과 말씀을 한 마디씩 더 해주셨다.

그 모든 내용은 그 자리에 있던 모든 이들의 전기에 상세히 기록되어 있으니 여기서는 기재하지 않겠다. 그들은 모두 구루린포체께서 정해주신 곳으로 수행하러 떠났다. 나는 먼저 뗄도로 가서 삼근본을 하나로 모은 만다라를 수행했다. 듣기만 해도 해탈에 이를 수 있는 일반적인 가르침과 특별한 가르침을 헤아릴 수 없이 많이 받았지만 이 책의 분량이 너무 많아질까 걱정되어 다 서술하지 않았다.

삼마야 갸 갸 갸!

목숨을 돌보지 않는 고행으로

불사不死의 몸을 성취하시더니, 마구니와 잡신들의

모든 시험을 이겨내고 다 부복시키셨네.

나는 띨도에 있는 칸도촉캉 사원 옆 동굴에서 수행하고 있었다. 일용
품은 인근 주민들이 보시하여 주었다. 나는 빠드마삼바와가 전해준
불법의 진리를 깨닫기 위해 열심히 정진하였다. 사람의 몸으로 나타
나신 본존불을 친견하고 자신의 기맥을 통해서 다키니의 만다라를
깨닫고 나서부터는 어떤 일이든지 마음먹은 대로 성취할 수 있었다.
가슴의 명치 부분에서는 화신으로 나타나신 구루께서 해주시는 가피
의 말씀이 들리곤 하였다. 또 눈앞의 모든 현상들이 구루의 모습으로
보여 언제 어디서나 스승님과 함께할 수 있었다. 구루의 말씀에 조금
도 어긋남이 없는 헌신의 마음이 일어나자 불단에 모셔놓은 만다라
에서 광채가 나와 그 빛이 널리 퍼져 나갔다.

　문득 다카와 다키니들이 스쳐 지나가는 모습이 영상으로 보이더니
그 광명 속에서 우겐국의 다키니 정토라고 말하는 소리가 들렸다. 그
곳의 나무들은 모두 날카롭고 튼튼한 칼날처럼 생겼고, 땅은 곱고 매
끄러웠으며 바위산 곳곳에는 해골들이 어지럽게 흩어져 있었다. 나
는 흙과 돌과 뼛조각들이 여기저기 흩어져 있는 곳에 도착하였다.

그곳에는 중심부에 해골바가지와 사람 머리를 세 겹으로 쌓아놓은 궁전이 있었는데 지붕에는 사람 가죽이 덮여 있었고, 문에도 사람 가죽이 걸려 있었다. 그곳에서 백만 킬로미터 정도 떨어진 산에서는 불길이 훨훨 타오르고 있었다.

금강처럼 단단한 천막 안에는 무기들이 쌓여 있었고 아름다운 연꽃이 핀 철위산이 시신을 태우고 있는 여덟 군데 화장터를 둘러싸고 있었다. 그 살코기를 먹는 새들이 주변에서 피를 마시고 있었고, 나찰과 나찰녀가 그 새들을 휘이휘이 쫓고 있었다. 그들은 나, 초겔에게 원수도 친구도 아닌 듯 무관심해 보였다. 위로 올라가 세 개의 문이 겹쳐 있는 곳을 지나니 여러 가지 색의 의상을 갖춰 입은 다키니들이 갖가지 공양물을 준비하여 주존主尊이신 분노본존께 올리고 있었다. 몇몇은 자신의 살을 예리한 칼로 조각조각 잘라 쌓아놓고는 공양을 올렸고, 몇몇은 피를 보시하였다. 어떤 이들은 코, 어떤 이들은 피를, 또 다른 이들은 심장, 귀, 오장육부, 피부, 속살, 다리와 허벅지살을 각각 보시하였다. 생명과 호흡을 바치는 이들도 있었고 머리와 사지를 잘라 쌓아놓고 기도하는 이들도 있었다.

나, 초겔이 물었다.

"이와 같이 고통스럽게 공양을 바치는 의미가 무엇입니까?"

그러자 그들은 "자신을 죽이지 않고 어찌 법을 얻을 수 있단 말이오?" 하고 잘라 말했다. 그러고는 나를 유심히 살피더니 다음과 같이 노래하였다.

에마!⁹⁶

수승하도다, 게으르고 나태한 여인이여!

거룩하고 성스러운 스승님의 크나크신 자비도 찰나일 뿐

그분이 계실 때 좋아하시는 것을 무엇이든 공양해야지

때를 놓치면 공덕이 원만하지 못해서 장애가 그보다 많아지리.

자신의 신심은 순간일 뿐

스승의 말씀을 어기지 않는 신심 또한 잠시라네.

지혜로운 그분이 계실 때 공양을 올리지 않아서

시기를 놓쳐버리면 장애가 그보다 커진다네.

사람의 몸을 얻은 지금 법을 만나는 것 또한 잠시니

출중한 그분을 뵈었을 때 공양을 올리지 않고

시기를 놓쳐버리면 장애가 그보다 커진다네.

법을 펴시는 스승님이 계신 지금이

바로 금강승의 문에 들어갈 수 있는 때니

성스러운 법을 얻었을 때 공양하지 않아서

시기를 놓쳐버리면 장애가 그보다 커진다네.

   그들의 노래는 나를 부끄럽게 하였다. 공양 올리는 의식이 끝나자 각자의 앞으로 바즈라요기니가 한 분씩 오셔서 손가락을 튕기니 공양을 올렸던 다키니들이 전과 같은 모습으로 하나씩 회복되었다. 다키니들은 주존에게 법을 청하고는 각자의 처소로 돌아가 수행을 열두 차례 하였다. 문 안에는 문지기가 한 명씩 있었고, 그 중앙에는 바즈라요기니가 훨훨 타는 불길 속에 서 있었는데 화염 때문에 선명하게 보기가 어려웠다.

이렇게 내가 비전으로 본 상황들은 다른 책에 자세히 기록되어 있으므로 여기서는 간략히만 소개했다.

나는 비전의 내용들을 빠드마삼바와에게 말씀드리고 나 자신도 그와 같이 고행하겠다고 서원을 올렸다. 그러자 빠드마삼바와가 말씀하셨다.

"그 모든 것이 다 수행의 한 경험에 불과하다. 자신의 살 등을 공양 올리는 고행을 할 필요는 없다. 그보다 다음과 같은 고행을 하는 것이 낫다."

에마!
천상에서 내려온 여신과 같은 초젤이여!
보기만 해도 마음을 뺏기게 되는 매력적인 여인아!
산란해 하지 말고 주의해서 잘 들어라.
인간의 몸은 보배로운 황금의 나무
그것을 얻었을 때 지혜롭게 잘 알아서 행동하라.
그리하면 미래를 위한 영원한 자량을 얻게 되리라.
지혜 없이 무지하게 행동하면
언젠가는 보리 한 톨 먹을 것이 없게 되리니
그와 같이 서원을 세우는 것은 참 잘하는 것이다.
돌의 영양소와 식물의 영양분을 섭취하고
기로써 음식을 삼는 고행을 하여라.

옷가지나 뼈 장식 등을 걸치지 않은 벌거숭이 상태에서
배꼽불(뚬모)의 열을 옷으로 삼는 고행을 하라.
만다라 염송을 할 때는 진언과 호흡의 기를 제외하고는 묵언할 것이며
희롱이나 쓸데없는 농담을 버리는 고행을 하라.
절과 꼬라[97]를 도는 것으로써
몸을 청정히 하고 결가부좌 하고 명상하는 고행을 하라.
명점明點을 맑히어[98] 공락불이의 선정 삼매에 드는 고행을 하라.
불법을 주지하고 불법을 발전시키는 사업을 성취하고
경전을 해석하고 변론하는 등 법의 고행을 하라.
중생에게 이익을 주고자 하는 대승의 원력을 세워
몸과 생명을 돌보지 말고 남을 이롭게 하는 고행을 할지니라.
원수와 아들을 똑같이 대할 것이며,
황금과 흙덩이를 동등하게 볼지니라.
또한 나보다 남을 이롭게 하고자 하는 자비의 고행을 할지니라.
그렇게 하면 바로 부처님의 법에 맞게 될 것이며
가장 희유하고 수승한 무상의 희열을 얻게 될 것이다.
이와 같이 하지 않으면 외도들의 수가 불어날 것이다.
오직 고행만 하는 것은 한쪽으로 치우친 견해이고 잘못된 방법이니
여인 초겔이여, 깊이 사유할지니라.

　　나는 빠드마삼바와의 말씀을 받들어 여덟 가지 고행을 하겠다고
원력을 세웠다.

계마호!

혼탁하고 선업이 없는 이 국토에 부처님이시여, 강림하소서.

법이 없는 어둠의 땅에 횃불로 광명을 비추소서.

나찰의 나라 티베트에 성스러운 빠드마삼바와께서 오셔서

법을 모르는 중생들에게 불법의 감로를 내리고

복이 없는 중생들에게 복을 지을 수 있도록 법을 가르치셨네.

이와 같이 거룩한 부처님께서 보드가야에 계실 때에

저는 그 수승하신 모습을 알지 못했습니다.

이제 빠드마삼바와의 가피로 알게 되었으니

그 한량없는 은혜 갚을 길이 없네.

저 예세초겔은 밀법 가운데서도 더욱 비밀하고 심오한

밀법의 만다라 문 앞에 서서 맹세하오니

구루의 말씀을 조금이라도 어기느니

차라리 생명을 버리겠습니다.

앞에서 주신 여덟 가지 교훈처럼

자신의 육신과 생명, 능력을 돌보지 않고

구루의 말씀과 같이 하겠습니다.

혹시라도 이와 같은 약속을 어기게 되면

차라리 죽음을 택하겠습니다.

의식주와 몸과 말과 마음을

부처님의 가르침과 중생들을 위해서만 사용하겠습니다.

자신이 아니라 다른 이를 이롭게 하기 위해

자비를 실천하는 고행 여덟 가지를

기필코 이 목숨 다 바쳐 실천하겠습니다.

이렇게 고행을 위한 서원을 바치자 구루께서는 흐뭇해 하시며 몇 가지 격려의 말씀과 예언을 해주시고 나서 티송데짼 황제가 공양물을 준비해놓고 기다리는 곳으로 돌아가셨다.

나는 먼저 뚬모[99]의 열을 옷으로 삼는 수행을 하기 위하여 띨도 산 꼭대기에 올라 바위와 눈 사이에서 한 조각 천에 의지해 일 년 동안 정진하였다. 처음에는 몸 안에서 뚬모의 열이 전혀 느껴지지 않았다. 정월이라 살을 에는 듯한 매섭고 차가운 바람이 부는 데다 눈과 서리까지 내려서 참기가 어려웠다. 데리고 갔던 하인마저 빠드마삼바와의 시자로 따라간 탓에 홀로 서원의 증인이 되어 수행에 매진하였다. 몸 전체에 물집이 생기고 배에서는 꼬르륵 소리가 나고 딸꾹질이 계속 나와서 거의 죽을 지경이 되었다. 나는 마음속으로 빠드마삼바와를 생각하면서 간절히 기도를 드렸다.

중생들의 호법이신 우겐의 성자, 빠드마삼바와시여!
태양과 같은 자비로써 저를 굽어 살피소서.
여인의 몸으로 몸을 가릴 옷가지는커녕 친구도 없이
홀로 컴컴한 동굴에서 기맥을 정화하기 위해 애쓰고 있습니다.
눈비가 많이 올 때면 침대와 지붕 삼은 네 개의 바위가
꽁꽁 얼어붙어 저는 어찌할 바를 모르고
흙더미나 돌과 같이 되어 버린답니다.
이곳은 안팎이 구분이 없는 곳,
저는 무명옷 하나 없이 이곳에 있습니다.
속히 뚬모의 열이 일어날 수 있도록 가피를 내리소서.

기도를 마치고 나니 기운을 좀 차릴 수 있는 힘이 생겨났다. 이를 의지하여 호흡을 단련하니 드디어 뚬모의 열이 일어났다. 구루께 더욱더 강렬하고 깊은 신심이 일어남을 느낀 나는 이렇게 노래하였다.

거룩하고 수승하신 스승님께서
금강승의 비밀스럽고 신령한 만트라의 힘으로
강렬하고 영적인 가피를 내려주셨네.
금강살타의 본연의 지혜[100]로 네 가지 희열이 생겨났으니
무명을 걸친 여인의 자성의 고향에서 일어난
기쁘고 따뜻한 지복의 열을 공양하나이다.
너무나 기쁜 나머지 다시 한 번 은혜를 간청하옵니다.

말을 마치고 명상을 하는데 빠드마삼바와께서 분노존의 복장을 하고 와서는 해골에 가득 채운 술을 내리시고 이내 사라지셨다. 나는 끊임없는 정진으로 희열과 따뜻함을 계속 유지할 수 있었다. 마음에서는 더없이 큰 기쁨이 넘쳐났다. 동상에 걸렸던 부분들은 뱀허물처럼 전부 벗겨졌다. 이제 해골 등의 뼈 장식을 하는 고행을 할 때가 되었다고 생각한 나는 무명천을 벗어버리고 뼈 장식만 걸친 채로 멘악숨딜(세 가지를 하나로 한 가르침)이라는 구전의 가르침을 따라 일 년 동안 수행하면서 고행을 하였다. 먹을 것이라곤 보리 한 톨도 없어서 배가 고프면 돌가루를 먹고, 목이 마르면 물로 목을 축이며 정진하였다. 그러던 어느 날, 전에 깨달았던 모든 수행의 경계가 퇴락하더니

사지를 꼼짝할 수가 없게 되었다. 머리를 들 수도 없고, 호흡마저 거의 끊어진 상태가 되어 마음을 추스를 기력조차 없었다. 갈수록 상태가 나빠져 끝내는 죽을 지경에 이르렀다. 나는 스승님께 기원을 하고 본존불께 고통과 번민을 호소하였다. 그리고 다키니들에게 공양을 올리는 관상[101]을 하면서 기도하였다.

처음부터 나는 몸과 함께 모든 것을 구루께 바쳤으니,
행복과 고통을 당신께서 알아서 하십시오.
제 말 또한 이미 불법에 바쳤으니
호흡을 어찌 하든지 당신께서 알아서 하십시오.
마음을 이미 선업을 짓는 데 다 바쳤으니
선과 악을 모두 당신 뜻대로 하소서.
몸은 본래 본존불의 법당이니
이 본존의 처소를 어떻게 하든지 당신이 알아서 하십시오.
이 기와 맥은 다키니들의 길이니
그 길을 통하게 하든지 말든지 당신이 알아서 하십시오.
이 명점은 본래 여래의 성품이니 열반에 들게 하든지
혹은 법륜을 굴리게 하든지 당신 뜻대로 하십시오.
어머니와 같은 일체 중생들의 그릇된 행위를 굽어 살피사
저로 하여금 윤회와 열반 어느 쪽을 선택하게 하더라도 그리 하겠습니다.

이렇게 간청하니 벌거벗은 붉은 몸에 아무런 장식도 하지 않은 바

즈라요기니가 나타났다. 그녀의 생식기에서 나온 피를 입으로 받아 마시니 온몸에 희열과 편안함이 가득 차고 설산의 사자와도 같은 힘이 생겨났다. 또한 선정 상태에서 언어의 경계를 초월한 본연의 마음 자리를 깨닫게 되었다.

옷을 입지 않는 고행을 마쳤으니 이제 기의 음식에 의지해서 수행할 때가 되었다고 생각했다. 계속해서 옷을 입지 않고 호흡의 기운에만 의지해서 일년 동안 수행하였다. 처음에는 기의 흐름이 아주 편안해졌다. 그러고 나니 지혜가 선명해져 여러 가지 수행을 경험할 수 있었으며 모든 것이 뜻한 바대로 잘 진행되었다.

중간에 마음에서 까닭 없이 한 가닥 의심이 일어나면서 호흡의 흐름이 끊기고, 기관지가 말라붙어 가늘어지고, 코가 털뭉치를 틀어박은 듯 막히는 상태가 찾아왔다. 배에서는 창자들이 요란하게 꾸르륵거리며 심상치 않은 소리를 냈다. 거의 죽을 지경이 된 나는 다음과 같이 생각하며 마음을 다잡았다.

나, 여인의 몸을 받은 초겔은
업장의 과보로 헤아릴 수 없이 많은 생을 윤회하면서
나고 죽고 늙고 병드는 고통을 견디고
지옥, 아귀, 축생계 등을 거치면서
춥고 뜨거운 지옥의 고통과
목마름과 굶주림의 고통들을 견디면서
크나큰 인욕을 해오지 않았던가?

사람의 몸은 가장 소중한 보배

거룩한 불법 중에 최고의 지름길인 밀법을,

그중에서도 가장 빠른 고행을 하고자 한 이유가 무엇이란 말인가?

이만한 일도 참지 못한다면 다른 무슨 일을 할 수 있단 말인가?

죽음의 업을 어떻게 벗을 수 있단 말인가?

초겔이여! 끝까지 고행을 잘 견뎌내야 한다.

그러고는 용기를 모아서 멀리 계시는 구루린포체께 간절히 청하는 글을 올렸다.

께마호!

신통력으로 연꽃 줄기 위에 스스로 화신을 나투신

우겐국의 스승님이시여!

대자대비하신 원력으로 사람의 모습으로 오신

무지개 몸의 만다라에 가장 수승한 금강의 몸이시여!

자비로써 육신을 가진 중생들을 굽어 살피소서.

평범한 인간으로 남아 있는 저를 구호하소서.

이 무거운 육신의 짐을 어찌 하오리까?

대자비로 불쌍히 여기사 어디에 계시든지 굽어 살피소서.

그러자 구루린포체께서 빛 속에서 미소를 띠며 허공에 나타나시더니 내 키가 닿을 만큼 가까이 오시어 말씀하셨다.

께마오!

지혜로운 여인 칼첸사는 잘 들으라.

왕족의 딸로 태어나 호강만 하고

원하는 건 무엇이든 다 풍족하게 누린 탓에

전에는 어려움과 고행을 견디지 못했는데

이제는 좋고 나쁜 모든 경계를 다 수행의 길로 받아들여서

어떠한 고통도 다 대락 수행으로 삼는구나.

신심 있는 착한 여인아!

이제 다시는 편안함을 갈망하지 말라.

께마!

여인 칼첸사는 잘 들으라.

황후로 살면서 결코 만족할 줄 모르고

전에는 자신이 원하는 것에만 얽매여 있었는데

이제는 필요 없는 모든 일을 버리고

무상함을 수행하여 삼악도의 고통을 그 근원에서 끊는구나.

신심 있는 착한 여인이여!

다시는 높고 큰 것을 갈망하지 말아라.

께마!

여인 칼첸사는 잘 들으라.

특별한 여인이라는 자만심에 오만하여

전에는 스스로 자신을 높게 평가했는데

이제는 자신의 허물을 스스로 드러내는구나.

숨겨져 있던 결점까지 빠짐없이 다 드러내었구나.
신심 있는 착한 여인이여!
다시는 이름나기를 구하지 말라.

께마!
여인 칼첸사는 잘 들으라.
그대는 법을 자랑거리로 삼는 위선자
전에는 모두가 다 속임수에 불과하였다.
이제는 속이고 가장하는 일을 다 버리고
거짓 없이 심장에 뼈까지 다 드러냈구나.
신심 있는 착한 여인이여!
다시는 자신을 기만하지 말라.

이렇게 말씀하시고 땅으로 내려와 바위 위에 앉으셨다. 그리고 "자!
그만하면 됐으니 약초와 산나물 등 영양가 있는 모든 식물들을 섭취
해서 원기와 힘을 보충하도록 해라. 미래에 윤회계가 다 없어질 때까
지 오직 중생들을 위해 존재하는 나, 빠드마삼바와는 영원히 다하지
않을 무진장한 불법의 보배로운 가르침들을 숨기고 나서 웅아얍링[102]
이라 불리는 다키니들의 나라로 가야 한다. 그대는 심오한 보장들을
잘 관리해야 한다. 머지않아 나는 수승하고 비밀스런 만다라를 많이
열 것이다. 그 후에 그대가 중생들을 위해 많은 일을 할 때가 올 것이
니 준비를 하도록 하라"는 교훈의 말씀을 주시고 가셨다.
    그 후 나는 인도 청년 아짜라싸레와 데와모라는 여자아이를 데리

고 부탄에 있는 쌩게종숨으로 가서 세 군데 동굴에서 수행하였다. 그 중 몬카쌩게종에서는 여러 가지 약초로 몸을 보양하였다. 또한 돌에 있는 기운과 영양도 섭취하였는데 모든 돌 가운데서도 쭝시(백반의 일종인 듯하다)라는 돌에 미네랄과 같은 에센스가 있다는 것을 알고 돌의 진수를 섭취하니 몸이 수정처럼 투명해지고 다이아몬드처럼 강하게 변하여 어떠한 무기로도 해칠 수 없게 되었다. 목소리는 사나운 어미 호랑이조차 순하게 만들 정도로 곱고 청아해져 마치 천상의 소리 같았다. 마음은 무루의 금강삼매[103]를 얻게 되었다.

나는 이제 말의 고행을 할 때가 되었다고 생각하였다. 먼저 구업口業을 정화하기 위하여 만트라 수행과 무문관을 하였다. 수행과 회공의식[104]을 밤낮없이 하여 기도 소리가 끊이지 않게 하였다. 나는 백자명 만트라와 다라니 진언을 끄리야 탄트라[105]와 요가 탄트라[106]의 방식에 따라 수행하며 발로참회發露懺悔를 하여 구업을 정화하였다. 그런 다음 오방불과 관음, 문수, 대세지 보살 등의 만트라 기도와 만다라 기도를 짜리야 탄트라[107]와 요가 탄트라의 방식에 따라 하였다. 마지막으로 경전에 있는 일상의 예불 대참회를 하면서 많은 절을 올렸다. 또한 율장에 있는 계율사상과 의식과 규범을 공부하고 장수불의 기도를 하고 조사 스님들의 불경에 관한 해석서인 아비달마론과 운율을 배우는 성명학聲明學과 인명학因明學(불교 논리학) 등을 익히고 나서 욕망을 도로 삼는 수행을 하였다.

그러자 말이 정화되면서 목이 헐고 부어 피와 고름이 많이 나왔다. 목이 극도로 아프고 뻣뻣해져 곧 죽을 것만 같았다. 그러나 결국은 원하는 바대로 성취되어 아무리 말을 많이 해도 불편하지 않는, 격조 있고 아름다우며 여운이 오래 남는 목소리를 갖게 되었다. 크게 말하든 작게 말하든 중간의 소리로 말하든 또는 빠르게 말하든 느리게 말하든 보통 속도로 말하든 그 어떤 소리로도 자유자재로 말할 수 있게 되었다. 요약해서 말하자면 예순 가지의 운율을 지니게 되었고 한번 들으면 잊어버리지 않는 일곱 가지 힘을 얻게 되었다.

그리고 나서 마하요가[108]의 방식대로 둡첸깝게의 만다라를 열어 만트라의 본존들이 모두 눈앞에 모습을 드러내고 그리하여 본존불과 둘이 아닌 경계를 성취하게 될 때까지 만트라 수행을 하였다. 두 손을 맞대어 선정인禪定印[109]을 짓고 결가부좌를 한 채로 명상에 잠겨 있으니 모든 본존들이 처음으로 모습을 나타내셨다. 그러자 광명의 빛이 발하는 등 많은 가피의 징조와 능력이 생겨났다. 본존불의 예언과 인가를 얻고 나니 일반적으로 수행을 성취했을 때 얻어지는 능력인 여덟 가지 시띠[110]를 성취하게 되었다. 또한 금강과 같은 최고의 삼매력을 성취하고 두려움이 없는 삼매의 힘을 얻어서 구경에는 성불을 하리라는 수기를 받았다.

그런 후에는 라마공돼라는 만다라를 열어서 아누요가[111]의 전승에 따라 수행을 하였다. 만트라와 기맥과 선정을 하나로 연결하여 수행하니 몸 안에 라마공돼 만다라의 근본륜이 안치되어 기, 맥, 명점 세 가지의 요결을 오류 없이 수행할 수 있게 되었다. 처음에는 맥이 아프고 기가 뒤바뀌고 명점들이 굳어서 죽을 듯한 고통이 따랐으나 이에 상관하지 않고 계속 수행하니 잠시 후에 본존들께서 나타나셔서 기,

맥, 명점을 자유자재로 운용할 수 있는 힘을 주셨다. 그리하여 나는 나고 죽고 늙고 병들고 하는 인생의 네 가지 거대한 폭포와 같은 흐름을 끊고 스스로 성취자라고 인정할 수 있게 되었다. 구루린포체의 한량없는 은혜를 갚을 길이 없다는 생각에 나는 노래를 불렀다.

께마호!
거룩한 스승이신 구루 빠드마삼바와께 예경합니다.
시작을 모르는 때로부터 미세한 원소들로 만들어진 몸을
산 중의 왕인 수미산과 같이 만드신 거룩한 스승님!
이제는 저도 중생을 이롭게 할 수 있는 수미산이 된 것 같습니다.
복덕이 있는 제석천왕은 이리로 와서 시주자가 되어주시오.
전생에 선업이 부족해서 생기는
험산준령의 장애는 없어진 것 같습니다.
사천왕들과 천상계에 행복과 기쁨이 충만하여 지이다.

시작을 모르는 때로부터 한 방울의 물이 모여서 바다가 되듯이
지복의 일곱 개의 연못으로 화현하신 거룩하신 스승님!
이제는 저도 중생을 이롭게 할 수 있는 연못이 된 것 같습니다.
복덕이 있는 용왕은 이리로 와서 시주자가 되어주시오.
전생에 선업이 부족해서 생기는
늪지의 고기와 개구리의 장애는 없어진 것 같습니다.
여덟 명의 용왕들과 용의 나라에 행복과 기쁨이 충만하여 지이다.

시작을 모르는 때로부터 큰 자량을 쌓아서 성불하신 부처님들께

다함없는 지식으로 고무되신 거룩한 스승님!
이제는 저도 중생을 이롭게 할 수 있는 부처가 된 것 같습니다.
인간 세상의 왕들과 법의 왕들은 이리로 와서 시주자가 되어주시오.
전생에 선업이 부족해서 생기는
변방에 태어나게 되는 업은 없어진 것 같습니다.
성문승聲聞僧들과 온 지구에 행복과 기쁨이 충만하여 지이다.

시작을 모르는 때로부터 지은 공덕의 결과로
인간의 몸으로 모든 의미를 갖추신 거룩한 스승님!
이제는 저도 중생을 이롭게 할 수 있는 여인이 된 것 같습니다.
선근과 복덕을 갖춘 선남자들이여 이리 와서 시주자가 되어주시오.
삿된 지견을 가진 자와 악업을 가진 자는
부처님의 거룩한 법에 들어오지 못할 것입니다.
신심 있는 티베트의 백성들과 그 국토에 행복과 기쁨이 충만하여 지이다.

이렇게 노래하고 나서 백여덟 가지의 약초와 산나물로 영양을 섭취하였다. 그러자 네 명의 신선들이 특수한 효험이 있는 약물이 든 보병을 하나씩 들고 약을 관장하는 사백여덟 명의 선녀들과 함께 나타나서는 그 약물을 나에게 올리며 찬탄하는 노래를 불렀다.

께마호!
사람의 딸로서 가장 수승한 몸을 갖추시고
옛날 천상에서 나와 도반이었던 당신은

오랜 동안 청정한 원력으로 큰 지혜 구족하셨네.
비파와 같은 아름다운 선율로 중생들을 인도하시는
지혜의 여신 초겔이시여,
당신의 수승함을 찬탄합니다.

도중에 석가모니 부처님의 법륜을 굴리시고
순수한 동기를 가지고 마음을 내어 비구니 스님 되셨네.
대자비로 굽어 살피사 중생들을 빠짐없이 인도하시는
강가의 여신 초겔이시여,
영광스러운 당신을 찬탄합니다.

이제 위대한 지금강불의 연꽃에서 태어나
빠드마삼바와의 모습으로 법륜을 굴리실 때에
밀법의 문을 열 수 있는 대승의 가르침들을 집대성하고
중생들을 위하여 고행을 하시는 당신을 찬탄합니다.

모든 법이 마음 가운데에서 솟아 나오고
여러 가지 약과 독의 진수를 섭취하여 다 감로로 마시며
영원히 변치 않고 죽지 않는 잘생긴 청년의 몸을 성취하신
과거, 현재, 미래세에 모든 중생들의 어머니 되시는 당신을 찬탄합니다.

모든 중생들에게 있는 나쁜 병을 뿌리째 없애고
죽지 않는 감로의 약으로 치유하셨네.
약에 관한 모든 지식을 아는 여신과

하나가 되신 분이 바로 초겔, 당신이랍니다.

신선들은 이렇게 찬탄하고는 사라졌다. 때마침 안과 밖의 인연이 한 가지로 갖추어져 키덴이라 부르는 소녀가 꿀을 공양 올렸다. 그 꿀로 원기를 회복한 나는 몸의 고행을 하기 시작하였다.

먼저 꼬라를 돌고 밤낮없이 절을 하였다. 이마와 팔꿈치, 무릎 모두 구멍이 뚫려 뼈가 튀어나오고 피고름이 오랫동안 흘러내렸다. 나는 이에 굴하지 않고 몸을 정화하기 위해 헤아릴 수 없이 많은 수행을 각각의 구전에 있는 그대로 수행하였다. 그러자 몸이 완전히 탈진되는 상태가 세 번 찾아왔다. 사지의 모든 관절에서 골수들이 누런 물이 되어 흘러 나오고 열이 나고 쑤시고 붓고 하여 근육과 맥이 다 뭉쳤다. 말할 수 없는 고통 때문에 기진맥진하여 거의 혼절할 지경이었다. 그 뒤에 다시 골수들이 살아나기 시작하고 본연의 지혜 그 자체인 에센스들이 안정되었다. 얽히었던 기맥이 열리고 오그라든 사지가 펴지고 늙은 모습이 본래대로 돌아오고 끊어진 곳은 다시 연결되는 등 병이 나고 잘못된 부위들이 다 정상으로 회복되니 흩어졌던 부분들이 다 모여서 밀법을 성취할 수 있는 안정된 몸의 토대가 마련되었다.

그 후 나는 셍게니링을 비롯한 여러 지역의 외딴 동굴을 찾아다니며 수행을 계속했다. 동굴 안에 결가부좌를 하고 앉은 나는 한곳을 응시한 채 묵언을 했고 한시도 긴장을 풀지 않으면서 선정 삼매에 든 상태로 수행에 매진했다.

마구니들의
시험에서 이기다

내 삼매력에서 나오는 광명을 견디다 못한 주변의 잡신들은 갖가지 형상의 무서운 모습으로 변신하거나 은신술을 써서 모습을 감추고 나타나서는 온갖 수단과 방법을 동원하여 나의 수행을 방해했다.

처음에는 여러 가지 먹을 것과 질 좋고 따뜻한 옷으로 변하여 눈앞에 나타나더니 나중에는 말이나 코끼리 같은 동물은 물론 이 세상과 유정계에 있는 각종 물건의 형상을 하고 나타났다.

나는 그 모든 것들을 삼매의 광명으로 항복시켰다. 그중 몇몇 경우에는 그 자체를 환상이라고 여기고 나니 정말로 마음 깊은 곳에서부터 세상의 물질에 대한 집착이 없어져 절로 사라져버렸다. 몇몇은 삼매의 힘으로 흙이나 돌 같은 것으로 변하게 하였다. 몇몇은 내가 원하는 대로 미래에 그 지방 백성들에게 유익하게 쓰일 음식과 보배로 변하여 보장寶藏으로 남게 되었다.

어떤 때에는 잡신들이 잘생기고 피부 좋고 몸에서 좋은 냄새가 나는 매력적인 청년으로 변신하여 나타나기도 했다. 덩치가 크고 몸이 좋아서 보기만 해도 호감이 가고 의지하고 싶어지는 청년의 모습을 한 잡신들은 나를 어머니 또는 스님이라 부르기도 하고 아가씨 또는 초겔이라 부르기도 하면서 음욕을 일으키는 여러 가지 음담패설을 늘어놓았다. 그리고 여러 가지 자세를 취해 보인 뒤 남성의 상징물을 꺼내면서 "아가씨, 당신이 원하는 게 이 물건 아냐? 우유를 먹어보고 싶지 않나?" 하며 희롱했다. 그들은 허리를 끌어안고 유방을 만지고 입을 맞추는 등 색정을 일으키는 여러 가지 행위를 했지만 그 자체를 환상으로 보는 삼매에 드니 대부분 실체 없이 사라져버렸다. 이어 보살의 대치법을 수행하니 나머지 잡신들도 몇몇은 검은 시체로, 몇몇은 늙고 추한 모습으로, 몇몇은 문둥병 환자로, 몇몇은 귀머거리, 장애자, 바보와 혐오스러운 모습으로 변하여 모두 사라져버렸다.

잡신들은 다시 무섭고 성난 모습으로 변신하더니 온 대지가 모두 흔들리고 천 마리의 용이 한꺼번에 으르렁거리는 듯한 큰 소리를 내었다. 이러한 굉음과 함께 검고 희고 붉고 노랗고 푸른 빛이 마구 뒤섞이어 번쩍거리니 눈이 부시어 바로 쳐다볼 수가 없었다. 또한 칼을 비롯해 시퍼런 날을 가진 각종 무기들이 한데 뒤엉켜 있는 광경이 보였는데 어지럽고 소름 끼쳐서 견디기가 어려웠다. 그러나 어떠한 상황에서도 두려움을 느끼지 않는 삼매의 힘을 얻은 덕에 설사 나를 죽여서 몸을 토막 친다 해도 두려워하지 않을 마음이 일어나자 그러한 경계들 또한 사라져버렸다.

며칠 후에는 호랑이, 사자, 표범, 곰 같은 맹수들이 으르렁거리면서 나타나 동굴 앞을 가득 메웠다. 맹수들은 사납게 포효하며 공격 자세를 취했다. 몇 마리는 먹잇감에 달려들 듯이 입을 크게 벌린 채 다가왔고 몇 마리는 성난 듯이 꼬리를 좌우로 치면서 발톱을 갈고 몸을 흔들고 털을 세웠다. 나는 모두에게 몸을 보시하고자 하는 자비로운 마음이 일어났다. 그러자 그러한 형상들이 다 사라져버렸다.

이어 전갈, 지네 같은 징그러운 벌레들과 독충 수억 마리가 몰려들어서 온 땅 위를 기어 다녔다. 몇몇은 눈, 코, 입으로 들어오고 몇몇은 살을 물어뜯고 할퀴고 기어 올라오고 튀어 다니고 하였다. 그것들은 서로 물어뜯고 싸우며 갖은 짓을 다 하였다. 약간 소름이 끼치기도 했으나 불쌍한 마음이 앞섰다.

더욱 무섭고 징그러운 벌레들도 나타났으나 '오래 전부터 몸과 말과 마음 가운데 그 어떤 것에도 집착하지 않겠다고 여러 차례 맹세하지 않았던가? 벌레라고 불리는 이 생명체들도 다 업보에 의한 것이거늘 어찌 신통력으로 변신해서 나타난 미약한 생명체들에게 두렵고 징그러운 생각을 품는단 말인가? 좋고 나쁜 모든 행위는 다 망상분별에서 비롯한 것이니 좋든 나쁘든 어떤 일이 일어나더라도 그 본질을 알아서 전도된 망상분별을 떠나야 하는 것이다' 하고 생각하니 확고한 신념과 지견이 생겨났다.

현상계의 모든 것은 마음에서 일어난 환상일 뿐
거대하고 텅 빈 법성의 세계에서 두려워할 것을 나는 보지 못했네.
이 모든 것은 오직 자성광명自性光明의 반영일 뿐
다른 인因으로 되는 것은 전혀 없다네.
일어나는 모든 현상은 다 내 마음의 부산물이니
상관하지 말고 계속 선정에 드는 것이 나을 것이네.

이제 나는 좋고 나쁜 것이 없고 취하고 버릴 것도 없는 평등한 삼매에 들어갔다. 그러자 눈앞에 벌어졌던 현상이 다 사라져버렸다.

얼마가 지나자 다시 몸뚱이는 없으면서 손과 발만 눈앞에서 흔들거리는 보기에 언짢은 형상들이 나타나 간간이 괴성을 지르면서 주위를 돌곤 하였다. 또 몸체가 없는 큰 머리통 하나가 윗입술과 아랫입술을 하늘과 땅에 닿을 듯이 크게 벌리고 혓바닥을 날름거리면서 다가오기도 했다. 어떤 때는 겨자씨만 한 공간에 많은 사람들이 몰려들어 전쟁을 하기도 했고, 집어삼킬 듯한 불이 나기도 했다. 물이 범람하기도 하고, 바위가 떨어지기도 하고, 나무가 부러지기도 하고, 광풍이 불기도 했지만 금강과 같은 삼매에 들어 동요하지 않으니 스스로 사라져버렸다.

이번에는 네팔의 에 아래 지방과 부탄의 자 위 지방에서 잡신들이 몰려왔다. 그들은 로 지역에 카따와 타춘의 잡신 무리가 많다고 선전하면서 몇몇은 우는 소리를, 몇몇은 으르렁거리는 소리를, 몇몇은 고통스러운 소리를, 몇몇은 성난 소리를 내었다. 위에서는 번개가 치고, 아래에서는 불이 나고, 가운데에서는 물이 거세게 범람했다. 이처럼 여러 가지 것들이 어지럽게 몰아치며 나를 위협했으나 이러한 경계들은 내 깨달음을 더욱 강하게 만들었다. 자성광명이 드러나고 지혜의 기맥이 열리니 다시 불변의 신심이 생겨났다. 나는 게송으로 노래하였다.

에마호!
위대한 모친 법신의 지혜,
열 가지 바라밀의 진수,
심오한 지혜의 행위,

그것들을 내가 이제 원만 구족하게 되었습니다.

어떠한 현상도 두려워하지 않는다네.

어떠한 것이 나타나더라도 다 법신의 유희,

신통 변화는 모두 스승님의 자비로운 화현,

더 많은 경계를 보여주셔도 됩니다.

에마호!

스승님의 대일여래의 지혜,

본존요가 수행의 최후의 진수,

무엇을 하든지 보답을 바라지 않는 행위,

그것들을 내가 이제 원만 구족하게 되었습니다.

망상을 무서워하지 않는지라.

어떤 일이 일어나든 그것은 다 망상의 유희,

이러한 망상분별들은 모두 스승님의 자비로운 화현,

더 많은 경계를 보여주셔도 됩니다.

에마호!

스승이신 빠드마삼바와의 지혜,

두루 편만한 아띠요가의 진수,

청정무구한 자성심自性心의 행위,

그것들을 내가 이제 원만 구족하게 되었습니다.

허물에 마음을 두지 않는지라.

허물들은 다 법성法性의 유희,

보이는 것들은 모두 스승님의 자비로운 화현,

더 많은 경계를 보여주셔도 됩니다.

에마호!
여인 초겔의 수행은 대승의 비밀스런 만트라의 진수라네.
행복과 고통을 평등하게 보는 행을 내가 이제 원만 구족하게 되었네.
좋고 나쁜 것을 가리지 않는지라.
좋고 나쁜 모든 것은 수행력을 증장하게 도와주는 인연이니
나타나는 모든 현상들은 모두 스승님의 자비로운 화현,
더 많은 경계를 보여주셔도 됩니다.

이렇게 노래하고 나니 인도, 네팔, 티베트 세 나라에서 잡신들이 군대를 이끌고 왔다. 검은색, 붉은색, 남색으로 표시된 그들의 우두머리는 갖은 방법을 동원하여 나에게 장애를 일으키려고 하였으나 성공하지 못했다. 그러자 그들은 마을 사람들을 선동하여 중상모략을 하기 시작했다.

그들은 부탄 전 지역을 어둠으로 덮어 밤낮을 구분할 수 없게 만들었다. 그리고 홍수와 천둥 번개, 우박과 폭풍우와 눈보라를 몰아치게 하더니 흑사병까지 돌게 하여 최악의 재앙을 일으켰다. 이에 모두들 "도대체 누가 우리를 못살게 구는 것인가? 이 모든 천재지변과 재앙은 어디서 온 것일까?" 하고 걱정하니 부탄에 살고 있는 초겔을 본 적이 있는 한 원주민이 말했다.

"저기 니링의 바위 동굴 안에 낯선 티베트 여자가 하나 있는데 그

녀가 아니면 누가 그런 짓을 하겠소?"

내가 한 짓일 거라고 단정한 그들은 나를 죽여야 한다면서 동굴로 찾아왔다. 동굴 문 밖에 도착한 그들이 말했다.

"티베트의 거지인 당신이 나쁜 주문을 써서 우리 나라의 온 국토가 어둠에 덮였소. 게다가 천둥 번개와 우박이 치고 흑사병까지 돌아서 모든 백성들이 고통에 시달리고 있소. 당신의 나쁜 주문을 지금 당장 거두어들이시오. 그러지 않으면 우리는 당장 당신을 죽일 것이오!"

나는 마음속으로 생각했다. '잡신들의 영향을 받은 저들을 도와줄 방도가 없다. 무슨 일이 일어나더라도 그 모든 일을 수행으로 삼아야 한다. 어떤 시련이 닥치더라도 맹세한 것을 포기해서는 안 된다.'

나는 아무 대답도 하지 않고 허공을 응시한 채로 가만히 앉아 있었다. 그들 중 몇 명은 내가 부끄러워한다고 생각했고 나머지 사람들은 자기들의 말을 무시하는 것이라고 생각했다. 그들은 내 눈에 흙을 뿌리고 칼로 귀에 상처를 냈다. 그러나 나는 무심하게 그대로 앉아 있었다. 그러자 "아니! 요런 교활한 년 같으니라고!" 하면서 활을 쏘고 몽둥이로 때리고 칼과 창으로 찌르고 하였다. 그러나 내 몸에 어떠한 해도 입힐 수 없었다. 그랬더니 그들은 나를 두려움이 없는 티베트 여인이라는 뜻의 뵈모 직메마[112]라고 불렀다. 그러고는 더 이상 해볼 도리가 없다며 각자 사는 곳으로 돌아갔다.

그 자리에는 전부터 나에게 꿀을 공양하던 여인도 있었다. 그녀는 부탄 왕의 딸로 권력과 재산이 있는 사람이었다. 크게 신심이 일어난 그녀는 내게 큰절을 올리고 돌아가더니 마헤라고 부르는 물소의 우유를 가끔씩 공양하였다. 꿀을 비롯해 내가 좋아하는 것은 무엇이든지 기쁘게 공양하고 시봉하였다. 얼마 지나지 않아 신통력으로 여러 가지 재앙을 입히던 마구니와 요정, 악룡惡龍의 세 괴수를 위시해 모든 잡신들이 그들의 생명을 바치겠다고 약속했다. 특히 마구니와 요정과 용은 내 법을 수호하고 내 몸에 해를 끼치는 원수들은 다 소멸하겠다고 맹세를 했다.

> 에마호!
> 뻬마퇴탱짤께서 기뻐하시는 분이시여!
> 누구도 해를 끼칠 수 없는 용감한 여인 헤루까시여!
> 당신을 괴롭게 해드린 모든 잘못을 참회합니다.
> 이제 당신의 백성이 되어 생명의 진수를 바치겠습니다.
> 이 생명이 다할 때까지 당신의 명령에 따르겠습니다.

그들은 자신들의 생명의 진수를 바치고 사라졌다. 라후라와 담[113] 등 티베트의 모든 지방신들도 불법을 수호할 것을 약속하고는 생명의 진수를 바치고 사라졌다.

나에게 해를 입혔던 지역 주민들도 모두 몰려와서 잘못을 빌었다. 특히 부탄의 함라라고 부르는 왕은 내 수승한 행적을 전해듣고 신심을 갖게 되었다. 그에게는 키덴이라 부르는 열세 살짜리 공주가 하나 있었는데 미모가 뛰어나고 다키니 종성種姓의 모든 특성[114]을 갖춘 소녀였다. 왕은 나에 대한 신심으로 그 딸을 바쳤다. 나는 그녀에게 따시찌덴(길상한 여인이라는 뜻)이라는 법명을 주고 빠로딱창으로 데리고 가서 마지막 수행인 공락불이의 명점의 고행[115]을 하였다. 도반인 아짜라싸레와 부탄 청년 싸레와 아짜라빨양 셋에게 원기에 좋은 약용 식물을 먹여 보양을 시키고 나서 일곱 달 동안 밤낮을 가리지 않고 수행을 익혔다. 처음에는 몸이 쇠약해져서 전신이 덜덜 떨리고 마음이 몽롱하니 어찔어찔하였다. 온몸의 위아래로 임파액이 많아져서 아프고 쑤시고 열이 나고 가렵고 하여 견딜 수가 없었다. 다시 한 번 거의 죽을 지경이 되었다. 그러고 나자 모든 임파액이 명점의 진수로 변해서 몸 전체에 지복의 희열이 퍼졌다. 처음에는 번뇌와 섞인 지복의 희열이었으나 이어 지혜가 광대해진 지복의 희열로 바뀌었고 종래에는 지혜의 흐름에 의지한 지복의 희열이 되었다. 또한 흰색과 붉은색의 명점이 차차 섞여들더니 결국 주관과 객관의 이원화 현상이 사라져버렸다. 온몸이 그대로 승리의 위대한 만다라가 되었다. 지복의 희열을 공양하니 대락의 몸에서 대지복의 경계를 얻게 되었다. 피부는 희어지고 붉은 광채가 났다. 이렇게 해서 젊고 아름다운 열여섯의 나이에서 더 이상 변하지 않는 헤루까빠모[116]의 몸이 되었다.

이때에 장수불의 만다라가 눈앞에 나타나서 변치 않는 금강의 몸과 영원히 늙지 않는 장수 성취를 얻게 되었다. 구루린포체께서는 내가 이 세상에서 이백열한 살[117]까지 살 것이라는 수기를 주셨다. 또한 성스러운 마두명왕과 금강해모 두 본존불이 나타나 장애를 없애주었다. 다섯 명의 다카와 다섯 명의 다키니들이 그림자같이 따라다니면서 불사를 성취할 수 있도록 도와주었다. 다른 보살님들도 나타나 찬탄하고 축복의 노래를 하였다. 그러고는 수명을 마음대로 할 수 있는 여인이라는 뜻으로 쳅닥팅외발마[118]라는 이름을 지어주었다.

구루린포체의
예언과 수기

나는 다시 다섯 명의 제자를 데리고 온푸딱창으로 갔다. 거기에는 구루린포체가 계셨다. 찾아뵙고 큰절을 올리니 구루께서 "헤루까빠모 왔는가? 길에서 어려움은 없었느냐?" 하고 물으시고는 말씀하셨다.

께마호!
밀법을 성취한 요기니여!
깨달음을 성취할 수 있는 토대가 되는 사람의 몸은
본래 남녀의 상과 귀천의 차별이 없는 법
보리심을 갖추었다면 여자의 몸이 오히려 더 낫다.
무시無時 이래로 두 가지 자량을 쌓아서
이제 허물은 없어지고 공덕을 두루 갖추었으니
여인들 중에 최고의 몸을 가진 지복의 어머니가 바로 그대라네.
이제 자신을 위한 일은 다 성취하였으니
타인을 위하고 중생들을 위해서 정진하라.

그대와 같이 수승한 여인은 인간 세상과 유정 중생계 가운데
과거에도 없었고 현재도 없으며 미래에도 없을 것이다.

아! 위대한 여인 예세초겔이여!
그대는 다섯 명의 화신으로 몸을 나타내어
부처님 법을 삼십 년이나 더 연장해서 머물게 할 것이다.
특히 닥이라는 지역에 따라보살의 모습을 갖춘 여인으로 태어나서
반야경의 진수를 설하리니 심오한 짜리야 탄트라가 번성하고
그것은 중생들을 위한 최고의 가르침이 될 것이다.
그때 여기에 있는 아짜라싸레는
퇴빠라는 이름의 비구가 되어
그대의 수행의 반려자가 되어 밀승의 문을 열 것이다.
부탄의 소녀 이 따시쩬덴은
그대의 딸로 태어나게 될 것이다.
부탄 청년 싸레도 그대의 아들이 되어
미치광이 같은 수행자가 될 것이다.
아짜라빨양도 온세라는 비구 수행자로 와서
그대의 비밀스런 도반이 되어
나와 남을 위한 최고의 성취를 하게 될 것이다.
지금 여기에 있는 나, 빠드마삼바와는
인도에 파담바상계라는 이름으로 와서
라의 위 지방에서 시제파[119] 수행을 전하게 될 것이다.
그리고 그대와 내가 만나서 밀승의 인연이 될 것이다.
심오한 방편인 시제파의 수행법으로

지구상에 한때 평화와 번영이 있을 것이다.
그러고 나서 오래 머물지 않고 최고의 연꽃 광명으로
그대와 나 두 사람이 하나가 되어
보신의 모습으로 중생들을 위한 불사를 짓게 될 것이다.

이런 예언과 함께 나를 격려하고 치하하셨다. 나는 구루의 은혜에
감사하는 노래를 올렸다.

에마호!
밀법의 뿌리이신 지금강불[120]
영원히 죽지 않고 허물이 없는 무량수불[121]
위대한 힘의 주인 혜루까[122]
이 모두가 바로 빠드마삼바와 당신이십니다.

최고의 지도자이신 당신의 은혜로
제가 이제 비밀스런 밀승의 법을 성취하였습니다.
여덟 가지 신통력을 성취하여
현교와 밀교의 안주인이 되었습니다.
하열한 여인의 몸을 받았지만
그것이 선근과 복덕을 닦는 기초가 되어
이제 이 육신은 본존의 몸으로 변했습니다.

일반적인 상념은 완전히 사라지고

신기루와 같은 삼매의 힘이 생겨났습니다.
오대五大를 자유자재로 다룰 수 있는 힘을 얻어서
이제 말은 만트라로 변했습니다.
쓸데없는 말이나 한담은 없어지고
금강과 같은 삼매력이 생겼습니다.
현교와 밀교의 법들에 통달하여
이제 마음이 부처가 되었습니다.
일상적인 망상분별이 사라지고
두려움 없는 다카의 삼매력이 생겼습니다.
지금강불의 마음과 똑같이 되었습니다.

은혜가 크신 거룩한 스승님이시여!
이제부터는 당신이 언제 어떤 모습으로든
세세생생世世生生 영원토록 저를 버리시더라도
더 이상 다른 곳에서 스승님을 찾지 않을 것입니다.
언제라도 당신과 함께할 수 있도록 굽어 살피소서.
한량없는 은혜 갚을 길이 없는 스승님이시여!
이전에 당신의 몸과 말, 마음과 공덕, 사업의 삼마야를
어리석은 무명에 가려서 어겼던 것을 참회합니다.
앞으로는 아무리 미세한 계율이도 어기지 않을 것을 맹세하오니
다시 한 번 큰 은혜를 베푸사 일체 중생들을 위하여
밀법의 법륜을 굴리소서.

그리고 나서 고행한 이야기와 성취한 경계, 잡신들과 사람들이 장

애를 일으켰던 상황들, 특히 빠로딱창에서 밀법을 수행할 때 무량수불과 본존불들이 현신했던 일을 자세히 말씀드렸다.

구루린포체께서는 크게 기뻐하시면서 만면에 광채를 발하시더니 오른손을 내 머리 위에 얹고 말씀하셨다.

"자! 이제 너 스스로 이곳에서 수명자재지명壽命自在持明[123]을 성취할 때가 되었다. 나의 자비로운 가피와 함께 전에 빠로딱창에서 했던 것과 같은 수행을 하게 되면 반드시 완전한 성취를 얻게 될 것이다. 내가 무량수불의 만다라를 열어서 관정을 줄 터이니 그대는 견고한 수명을 가진 다카를 하나 찾아 오도록 하여라. 이 부탄의 소녀 키덴은 지혜의 다키니로서 금강승의 까르마무드라[124]를 지을 수 있는 신체상의 모든 조건을 갖추었으니 내게 보내려무나. 그녀를 풀바금강의 불모로 삼아서 손누금강(바즈라구마라)의 구전을 많이 전파하고자 한다. 그러지 않으면 무지한 티베트 땅에 밀법이 흥할 수가 없고 수행자들은 자신의 목숨조차 지킬 수 없게 될 것이다. 특히 티베트 지역에 있던 기존의 외도들과 잡신들이 불법을 원수로 보고 많은 장애를 일으켜서 밀법이 애당초 발전할 수 없게 만들 것이다. 설사 잘 전해진다하더라도 얼마 못 가서 곧 쇠퇴하게 될 것이다."

나는 큰절을 올리고 나서 은혜에 감사하는 마음으로 황금과 터키석의 만다라를 따시찌덴과 함께 바치면서 말씀드렸다.

"위대하신 스승님이시여! 여인의 몸을 가진 저에게 장수 성취를 할 수 있는 구전을 주시다니 정말 감사합니다. 견고한 수명을 가진 다카라니 어떤 사람이 필요한지요? 아짜라싸레는 적합하지 않은지요? 밀법의 풀바금강의 만다라를 열어주신다니 그 은혜가 바다와 같습니다. 소녀 키덴을 올리나니 자비로써 섭수하사 밀승의 문을 열어주소서. 미천하고 능력이 빈약한 저 같은 여인은 하천한 몸을 받은 탓에 모든 사람들이 혐오합니다. 걸식하러 가면 개가 짖어대고, 음식과 재물이 생기면 도둑이 노리고, 아름다운 몸을 갖게 된 이래로는 음탕한 남자들이 괴롭히고, 일이 많아지면 동네 사람들이 시비하고, 아무 일도 하지 않고 있으면 사람들의 구설수에 오르고, 도망갈 궁리를 하면 누구든지 화를 내니, 무엇을 하든지 편안하지가 않은 여인인 저는 법을 성취하기는 고사하고 목숨 하나 부지하기도 어렵사옵니다. 부디 저에게도 당신 가슴속에 있는 풀바금강[125]의 거룩하고 굳건하며 위신력 있는 법을 전수해주시기를 간청하옵니다."

구루린포체께서는 잠시 생각에 잠겨 계시다가 입을 여셨다.

"지금 장수 성취를 하는 수행은 선장과 같고 풀바는 외호하는 수호자와 같다. 금강승의 어떤 수행을 하든지 장애가 생기기 마련이므로 풀바금강을 수행하는 것이 아주 중요하다. 특히 그대와 인연이 있는 수호본존이 바로 풀바금강이다. 그러니 계속해서 본존불로 모시고 수행을 해야 한다. 그리고 풀바금강을 수행하든 장수 성취를 위한 수행을 하든 둘 다 도반이 필요하다. 티베트의 우루 지방에 가면 아버지는 하빨이요, 어머니는 쪽로사라는 이름을 가진 랑씨 집안에 열네 살난 아들이 하나 있을 것이다. 그를 수행의 도반으로 삼고 본존요가를 수행하여 성취하도록 하라."

구루께서 말씀하신 소년을 찾아서 돌아오니 다시 말씀하셨다.

"풀바를 성취할 수 있는 몸을 가진 이 소년은 누구도 파괴하지 못할 대금강신을 성취할 것이다. 본존불의 수기를 받아 사자와 같은 힘과 용기로 마구니들을 항복시킬 다카이므로 이름도 그 뜻에 맞게 하룽기셍게라고 불리리라."

그러시고는 그를 밀승의 만다라에 데리고 들어가서 근기를 성숙시켰다. 그리고 하룽기셍게와 효닥에서 온 남캐닝뽀와 마린첸촉, 그리고 나와 도제둬좀 이렇게 다섯 명의 근본 제자와 여인 데모는 이제부터 기최네마라고 불리리라 하시고는 공양주 소임을 맡겼다. 아짜라싸레와 아짜라빨양 두 사람에게는 금강무용[126]을 하도록 하고 깔마돈둡과 깔마탈제라는 이름을 주셨다. 부탄의 소년 싸레에게는 잠빠빨양이라는 이름을 주시고는 원주 소임을 맡겼다.

근본 칸돌마는 내가 되고 따시찌덴은 해탈의 칸돌마가 되었다. 구루린포체와 나와 따시찌덴 세 사람은 풀바금강의 규지또따마 탄트라[127]에 따라서 마흔두 개의 에탐 만다라를 짓고 풀바금강의 일흔여덟 개의 만다라를 열어서 칠일간 수행하였다. 이에 원만한 성취와 가피의 징조가 있어서 풀바금강의 본존들을 모두 친견하였다. 불타는 모습을 한 풀바금강 본존은 공중에서 왔다 갔다 하시며 웃으셨고 좋은 향수를 뿌려주셨다. 그와 같이 상상할 수 없이 많은 가피와 성취의 징조가 있던 그날 저녁에 구루린포체께서 도제톨로(바즈라낄라야)[128]의 몸으로 변화해 오셔서 삼계와 티베트 전역과 사대부주의 모든 잡신들을 다 항복시켰다.

어미 호랑이의 모습으로 변한 여인 키덴 위에 구루린포체와 내가 올라타서는 오른손으로 아홉 개의 모서리가 있는 금강저를 휘두르고 왼손으로는 금속의 풀바금강저를 거머쥐고 우리와 같은 분노의 모습을 한 분신들을 무수히 나타내었다. 특히 분신들 가운데에 흑남색의 도제토풀이라 불리는 한 본존은 빠로딱창으로 가서 부탄과 네팔, 인도 등지에 있는 여덟 종류의 마구니들과 잡신들, 나찰들을 모두 모으더니 항복을 받아냈다. 검은 도제토풀이라 불리는 다른 본존은 캄 지방에 있는 두 번째 딱창으로 가서 캄, 장, 중국, 홀을 비롯해 변방에 흩어져 있는 여덟 종류의 마구니들과 잡신들을 불러 모은 뒤 항복을 받아내고는 그들의 생명의 기운를 빼앗아 왔다.

악룡의 장애

그때에 티베트의 마나사로나 호수 한쪽 편에 못된 용이 하나 살고 있었다. 그 용은 붉은 빛깔 소로 변신하여 티송데짼 황제 앞에 나타나 살려달라고 애원했다. 그 붉은 소의 사지는 쇠고랑에 묶여 있었으며 머리는 찢겨 피와 골이 흘러내렸고 혀는 죽 늘어졌으며 눈망울은 튀어나와 거의 떨어질 지경이었다.

"누가 너를 이 모양으로 만들었느냐?" 하고 황제가 물으니 소가 답했다.

"변방의 이방인 빠드마삼바와가 우리 티베트의 신들과 사람들을 다 없애려고 합니다. 특히 선량한 티베트의 지방신들이 고통을 당하고 있어 대 황제 폐하께 구원을 청하러 온 것입니다."

한순간 불쌍한 마음이 일어난 황제가 궁에 머물러도 좋다고 허락했으나 그 소리를 듣자마자 소는 어디론가 사라져버렸다. 황제가 도대체 어찌 된 일인가 하고 의아해 하고 있을 때 빠드마삼바와가 나타나서 말씀하셨다.

"황제시여! 당신은 잘못된 자비를 베푸셨습니다. 이 인연으로 인해서 당신은 태어날 때마다 장애와 성취가 섞이기를 끊임없이 반복하게 될 것입니다. 장래에 수행을 할 때도 단명하게 되고 많은 시련과 좌절을 겪게 될 것입니다. 또한 이제부터 삼대가 무너질 것입니다. 그때에 이 붉은 소가 황제의 신분으로 나타나서 자기 형을 죽이는 등의 악한 행위를 하고 포악한 법을 만들어 부처님 법인 현교와 밀교를 다 없앨 것입니다. 그것은 업이라서 어찌할 방도가 없습니다."[129]

그러자 그 자리에 있던 신하 하나가 "그때에 그 못된 황제를 내가 항복시킬 수 있도록 능력을 주소서" 하고 원력을 세웠다. 구루린포체께서는 "선재 선재라!" 하고 칭찬하시고 그가 그 소의 항복을 받아내게 될 것이라는 수기를 주셨다. 이어 가피를 해주시고 이름도 기도제(거룩한 금강)라고 지어주셨다. 그리고 큰 능력을 성취할 수 있는 낄라야 성취법을 내리시고 수행하여 꼭 성취하도록 하라고 말씀하였다.

그때에 풀바금강을 수행하던 나와 청년 싱 둘은 오래지 않아 만다라의 본존들을 친견하고 수행을 성취하였다. 그런 다음 빠드마삼바와에게서 손누금강과 연결된 풀바찌뒈의 관정과 함께 법본을 받고,

상하 두 부部 가운데서 먼저 보리심을 성취하는 방법이자 금강살타 수행과 연결된 자비존의 수행 성취법을 전수받고, 그 다음으로 하부 下部의 업장을 소멸하고 여러 가지 사업을 성취할 수 있는 수행 성취 법과 끼라야의 아들과 연관되어 있으며 해탈에 이르는 사업을 성취하 게 해주는 둑뿔낙뽀 등의 수행법을 전수받았다.

빠드마삼바와께서는 풀바금강에 대해서 이보다 더 심오한 법은 당 신에게 없으니 반드시 능력을 성취할 수 있도록 수행할 것이며, 그런 연후에 한 부는 구전으로 남기고 한 부는 보장으로 숨기도록 하라 는 예언을 남기셨다. 그 후에 우리는 무량수불의 치매외기탱와, 도제 탱와, 상와꾼되, 하찍뿜찍 등의 장수를 관장하는 예순두 분의 본존 만다라를 전수하였다. 기도제와 나와 금강형제들은 조금도 한눈을 팔지 않고 일심으로 수행하여 본존불들을 친견하고 죽지 않는 수 명자재지명을 쉽게 성취할 수 있었다. 이때에 삿된 지견을 가진 본 교도들을 내가 물리친 이야기와 마지막으로 고행한 일은 다음에 소개하겠다.

티베트에는 많은 성지가 있는데, 우선 카일라스 아래 지방부터 잠 링 위 지방에 걸쳐 있는 히말라야 일대의 설산에 누구나 인정하는 스물다섯 군데의 성지가 있고, 그밖에 중요한 성지 열여덟 군데, 그보 다 작은 성지 백여덟 군데, 숨겨진 위대한 성지 열두 군데, 기이하고 수승한 성지 일곱 군데, 비밀스런 성지 다섯 군데가 더 있다. 칠백만 에 이르는 보장이 숨겨져 있는 성지와 상상을 초월하는 수행의 행적 등에 관해서는 다음 장에서 일부를 소개하도록 하겠다.

6

수
행
을

성
취
하
다

땅속과 허공을 자유자재로 다닐 수 있는
무지개 몸과 대일여래의 방대한 마음을 성취하니
불법을 널리 펴고 중생을 이롭게 할 능력 한 몸에 갖추셨네.

구루린포체의 수기와 가르침을 받고 나서 나는 깨달음을 얻기 위한 고행을 계속했다. 본존불들의 가피를 받고 수행에 정진하니 성취의 특별한 징험들이 많이 나타났다. 수행을 성취한 일화에 대해서는 앞에서 자세히 서술하였기 때문에 여기서는 전체적으로 요약하여 말하고자 한다.

앞장에서 서술하였듯이 띨도에 있는 동굴에서 수행할 때에는 나를 깨우쳐주기 위하여 다키니들이 나타나 공양 올리는 의식을 보여주었다. 그래서 나는 서원을 세워 여덟 가지 고행을 하였으며, 수행을 성취했음을 알 수 있는 여러 가지 경험을 하였다.

얼음과 눈으로 뒤덮인 설산에서
뚬모의 힘으로 지복의 열을 얻어서
세속과 윤회계의 옷을 버릴 수 있게 되었다.
칸도촉캉에서 네 번째 관정을 받고 지복의 희열을 성취하니
눈으로 보이는 모든 현상들이 다 청정해져서

삼라만상이 모두 구루께서 현신하신 모습으로 보였다.

죽은 네팔 사람의 시신을 다시 살아나게 하여
그 대가로 받은 금전으로 아짜라의 몸값을 지불하고 데려왔다.
심오한 수행의 진수를 성취하여
말은 범천梵天의 청정한 음악 소리와 같이 청아하게 되었고
몸은 홍광신虹光身(무지개 몸)[130]을 성취하여 하늘을 날 수 있게 되었으며
마음은 과거, 현재, 미래를 다 꿰뚫어 알 수 있게 되었다.

셍게종이라는 곳에서 약초를 채취해 보양하던 중에
약사 여신들이 나를 만나러 나타났다.
니링에서는 마구니들의 여러 가지 장애와 시험을 다 극복하고
잡신들의 무리를 모두 항복시켰다.
어떤 본존요가를 수행하든지 그 본존불께서 현신하였고
그 가피와 정진을 통하여 지복의 희열을 얻었다.
빠로딱창에서 심오하고 비밀스런 법을 수행하여
세 명의 도반들과 함께 대락의 헤루까가 되었고
기맥명점을 자유자재로 다룰 수 있는 해탈과
오대五大[131]를 마음대로 할 수 있는 힘을 얻었다.
몸과 말과 뜻이 세 가지 부처님의 몸[132]으로 변했다.
무량수 부처님께서 현신하시어 수기를 주셨다.
금강해모와 하나가 되는 수행을 성취하여
모든 만다라 주존들의 칸돌마가 되었다.

온푸딱창에서 풀바금강의 수행을 성취하고
삼계에 존재하는 잡신들의 생명의 진수를 받았다.
무량수불과 본존불들을 친견하여 영원히 죽지 않는 장수 성취를 얻고
어떤 것도 무너뜨리지 못하는 금강과도 같은 몸을 얻었다.

내가 수행하고 성취한 무수히 많은 성지에
나의 가피가 미치지 않은 곳은 흙 한 주먹도 없다.
이 모든 것이 사실임이 후에 입증될 때가 반드시 올 것이다.
이 모두가 사실이라는 증거로 후에 보장들이 하나씩 발견될 것이다.
상상하기 어려운 작은 성지에까지도
바위 위에 손자국과 발자국들을 가득 남겨 놓았다.
미래에 신심의 근거가 될 수 있도록
만트라와 글씨들, 몸 자국 등도 새겨놓았다.
그러한 성지들과 인연 지어 기도를 하면 가피를 얻게 될 것이다.
마구니와 삿된 지견들이 쇠퇴해간다는
성취의 증거는 다음 장에서 쓰도록 하겠다.
오대를 자유자재로 다룰 수 있게 되었고
땅속을 보장들로 가득 채웠다.
한번 들으면 잊어버리지 않는 총지력을 얻었으니
빠드마삼바와의 모든 가르침을 결집할 수 있었다.
두려움 없는 확신을 얻었으니
미래를 예언하고 인연 있는 이들을 수호할 것이다.
모든 부처님들과 동등하게 되어
과거, 현재, 미래의 모든 부처님들의 불사를 원만 성취할 것이다.

그런 연고로 나는 성취자들의 장엄이 될 것이다.

보편적인 성취를 요약해서 서술하자면
모든 현상계를 내 마음대로 할 수 있게 되고
신족통과 안약, 환약을 성취하고
하늘을 날아다니고 땅속으로 다닐 수 있는
비밀스런 밀교 수행을 성취하였다.

최상의 수승한 성취로 말하자면
세 가지 삼매[133]를 증득하고
대일여래의 방대한 마음을 성취하였다.
감춰지지 않고 그대로 드러난 법성에서 자유롭게 노닐게 되었다.
더 나은 것을 원하지도 더 낮은 것을 꺼리지도 않게 되었다.
외도들의 삿된 견해를 멀리하고
심오한 공성에 대한 확신을 가지게 되었다.
대원만의 무위無爲의 수승한 깨달음을 얻고
아띠요가의 법성변진상法性遍盡相[134]과 임운성취任運成就[135]를 얻어
마음이 허공과 같이 두루 편만하게 되었다.
대자비한 마음은 태양과 같이 빛나고
가피의 힘은 거대한 구름과 같이 두터우니
나에게 기도하는 제자들의 성취는 감로비보다 빠를 것이다.

그래서 미래에 신심 있는 수행자들이
기도하고 간청하면 원하는 바가 성취되고 수행의 요결을 얻게 되어

나와 깊은 인연을 갖게 될 것이다.

그래서 삼악도에 가더라도 내가 이끌어줄 것이다.

이들을 버리면 모든 부처를 버리는 것과 똑같으니

설사 그들이 삿된 지견의 과보로 고통 중에 있더라도

내가 끝까지 버리지 않고 자비로 인도할 것이며

그들이 업을 다한 후에는 다시 나의 제자가 될 것이다.

삼마야 갸 갸 갸

7

중생을 이롭게 하신 행적

삿된 본교를 물리치니 티베트 땅에 불법이 찬란히 꽃피도다.

이제 중생의 행복을 위해 온몸을 바치시니

과거 현재 미래세 모든 중생의 어머니가 되셨네.

부처님 가르침의 유일한 목적은 윤회에서 고통받고 있는 중생들을 이롭게 하는 데 있다. 부처님들께서 불사를 하시는 데 이러한 이유 외에 다른 목적은 아무것도 없다. 이 장에서는 크게 세 가지로 나누어 말하고자 한다.

먼저 나, 초겔이 불법의 소중한 가르침들을 체계화하고 안정시키기 위하여 장애가 되는 삿된 무리들과 마구니들을 항복시킨 일과 불법 가운데 현교와 밀교 경전들을 편찬하고 널리 배포한 일, 그리고 그 기초 위에서 승단을 조직하고 양성한 일에 대해 서술하고자 한다. 마지막으로, 세상이 존재하고 이 중생계에서 윤회가 없어지지 않는 한 쇠퇴하지 않고 융성해야 할 불법을 위하여 부처님의 무궁무진하고 비밀스런 가르침의 보배들을 어디에 어떻게 숨겨두었는지 말하고자 한다.

인도 석가족의 후예인 냐티뽀가 티베트 전역을 통치하는 초대 황제가 되면서 본교라는 종교를 들여왔다. 그 후 이십팔 대 후손인 하토토리녠 황제[136] 때에 이르러서 불교가 처음으로 소개되었고 석가모니라는 부처님의 명호가 티베트의 네 지방에 알려지게 되었다.

열 가지 선업[137]에 관한 가르침이 먼저 전수되었다. 이때에 백색본교[138]는 그 기초를 불교 이론에 두고 자신들의 교리와 잘 조화시키면서 번창하고 있었다. 백색본교에서는 석가모니 부처님과 본교의 교주인 세랍이 본래 영혼은 하나인데 두 사람의 다른 모습으로 오신 것일 뿐이라고 주장했다. 이러한 관념들에 의거하여 많은 불상과 탕카들이 조성되었다.

티베트 사람들이 관세음보살의 화신으로 믿는 위대한 황제 송짼감뽀는 불교를 수호하였다. 그때에 이르러서 네팔과 중국으로부터 석가모니 부처님 불상 둘을 티베트로 모셔와서 라싸와 라모체 두 곳에 사원을 건립하고 안치하였다. 또한 불교를 방해하는 마구니들을 누르기 위하여 라싸 주변에 있는 네 군데 주요 도시에 진지사를 비롯해 일백스물여덟 개의 사원을 건립하였다. 네팔과 중국식의 많은 불상과 탕카들도 조성되었다.

그때 티베트 말로 조모샬세마라고 불리는 따라보살[139]의 불상이 스스로 탄둑 지방에 나타나서 입을 열어 말을 하고 공양물을 받아 드시는 이적을 보이니 황제가 크게 탄복하여 그곳에 돌마하캉[140]이라는 사원을 건립하였다. 그 이후로 '불·법·승 삼보님'이라는 이름과 옴마니반메훔 진언과 관음신앙이 티베트 전역은 물론 중국에까지 널리 퍼지게 되었다.

이때에는 백색본교와 불교가 모두 번성하고 두 종교의 구분이 없어져서 두 종교를 식별하기가 어려웠다. 사람들은 탑이나 사원을 돌 때 왼쪽으로 돌면 대수인이요, 오른쪽으로 돌면 대원만이고, 절을 하면 대중관大中觀[141]이라 여기고 두 종교를 차별하지 않고 열심히 수행하였다. 황제는 열 가지 선업을 기초로 헌법을 제정하였다. 관음신앙에 근거한 길고 짧은 만트라와 수행법들이 토미삼보타[142]에 의해 번역되자 황제와 신하들은 황후와 부인들을 데리고 열심히 수행 정진하였다.

그러다 송짼감뽀 황제가 죽고 이십오 년도 못 되어 흑색본교의 왜곡되고 삿된 전승이 차차 전파되기 시작하더니 그 어두운 그림자가 불교와 백색본교를 덮어버렸다. 백색본교의 신봉자들은 일부는 캄 지역으로 일부는 꽁뽀 지방과 짱 지방으로, 일부는 짤 등의 변방 지역으로 추방당했다. 그 이후 백색본교는 지금까지도 미약한 세력으로 남게 되었다. 불교를 뿌리째 없애버리려는 움직임도 있었으나 황제와 신하들의 의견이 일치되지 못하여 완전히 파괴하지는 못하였다. 불교는 미미한 그 세력을 근근히 유지하고 있었다. 온 국토가 흑교의 사악한 교리에 의해 악에 물들어갔다. 후에 티송데짼 황제 시대까지 불교의 발전을 저해한 몇 가지 요인들이 이때에 남겨졌던 것이다.

흑색본교의 사악한 견해에 의하면 극락정토란 근본적으로 존재하지 않고 세간에 있는 성지가 바로 정토이며 부처님이나 관세음보살 같은 존재는 사람이 아니므로 왕이나 산신, 토지신, 천신이나 귀신 내지는 재물을 불러들이는 재신 등 세간에 존재하는 잡신들을 숭배해야 했다. 아들이 신부를 맞아들이면 집안의 딸들을 내쫓아버렸다. 도

박을 권장하고 수수께끼 놀이와 신화나 전설, 우언寓言 등을 많이 이야기하도록 부추겼으며 춤과 노래로써 신들을 기쁘게 해주어야 한다고 말했다. 가을에는 수사슴의 뿔과 피를 바치며 신에게 제사를 올렸고 봄에는 암사슴의 다리를 잘라 바치고 그 털을 속죄용 재물로 사용했다. 겨울에는 짐승들의 피로써 신들에게 제사를 지내고 여름에는 연기 공양을 교주에게 올렸다. 그들의 행위들은 모두 열 가지 나쁜 업을 쌓는 일이었으며 즉각 지옥으로 떨어질 악행이었다.

그들이 수행으로 달성하고자 하는 최상의 목표는 아무것도 없는 곳에 태어나는 것이었고 그보다 낮은 단계가 한계가 없는 무변계에 태어나는 것이었으며, 제일 낮은 단계가 무색계천無色界天인 비상비비상천非想非想天에 태어나는 것이었다. 성취의 징조를 가지고 말하자면, 최고의 성취자는 자신의 몸에 내린 신이 짐승을 죽이면 그 살을 먹는 사람이고, 중간 정도의 성취자는 피를 마시는 사람이며, 제일 낮은 단계의 성취자는 무지개 몸을 성취하여 빛으로 사라져버리는 사람이었다. 무지몽매한 대부분의 사람들은 그러한 교리를 신봉하고 집착하다가 오히려 많은 재앙을 초래했다. 본교의 교세는 티베트 전역으로 확장되었는데 이 본교를 지지하고 재정 지원한 사람들은 대부분 샹 지방 출신의 신하들이었다.

호법의 왕
티송데짼

이때에는 불상을 조성하거나 탕카를 그리는 등의 일들이 모두 쇠
퇴하였고 불법을 설하거나 듣는 이들도 없었다. 라싸와 탄둑 지방은
파괴되었고 그 주변에 있던 많은 사원들도 훼손되었다. 온 나라가 그
와 같은 열악한 조건에 놓여 있을 때 불교의 교세를 다시 부흥시키기
위하여 거룩하신 문수보살께서 보내신 화신이 티송데짼이라는 이름
의 황제로 태어나셨다. 티송데짼 황제는 인도에 사신을 보내어 많은
불교학자들을 모셔오게 하였다. 특히 사울국(현재 인도의 만디 지방)에서
보디사뙤를 초청해 와서 송짼감뽀 황제의 원력으로 세워졌던 라싸,
탄둑, 라모체 등지의 훼손된 사원들을 복원 증축하게 하였다. 그리고
나서 삼예사원을 창건하고자 했으나 본교의 신들과 사람들이 계속
일으키는 장애 때문에 지연되었다. 그때에 불교학자인 켄보[143]는 이렇
게 예언했다.

"형체가 있는 인간이든 형체가 없는 귀신이든 어느 누구도 감히 장
애를 일으키지 못할 금강의 죽지 않는 몸을 성취하신 분, 바로 연꽃
에서 태어나신 우겐국의 성취자를 모셔오지 않으면 우리 모두에게
이 장애는 끝나지 않을 것입니다."

황제는 즉시 세 사람의 통역관을 인도로 파견했다. 그들은 무사히
빠드마삼바와가 있는 곳까지 가서 그를 티베트로 모셔왔다. 신심이
저절로 난 황제와 황후, 신하들은 멀리 상달 지역까지 영접하러 나가

만찬을 베풀었고 라싸 가까이에 와서 한 번 더 환영 만찬을 베풀었다. 나도 황제와 함께 옴부의 숲까지 나가서 그를 영접하였다. 황제와 빠드마삼바와는 만나자마자 마음이 하나가 되었다. 티베트의 황제와 황후들 그리고 신하들은 빠드마삼바와를 신심으로 친견하자마자 그 위신력에 압도되어 어떠한 말씀이든지 거역하지 않고 따르게 되었다. 켄보도 빠드마삼바와에게 큰절을 올리고 나서 불법에 대해 교리문답을 하였다.

황제는 통역관과 신하들을 대동하고 빠드마삼바와를 삼예사원이 들어설 터로 모시고 갔다. 빠드마삼바와는 그 땅을 잘 살펴보신 후에 예언을 하였다. 황제가 말했다.

"나의 조상 송짼감뽀 황제께서 살아 계실 때에 일백여덟 개의 사찰을 세우셨는데 그 사찰들이 사방에 흩어져 있던 탓에 잘 보존되지 못하고 훼손되었습니다. 나는 이 한울타리 안에 그와 같은 수의 사찰을 건립하기를 소망합니다."

구루린포체께서는 "그렇게 하시지요" 하고 말씀하시고는 선정에 드셨다. 그러고는 신통력으로 네 개의 큰 대륙인 사대부주를 상징하는 큰 법당 네 개와 여덟 개의 작은 대륙인 팔소주를 상징하는 여덟 개의 작은 법당, 그리고 중앙에 수미산을 상징하는 대웅보전이 있는 대규모 사원을 한 담장 안에 나타내어 볼 수 있게 해주시고 "황제 폐하! 이 정도면 만족하십니까?" 하시니 황제는 매우 흡족해 하며 "상상도 못 할 정도의 규모인데 정말로 그렇게 지을 수 있겠습니까? 만약 그렇게 지어지기만 한다면 말 그대로 상상을 초월한 사원이라는 뜻으로 삼예라고 이름 붙이는 것이 좋겠습니다" 하고 말하였다.

그러자 빠드마삼바와께서는 "위대한 황제 폐하시여! 그렇게 의기소침한 말씀을 하시다니요. 이루지 못할 일이 어디 있겠습니까? 당신은 위대한 통치자 황제 폐하이십니다. 티베트 전역의 백성들은 당신의 의지에 달려 있고 형체가 없는 모든 신들과 귀신들은 나의 통치하에 있으니 어찌 성취하지 못할 일이 있겠습니까?" 하셨다.

그렇게 하여 마침내 삼예사원이 건립되었고, 부처님의 몸과 말씀과 마음을 상징하는 불상과 경전과 탑[144]들로 온 사원이 가득 차게 되었다. 일백여든 명의 번역가들로 승단도 조직하였다. 그들은 모두 빠드마삼바와가 예언한 대로 선근과 복덕을 구족한 인연 있고 훌륭한 인물들이었다. 그와 동시에 티베트의 십삼만 인구 중에서 남자 삼천 명을 불러들이고 그중에서 선발한 삼백 명을 사원에 남게 하여 빠드마삼바와를 스승으로 모시고 켄보를 의지하여 승려가 되게 하였다.

번역가들은 불교의 경전들을 번역하는 데 전심전력을 다했다. 불교를 적대시하던 본교의 신하들과 그 교도들이 갖은 방법으로 방해를 한 탓에 번역가들은 여러 차례 귀양을 가야 했고 번역 사업도 세 차례나 중단되었다. 불교와 본교가 각각 교단을 성립하고 본교의 공동묘지를 얄룽 지역으로 결정하고 나서야 황제와 신하들은 의견의 일치를 보고 조용해졌다.

그런 후에 인도에서 스물한 명의 불교학자들을 한꺼번에 초청해 오고 각지에 흩어져 있던 번역가들 백여덟 명을 삼예사원으로 모이게 했다. 그리고 티베트의 십삼만 인구 중에서 선발한 남자 삼천 명을 일시에 출가시켜 라마가 되도록 하였다. 그와 때를 같이하여 본교학자 일곱 명과 위력 있는 본교 라마 일곱 명도 샹슝 지역에서 오불 지역으로 초청하였다.

그때 빠드마삼바와와 나는 온푸딱창에 있었다. 황제는 위대한 번역가 덴빠남카를 시종 세 명과 함께 온푸딱창에 보내어 빠드마삼바와 일행을 모셔오도록 하였다. 황제는 빠드마삼바와께서 타고 오실 수 있도록 충나구돼라 불리는 천리마 한 필을 딸려 보냈고 일행을 위해서도 말과 낙타를 보냈다. 그들이 도착하여 빠드마삼바와께 속히 삼예사원으로 가시기를 청하니 빠드마삼바와는 자신이 삼예에 들렀다가 바로 라싸로 갈 것이며 거기서 석가모니 부처님께서 자신에게 부촉하고 예언하신 대로 밀법을 널리 펴기 위한 일곱 가지 인연을 지으리라 하셨다.

삼예로 가는 우리 일행을 위해 숭칼에 있는 돌탑 앞의 초원에서 환영 만찬이 열렸다. 삼예에서는 융독의 초원에 빠드마삼바와를 모실 큰 법상을 마련해놓고 우리를 기다리고 있었다. 빠드마삼바와께서 자리에 앉자 인도에서 온 스물한 명의 불교학자와 번역가들이 큰절을 올렸다. 대학자 비마라메따는 물론 다른 학자들도 이구동성으로 감탄했다.

"아! 우겐국의 연꽃에서 태어나신 빠드마삼바와를 이렇게 친견하게 되다니… 아! 이 얼마나 많은 생에 쌓은 선근복덕으로 맺어진 좋은 인연이란 말인가!"

그들은 눈물을 흘리면서 빠드마삼바와의 만다라와 존안을 친견했다. 비마라메따와 빠드마삼바와는 헤어졌던 아버지와 아들이 상봉한 듯 크게 기뻐하면서 손을 맞잡고 이마를 맞대었다. 황제는 시종들과 켄보를 거느리고 사원의 이층 회랑으로 가서 빠드마삼바와께 큰절을 올리고는 제일 위층에 마련된 귀빈석에 앉았다.

먼저 빠드마삼바와는 황제에게 불법의 발전을 위하여 가피하는 의식과 마구니들의 세력을 감퇴시키는 진색의식(火供儀式)[145]을 세 번 하라고 말씀하셨다. 그런데 잠시 산란했던 황제가 청하기를 잊어버려 빠드마삼바와께서 마지막 의식을 하지 못하셨다. 빠드마삼바와께서는 그것이 미래에 법이 성행함과 동시에 마구니들도 흥하게 되는 인연이 될 것이라고 예언하셨다.[146]

티베트의 한 해가 저물던 마지막 날에 황제의 건강과 장수를 기원하기 위해 불교도와 본교도가 삼예사원에 함께 모였다. 그 자리에 초청된 다섯 명의 본교학자들은 부처님의 몸과 말과 마음을 상징하는 의지처로서 만들어진 사원에 대해서 전혀 아는 바도 없고 열 가지 선업을 쌓아 공덕을 지어야 한다는 것에도 전혀 관심이 없어서 부처님께 절을 한다든지 사원을 돌며 꼬라 기도를 한다든지 하는 불교의 기도의식은 전혀 하지 않고 오히려 불상에 등을 기대고 앉는 등 무례하게 행동하였다. 그들의 행동을 본 황제와 대부분의 신하들은 언짢은 기색을 보였다.

다음날 황제는 건강이 회복되지 않아 아직 열이 조금 남아 있는 상태로 제일 꼭대기 법당의 비로자나 부처님을 모신 불상 앞에서 본교도들을 접견하였다. 본교도들은 말했다.

"저 위쪽 중앙에 우두머리처럼 보이는 벌거벗은 동상은 누구입니까? 그 주위를 시종들처럼 둘러싸고 있는 벌거벗은 동상들은 또 누구고요? 그들은 어디 사람들입니까? 인도에서 온 학자들입니까?"

황제가 대답하였다.

"가운데 주존으로 계신 분은 비로자나 부처님의 몸을 상징하는 불상이고 그 주위의 권속들은 여덟 분의 보살님 상인데 불상에 절을 한다든지 공양을 올린다든지 하게 되면 속세의 악업이 정화되고 공덕을 쌓게 되는 것이라오."

본교도들은 또 물었다.

"그럼 저 아래에서 문을 가로막고 서 있는 무시무시하게 생긴 두 형상은 또 무엇입니까? 사람 죽이는 살인자들임에 틀림없지 않습니까? 도대체 그들은 뭘로 만들어졌으며 무엇을 하려고 만든 것입니까?"

황제가 대답하였다.

"저 문 앞에 모셔진 두 분의 무서운 사천왕상은 거룩한 랙댄낙보라고 불리는 호법신장님인데 아주 힘이 있고 신통자재한 위신력을 갖고 있어 계율을 어기는 수행자들은 징벌하고 수행 잘하는 이들에게는 보호자가 되어 주는 분들이시오. 이 불상들은 모두 훌륭한 조각가들에게 청하여 금은보화로 만든 것들이며 인도에서 모셔온 위대한 성자 빠드마삼바와께서 직접 점안하시고 가피를 하셨소. 부처님의 가르침을 널리 펴서 중생들의 업장을 정화하고 공덕을 짓게 하려고 만들어 모신 것이오."

"그것들은 장인들이 흙으로 빚은 조각상에 불과합니다" 하고 반박한 본교도들은 "황제 폐하! 속임수에 넘어가신 것이옵니다. 내일 아침 우리 본교도들이 정말로 신통 절묘한 구경거리와 진실로 공덕을 쌓을 수 있는 공양의식과 진짜 신심 나는 성취의 모습을 보여드리겠습니다" 하고 의기양양하게 말했다.

황제가 본교를 믿지 않고 불교를 받아들이는 것에 대해 반감을 가진 본교도들은 답답한 마음을 풀기 위하여 정원으로 나갔다. 정원에서 바라보니 못 보던 탑들이 줄지어 서 있었다.

"저기 꼭대기가 새 깃털처럼 생기고 허리에는 주름이 져 있고 밑둥치는 개똥을 쌓아놓은 것같이 생긴 것은 또 무엇입니까?"

황제가 다시 대답하였다.

"그것은 부처님의 사리와 영골을 모신 탑으로 부처님의 법신을 상징하는 초르댄(티베트어로 탑이라는 뜻이다)인데 그 이름에는 아주 의미심장한 내용이 담겨 있소. 원만 보신과 천백억 화신과 함께 중생들에게 공덕을 쌓을 수 있게 하는 복전福田의 대상이 되어주는 것이오. 맨 꼭대기에 있는 일산日傘과 장식물은 부처님의 여든 가지 원만한 모습을 상징하는 것이고 그 아래 열세 단의 원형은 성불에 이르는 열세 가지 단계를 상징하고 중간에 화병처럼 생긴 원통 부분은 법신의 궁전을 상징함과 동시에 자비회사慈悲喜捨의 네 가지 무량한 마음四無量心을 상징하오. 또 아랫부분에 사자가 받치고 있는 좌대는 필요로 하는 모든 보물이 들어 있는 창고를 상징하는 것이라오."

본교도들은 입 모아 말했다.

"아무데도 쓸모없는 것들을 공을 들여서 만들어놓으셨군요. 전혀 이해되지 않는 얼토당토않은 말들인데 인도 사기꾼들의 속임수에 폐하께서 넘어가신 것입니다."

황제와 신하들은 그들의 말에 더 이상 신경 쓰지 않았다.

황제의 건강과 장수를 기원하는 기도의식에서 본교도들은 황후들의 내원인 세 절에서, 불교도들은 여덟 개의 작은 법당에서, 인도의 불교학자들은 관세음보살의 분노존을 모신 마두명왕전에서 제각기 나뉘어 모였다.

본교도들이 말했다.

"황제 폐하를 위한 기도의식인 만큼 성대하게 거행되어야 하므로 뿔이 잘생긴 수사슴과 터키석으로 고삐를 장식한 암사슴을 비롯해 야크, 염소, 양을 각각 암수 천 마리씩 준비해야 합니다. 그리고 황제가 입으시는 곤룡포 한 벌과 세상에 있는 갖가지 물건과 여덟 가지 술과 아홉 가지 곡식이 필요합니다."

황제는 바로 시종들에게 명하여 그들이 필요로 하는 모든 것을 내려주셨다. 후에 기도의식에 참석하라는 본교도들의 전갈을 받고 황제와 황후와 신하들이 그 장소에 도착해 보니 중앙에는 본교의 학자들 아홉 명이 줄지어 있고 그 좌우로 주술을 하는 술사들과 다른 이들이 아홉 명씩 줄지어 있었다. 시중드는 사람들은 황금으로 된 국자로 물을 길어 와서 사슴을 비롯한 짐승들을 씻기고 있었고 낙본이라고 부르는 이들은 검은 콩가루를 갈고 있었다. 기도를 청하는 이들은 무엇인가 열심히 묻고 대답하곤 하였다. 곧이어 센본이라고 하는 이들이 이것은 수사슴입니다 하고 소리치고는 사슴의 목을 잘라서 신전에 올렸다. 똑같은 방식으로 야크와 염소, 양 삼천 마리의 목을 동시에 잘라 신에게 제물로 바쳤다. 암사슴은 네 다리를 잘라서 올리고 소, 양, 염소도 그와 같이 잘라서 "이것은 소입니다" "이것은 양입니다" 하고 소리치면서 올렸다. 짐승들을 산 채로 그 자리에서 가죽을 벗겨서 신에게 바치기도 했다. 말과 암소, 수소, 돼지, 원숭이, 개, 닭을 각각 다른 방식으로 죽여서 그 살들을 제물로 바치니 털들을 태운 누린내가 온 삼예사원에 진동했다. 도살을 맡은 이들은 짐승들을 죽였고, 토막내는 일을 맡은 이들은 살점들을 베어서 모든 신들에게 바쳤다. 수를 세는 일을 맡은 이들은 그 수를 헤아렸다. 피를 뽑는 이들은 청동 그릇에 피를 가득 채우고 그 그릇들을 가죽 위에 가지런히 늘어놓았다. 그러고는 몇 장의 가죽 위에 고기를 쌓아놓고 본교의 기도의식을 행하였다.

그런 모습을 황제와 황후와 신하들이 언짢은 마음으로 지켜보고 있는데 갑자기 피에서 김이 모락모락 올라오더니 그 김에서 무지개 같은 형상이 가득 떠올랐다. 이때 어디선가 형체는 보이지 않으면서 웅성거리는 듯한 소리와 '후—, 슈— 하하' 하는 괴성이 들려왔다. 본교도들은 그 소리가 자신들의 신인 융동의 신과 재신인 '양'신과 '자'신이 응답하시는 소리라고 감탄하면서 시뻘건 피와 살코기를 공양이라고 올렸다.

황제가 물었다.

"그대들이 말하는 굉장한 공양이라는 것이 바로 이것을 말하는 것이오?"

본교도들은 의기양양하게 대답했다.

"예, 바로 이것입니다. 우리 본교에서는 이보다 더 잘 올릴 수도 있습니다. 황제 폐하! 어떻습니까? 신심이 나지 않으십니까? 신기하지 않습니까?"

그러나 황제가 언짢은 모습을 하고 있으니 그들은 어찌할 바를 모르고 당혹스러워 하였다. 그들은 어색한 분위기 속에서 대법당으로 돌아갔다.

이러한 상황을 전부 지켜본 불교의 번역가들과 인도의 학자들은 황제에게 단호한 어조로 말했다.

"이념이 다른 두 종교가 함께 공존하기는 어렵습니다. 동쪽이 낮아지면 서쪽이 높아지듯이 불과 물은 함께 존재할 수 없습니다. 부처님의 법과 외도의 법이 섞일 수는 없는 것입니다. 나쁜 친구는 멀리해야 하고 삿된 견해를 가진 이와는 잠시라도 함께해서는 안 됩니다. 계율을 범한 이들이 사는 곳에서는 물도 마시지 말라 했습니다. 고요한 적정처에서 선정 삼매를 닦기 위해 정진해야 합니다. 황제 폐하! 티베트 국토에 불법을 받아들이든지 아니면 예전과 같이 본교만을 인정하든지 하셔야 합니다. 이 두 종교가 잠시라도 공존한다는 것은 있을 수 없는 일입니다."

그들은 이렇게 아홉 번이나 간언을 올렸다. 황제는 마지막 아홉 번째 간언까지 모두 듣고 나서 신하들과 시종들을 모두 면전에 불러놓고 말하였다.

"꺄마호! 티베트의 중신들은 잘 들으시오. 본교의 전통과 불교의 법도와 이념이 다르기가 손등이 서로 등지고 있는 것과 같아서 이제 우리는 한쪽은 선택하여 믿고 한쪽은 버려야 하는 시점에 와 있소. 그러니 인도의 불교학자들과 티베트의 번역가들과 새로 조직된 모든 승려들이 어떻게 생각하는지 의견을 듣고 싶소."

샹 지역에서 온 본교도들이 말했다.

"신과 동일한 존재이신 성스러운 황제 폐하시여! 강물과 제방이 같이 있으면 좋지 않습니까! 전에도 이와 흡사한 상황이 있어서 많은 번역가들이 귀양을 갔습니다. 이번에도 그와 같이 하십시오. 본교도들을 본래 있던 곳에 있도록 하고 불교도들도 본래 자신들이 있던 곳으로 돌려보낸다면 모두 평화로워질 것입니다."

그러자 원로 신하 고겐이 현명하고도 결정적인 의견을 제시했다.

"지금 본교가 성행하게 되면 황제 폐하의 심기가 불편해지실 테고 불법이 흥하게 되면 신하들이 신심을 내지 않을 것이니 그 방법은 별로 효과가 없을 듯합니다. 또 불과 물 같은 두 종교를 함께 받아들인다면 서로 원수가 될 것입니다. 그렇다면 이제 둘 중 하나를 선택해야 합니다. 진짜와 가짜를 법적으로 분명히 가려서 거짓을 몰아내고 진실을 밝혀야 합니다. 이를 위해 공개 토론을 해서 합법적으로 진짜와 가짜, 진실과 거짓을 가리는 것이 좋겠습니다.

내일부터 황제 폐하를 상석에 모시고 신하들은 어전에, 불교도와 본교도들은 좌우로 마주보고 앉아서 논쟁을 벌이겠습니다. 두 파를 분명히 구분해서 이기는 쪽에는 축하주를 하사하시고 지는 쪽에는 추방령을 내려야 할 것입니다. 토론에 임한 두 종교는 자신이 믿는 교리가 진리라는 증거로 신통력뿐만 아니라 마음의 힘으로 발할 수 있는 초능력 또한 보여주어야 할 것입니다. 그리하여 불법이 진리라고 확정되면 불교를 국교로 제정하여 보호하고 본교는 근절시키도록 하여야 할 것입니다. 반대로 본교가 진리라고 믿어지면 불교를 억제하고 본교를 국교로서 법률화해야 할 것입니다.

어느 쪽이든 일단 결정이 나게 되면 황제 폐하 이하 황후 마마와 신하와 백성들은 모두 국법에 따라서 그 종교를 자신의 신앙으로 삼아야 할 것입니다."

이렇게 결론지어 말하니 황제와 황후, 신하들 모두 그 의견에 따르기로 했다. 본교의 신하들도 위력이나 신통력 면에서 자신들이 더 나을 것이라 생각해서 망설임 없이 동의를 표했다.

황제는 인도의 불교학자들에게도 동의를 청했다.

"에마호! 해박한 지식을 갖춘 성취자, 나의 스승님들이시여! 깊이 사려하시기 바랍니다. 불교와 본교 두 종교가 원수를 만난 듯이 서로 사정없이 공격을 해대니 황후와 신하들이 모두 신심을 내지 못하고 불교와 본교 둘 다 의심하는 폐단이 생기고 있습니다. 그래서 내일부터 불교와 본교가 논쟁을 벌여 진리라고 믿어질 만한 증거로서 성취자라는 징조와 신통력을 겨루기로 하였습니다. 이미 신하들은 어느쪽이든 진리라는 믿음을 얻게 되면 신심과 헌신으로 그 종교를 신앙하고 수행키로 하였습니다. 진리가 아닌 쪽은 반드시 척박한 변방으로 추방할 것입니다. 짐과 신하들의 이러한 결정을 어떻게 생각하시는지요?"

인도에서 온 불교학자들은 모두 기뻐하면서 황제에게 답하였다.

"지당하신 처사이옵니다. 만백성의 어버이이신 거룩하신 황제 폐하시여! 그렇게 하심은 역대의 모든 법왕들이 하신 바와 같습니다. 불교가 아닌 외도들은 마땅히 타파해야 하고 마구니와 삿된 무리들 역시 진리에 의해 반드시 소멸되도록 해야 할 것입니다. 성인들과 성취자들이 다 이곳에 모였으니 보드가야도 이보다 더 수승하지는 못할 것입니다. 예전에도 여러 번 외도들을 진리로써 물리친 역사가 있으니 어찌 이제 오합지졸인 본교를 두려워하겠습니까? 어느 쪽이 지든지 지는 쪽은 엄히 다스려야 할 것입니다. 이 국토에 얼씬도 못하게 변방으로 쫓아 보내도록 법으로 규정하는 것이 좋겠습니다."

이러한 회답에 황제도 매우 기뻐하면서 그 내용을 본교도들에게 자세히 알렸다. 본교도들은 본교의 아홉 명의 박사들이 나가서 변론을 하면 틀림없이 승리할 것이고 신통력 대결에서도 본교의 도사들이 반드시 이길 것이라고 확신하며 의기양양해 했다.

본교와
불교의 대결

드디어 티베트의 명절인 정월 대보름날, 삼예사원 근처에 있는 융복의 대초원에는 황제가 앉을 큰 용상이 중앙에 마련되고 오른쪽으로는 불교도들과 번역가와 인도의 불교학자들이, 왼쪽에는 본교도들과 본교 도사들이 자리하여 마주보고 앉았다. 신하들과 시종들은 앞쪽에 정렬하여 앉았으며 티베트 전국에서 모여든 붉고 검은 옷을 입은 백성들이 주위를 물샐틈없이 빽빽히 둘러쌌다.

먼저 황제가 성지聖旨를 선포하였다.

"나의 통치하에 있는 티베트의 신들과 백성들, 불교도와 본교도, 그리고 빈궁들과 중신들은 잘 들으시오. 역대의 국왕들은 불교와 본교를 함께 신봉해왔소. 나 또한 선조이신 송짼감뽀 황제의 유업을 받들어서 불교와 본교 두 종교 사이에 평형을 유지하고자 노력하였으나 이 두 종교가 서로 대립하여 여러 신하들의 의심을 샀으므로 취사선

택의 기로에 놓이게 되었도다. 이제 두 파를 나누어 그 진위를 가릴 것이니 그 결과 진리라고 여겨지는 종교를 모두 믿어야 할 것이오. 이의를 제기하는 자들은 국법으로 엄중히 다스리겠소. 불교와 본교 중에 진리가 아니라고 여겨지는 쪽은 축출되어 티베트라는 이름조차 알려지지 않은 곳으로 보내질 것이오.

진 쪽에서는 반드시 패배를 인정하고 받아들여야 할 것이며 이긴 쪽의 승리의 영광을 함께 기뻐하고 그 종교를 따라야 할 것이니라."

이렇게 아홉 번을 반복하여 낭독했다. 이어서 신하들이 세밀한 규칙들을 발표하였다. 그때 마차 높이보다 한 뼘 정도 위의 허공에 우겐국의 빠드마삼바와께서 나타나시어 말씀하셨다.

"께호! 불교와 본교를 분명하게 구분하는 것은 참으로 바람직한 일이다. 먼저 변론으로 기선을 제압하고 그 다음엔 자신의 전승에 대하여 잘 설명하여 모두에게 우리의 전승을 좋아하는 마음이 일어나도록 해야 한다. 마지막으로 두 파의 다른 점을 확실히 구분하여 논쟁에 참석해야 할 것이다. 그 자리에서 이치를 분명히 설하고 결론을 잘 내려서 진리와 거짓을 명확히 가려내야 한다."

그러고는 석가모니 부처님의 모습으로 앉아 계시니 황제와 신하들과 본교도들은 그 장엄한 모습에 모두 압도되었다. 또한 말씀을 하실 때는 대학자의 모습을 하고 계시니 인도 불교학자들의 신심이 고무될 수밖에 없었다. 빠드마삼바와는 마음의 화신으로 무서운 형상을 한 바즈라낄라야의 모습으로 나타나서 삿된 견해를 가진 무리들을

저절로 항복시켰다. 그리고 대적할 수 없는 수승한 신통 변화를 보이
시니 본교도들조차도 무한한 신심으로 빠드마삼바와를 찬탄하였다.

드디어 결전이 시작되었다. 아짜라빨양이 본교도들과 수수께끼와
문자를 겨루었는데 본교 쪽에서 승리했다. 본교도들은 승리의 깃발
을 올리고 그 사실을 그들의 신에게 고했다. 황제가 축하주를 내리니
본교도들이 모두 기뻐하였다. 승리한 본교도에게는 많은 상이 수여되
었다. 그러나 황제는 언짢아 했다. 그때 빠드마삼바와께서 입을 여
셨다.

"급하게 먹은 밥은 체하기 쉬운 법, 기뻐하기에는 너무 이르다. 이
번 문자 겨루기에서는 본교가 이겼지만 그것은 수행력과 법으로 겨
룬 것이 아니니 이번에는 본교의 박사 아홉과 인도의 불교학자들이
나와서 변론을 하도록 하라."

그러자 대학자인 비마라메따가 앞으로 나와서 게송으로 말했다.

일체 법은 다 인연에서 생기나니
부처님께서 그 인연법을 말씀하셨네.
모든 고통의 원인을 제거하고
착한 업을 지어 공덕을 쌓는 법을 말씀하신 것이라네.
악한 업은 절대로 짓지 말 것이며
착한 행위는 그것이 무엇이든 원만히 실천할지니
스스로 자신의 마음을 청정히 맑힐지니라.

계송을 마친 비마라메따는 온몸에서 광채를 내면서 허공에 결가부좌를 하고 앉아 계셨다. 그리고 손가락을 세 번 퉁기니 아홉 명의 본교 도사들이 그 자리에서 꼬꾸라져버렸다. 그 광경을 목격한 아홉 명의 본교 박사들은 할 말을 잊고 멍하니 쳐다보기만 했다.

그와 같이 인도의 불교학자 스물다섯 명과 티베트 번역가 백여덟 명이 한 사람씩 나와서 변론을 벌이기 시작했다. 우리가 깨달음을 얻은 여러 가지 증거를 보이니 자신의 종교가 더 수승한 진리임을 증명할 만한 능력을 보이지 못한 본교도들은 아무 말도 못하고 암담한 표정으로 자리를 지키고 있었다.

그때 본교도 신하들이 말했다.

"변론에서는 저들이 이겼지만 이제 신통력을 보여줄 차례입니다. 저들이 티베트의 신들과 백성들을 모두 놀라게 할 만한 신통력을 보이고 설복력 있는 이론을 늘어놓고 마음을 혹하게 하는 이야기를 하면서 대단한 가피를 줄 수 있는 듯 굴지만 실은 우리 대신들이 속임수에 넘어간 것에 불과합니다. 정말 신통한 능력이나 위력 있는 주술이 있으면 빨리 다 내봐보시오."

그러고는 치밀어 오르는 화와 울화통을 참지 못하고 욕설을 퍼부어 댔다. 그때에 본교 도사 하나가 나서서 말했다.

"인도의 야만인들에게 티베트의 융동 신이 부정 탄 모양이니 이제 인도 학자들과는 논쟁을 하지 말고 나중에 주술로써 그들을 다 없애버립시다. 인도에서 온 사람 말고 티베트 사람인 번역가들과 변론을 해봅시다."

황제는 인도의 불교학자들에게 금가루 한 홉과 금장식 한 개, 비단 가사 한 벌씩을 승리의 하사품으로 내려주었다. 불교의 깃발이 올라가고 불법이 소개되고 소라고둥 소리가 널리 울려 퍼졌다. 하늘에서는 신비한 꽃비가 내리고 불교를 찬탄하는 아름다운 노랫소리와 함께 허공에서 불보살님들께서 실제로 모습을 드러내 보이시니 그곳에 모여 신기해 하던 티베트 백성들은 저절로 신심이 나서 눈물을 흘렸다.

한편 본교도들이 있는 쪽에는 하늘에서 우박과 자갈이 비처럼 쏟아졌다. 그러자 본교도 신하들은 진리의 신에게 신심을 내겠습니다 하고 소리치면서 땅에 엎드려 불보살님들께 절을 했고 인도의 불교학자들에게는 발에 머리를 대며 조아렸고 번역가들에게는 그 동안의 잘못을 참회하였다. 그 자리에서 문수보살을 친견한 황제는 진리와 진리가 아닌 것에 대해서 저절로 분명하게 알게 되었다.

대부분의 백성들은 불교가 승리를 거두었다고 생각했으며 불교의 위력을 매우 신기하게 여겼다. 그들은 자기네들도 모두 불교를 믿고 수행해야겠다고 말하면서 집으로 돌아갔다.

그러나 황제는 티베트의 번역가들과 본교도들이 논쟁을 계속해서 우열을 가려야 한다고 선포하였다. 먼저 위대한 번역가 베로짜나와 본교도 탕낙 두 사람이 겨루고 그 다음에 똥주와 남캐닝뽀 두 사람이 변론에 참여하였다. 그와 같이 본교도와 불교 번역가가 한 사람씩 나와 차례로 변론을 했다. 본교 쪽의 어떠한 질문에 대해서도 번역가들은 다 거침없이 대답했다. 황제는 맞다고 생각되는 쪽에다 흰 돌을 하나씩 놓아주고 틀렸다고 여겨지는 쪽에는 검은 돌을 하나씩 놓아주었다.

그렇게 해서 베로짜나 앞에 흰 돌 구백 개 놓이고 탕낙 앞에는 검은 돌이 오천이백쉰 개나 쌓이자 불교 측 번역관들은 환호성을 지르며 불교의 깃발을 높이 올렸다. 남캐닝뽀 앞에 흰 돌 삼천 개가 놓이고 똥주 앞에 검은 돌 삼만 개가 쌓이자 번역가들은 또다시 불교 깃발을 높이 올렸다.

한편 내가 본교의 여자 도사들과 변론을 겨루어 승리를 거두고 신통 변화도 보여주자 본교의 여자 도사들은 모두 입을 다물어버렸다. 그와 같이 번역가 일백스무 명이 승리를 거두고 본교의 박사 아홉 명이 참패하자 본교도들은 할 말을 잃어버렸다. 그들은 혀가 마비되고 입안이 바짝바짝 마르고 진땀이 나고 오금이 저려서 목소리조차 내지 못했다.

곧이어 도를 성취한 증거인 신통력으로 경쟁할 차례가 되었다.

번역가들은 욕계, 색계, 무색계의 삼계를 손바닥 안에 두고 문질러보였고, 남캐닝뽀는 햇살을 타고 올라가서 몇 가지 신통력을 보여주었다. 상계예세는 사람들에게 재앙을 일으키던 마구니들을 풀바금강저 끝으로 모이게 하여 찔러 죽이고 그 풀바금강저를 큰 바위 위에다 꽂았다. 도제뒈좀은 바람과 같이 빠르게 달려서 사대부주를 순식간에 한 바퀴 돌고 와서는 그곳에 갔다 온 것이 사실임을 증명하는 일곱 가지 보물을 황제에게 올렸다. 곌와촉양은 정수리에 마두명왕을 상징하는 말머리를 나투고는 말 울부짖는 소리를 세 번 냈다. 삼천대천세계가 그 말 울음소리로 가득 차니 범천의 호법신장들과 삼계가 순식간에 조복했다. 곌와촉양은 이것이 사실임을 증명하기 위해 황제에게 전륜성왕의 금으로 된 바큇살 아홉 개를 올렸다.

곌외로돼는 조금도 젖지 않은 채 물 위를 걸어갔고, 덴마쩨망은 본 교도들에게 불교의 진리를 해설하여 굴복시켰다. 그는 불교 경전 전체를 다 암기하여 설명하고 티베트어의 자모음을 그대로 허공 중에 보여주었다. 까와뺄쩩은 오만한 자들을 하인으로 만들었다. 오뗸숀누는 물속을 물고기처럼 다녔다. 자나꾸마라는 바위에서 감로가 나오게 했고 마린첸촉은 바위를 콩처럼 부수어 먹었다. 기도제는 산과 바위를 거침없이 뚫고 지나다녔다. 쏙뽀하빨은 수인을 지어서 명령을 내리는 만트라와 세 가지 삼매의 힘으로 남쪽에서 새끼를 밴 어미 호랑이를 잡아 왔다.

덴빠남카도 북쪽에서 힘센 야크를 잡아 왔다. 쪽로루이곌첸은 눈앞의 허공에 문수보살, 대세지보살, 관세음보살님을 초청해 모셔 왔다. 랑도꼰촉중덴은 벼락 열세 개를 동시에 치도록 하니 화살처럼 목적한 곳에 떨어뜨렸다. 께우충은 삼매의 힘으로 새들을 잡아서 묶어 두었다. 곌모유다닝뽀는 문자와 논리학에서 다 승리를 거두고 삼매의 힘으로 다른 사람의 마음과 생각에 영향을 미쳐서 현상계를 마음대로 바꾸었다. 곌와장춥은 공중에 결가부좌를 하고 앉아 있었다. 땅엔진상뽀는 하늘로 날아 올라가서 사대부주를 한눈에 내려다보았다. 같은 방법으로 침부의 성취자 스물다섯 명과 옐파의 성취자 백 명, 셸닥의 밀법 수행자 서른 명과 양종의 독댄[147] 쉰다섯 명이 각각 성취의 증거로서 불을 물로 바꾸고, 물을 불로 바꾸고, 하늘을 날고, 바위와 산을 뚫고 지나가고, 물 위를 걸어가고, 많은 것을 적게 만들고, 적은 것을 많게 하는 등의 신통력을 보여주었다.

그 자리에 모여 있던 티베트 사람들 모두 불교에 저절로 신심을 갖게 되었고 본교는 자연히 쇠퇴하여 본교를 선호하던 신하들은 할 말이 없게 되었다. 본교도들은 나와 겨루어 패배하고 나자 짐승의 가죽을 벗겨서 그 안에 저주하는 주문을 넣고는 불교 라마들을 한꺼번에 죽이려고 아홉 가지 저주술을 동원하여 악독한 주문을 외워대기 시작했다. 어린 라마들 아홉 명이 그 자리에서 꼬꾸라져서 죽었는데 내가 오줌을 받아서 조금씩 입에 넣어주니 회생하여 전보다 아홉 배 이상이나 지혜로워졌다. 이로써 본교가 다시 한 번 패하게 되었다.

내가 수인을 짓고 아홉 명의 본교 도사들 쪽을 가리키면서 팩, 팩, 팩 하고 아홉 번 소리를 내니 모두 그 자리에서 기절해버렸다. 다시 훔훔훔 하고 아홉 번 소리를 내니 그제야 제정신으로 돌아왔다. 이어 나는 허공 중에 결가부좌하고 앉아 물과 불, 바람, 땅, 허공의 오대 원소를 마음대로 바꾸는 신통력을 보였다. 오른손 손가락 끝에서 다섯 빛깔의 불이 바퀴 모양으로 돌면서 나오자 본교도들은 모두 두려움에 떨었다. 왼손가락 끝에서는 오색 빛깔의 물이 나와서 지구 끝에 위치한 바다로 흘러 들어갔다. 또한 침부의 바위들이 버터라도 되는 양 손으로 주물러 각종 모양을 빚어냈다. 그리고 나와 똑같은 모습의 화신 스물다섯을 나타내어 성취의 증거인 여러 가지 신통력을 보여주었다. 이러한 내 신통 변화를 본 티베트 사람들은 본교도들이 아녀자 하나 당해내지 못한다며 빈정거렸다.

그러자 아홉 명의 본교 도사들이 지금부터 벼락을 쳐서 삼예사원을 가루로 만들어버릴 것이라고 말했다. 그러더니 헤뽀리산으로 가서 벼락을 때리기 시작했다. 나는 벼락을 모두 손가락 끝에 모은 다음 옴부에 있는 본교 사원으로 도로 던져 모두 파괴해 버렸다. 본교 사원에 벼락이 열세 번이나 치자 본교도들은 삼예사원으로 몰려와서 항복했다.

그와 같이 본교도들은 불교와의 여러 대결에서 패배하고 드디어 티베트에서 추방당하게 되었다. 그러나 따로와 루공 같은 몇몇 본교도 신하들은 세력이 워낙 강해서 쫓아내지 못했는데 그들은 옴부로 돌아가서 크고 작은 아홉 가지 기도를 하고는 티베트 전역에 재앙을 내리기 위해 큰 법단을 차렸다. 황제는 인도의 불교학자들과 번역가들을 불러서 상황을 설명하고 대처 방안을 논의했다.

이런 일이 있을 줄 미리 아신 빠드마삼바와께서 나를 보내어 황제를 보호하도록 하였다. 그 즉시 법단을 마련하여 분노존인 풀바금강의 만다라를 세우고 기도를 하니 칠일 만에 본존인 풀바금강을 친견할 수 있었고 적들을 항복시킬 힘을 성취하는 징조가 나타났다. 나는 본교도들의 저주가 도리어 저들에게 돌아가게 하여 본교도 스스로 그 악독한 과보를 받게 하였다. 이로 인해 따로와 루공을 포함한 본교도 신하 일곱 명이 한꺼번에 죽고 아홉 명의 본교 도사 중 여덟 명이 죽었다.

내 신통력에 의해 본교 사원은 텅 비게 되고 근거지 또한 완전히 사라져버렸다. 황제는 흩어진 본교도들을 모두 삼예로 잡아들여서 벌을 주었다. 그러자 빠드마삼바와께서 말씀하셨다.

"불교에 찬동하는 백색본교는 그대로 놓아두십시오. 흑색본교 또한 삿된 견해를 가진 외도이기는 하지만 죽이는 것은 좋지 않으니 멀리 변방으로 귀양을 보내는 것이 좋겠습니다."

황제는 빠드마삼바와의 말씀대로 본교의 경전들을 백교와 흑교로 나누어 흑교의 경전들은 다 불살라버리고 백교의 경전들은 땅속에 숨겼다. 그러고 나서 백색본교도들은 티베트 국경 밖의 샹슝 지역에 유배시키고 흑색본교도들은 몽고에 있는 떼우락쩬이라는 곳으로 쫓아버렸다.

그때부터 티송데쩬 황제는 자신의 통치를 받는 티베트와 그 변방의 백성들이 본교를 신봉하는 것을 금지하는 법률을 제정하였다. 이어 모두 불교를 신봉하라는 법령이 선포되니 티베트는 물론 중국의 티고 지방 위로부터는 불교가 성행하게 되었다. 또한 승려들을 양성하는 강원과 수행을 위주로 하는 무문관과 일반 사원들이 많이 세워졌다.

티베트의 국교가 공개 토론에서 확정되자 황제는 종교에 관한 법률을 선포하기 위하여 삼예사원으로 갔다. 그리고 징을 울리고 소라고둥을 불고 불교 깃발을 달고 큰 라마들의 법상을 마련하도록 하였다. 인도의 학자 스물다섯 명에게는 비단 방석 아홉 개를 겹쳐 깔아주었고 우겐국의 빠드마삼바와와 사울국(북인도의 만디 지방)의 켄뽀 보디사뛰와 카슈미르에서 온 박사 비마라메따 세 분에게는 황금으로 만든 높은 법상을 마련해드렸다. 번역가 베로짜나와 남캐닝뽀에게는 아홉 개의 비단 방석을, 다른 번역가들에게는 두 개 내지 세 개의 비단 방석을 겹쳐 깔고 앉도록 하였다.[148] 또한 모든 이에게 황금과 값진 선물을 푸짐하게 공양하였다. 인도의 박사들에게는 비단 아홉 필, 금장식 세 개, 금가루 세 홉을 비롯해 많은 물품을 예물로 드렸다. 우겐국과 사울국, 카슈미르에서 오신 세 분의 큰 스승들께는 황금과 행운석으로 만다라를 지어서 올리고 고급 주단을 비롯해 헤아릴 수 없이 많은 예물을 올리고 나서 티베트에 현교와 밀교의 부처님의 가르침을 널리 알려주십사 하고 청을 올렸다. 학자들은 모두 흡족해 하며 기꺼이 그렇게 하겠다고 약속하였고 세 분의 큰 스승들도 황제 폐하의 마음에 들도록 노력하겠다고 말씀하셨다.

그리하여 삼예사원에 승려 칠천 명을 모아서 교육시켰고 침부사원에는 무문관을 세워 라마 구백 명을 수행에 전념토록 했으며 탄둑사원에는 강원을 세워 라마 천 명을 양성했다. 또한 종두사원의 무문관에서 백 명, 라싸에 있는 고급 강원에서 삼천 명, 옐빠에 있는 무문관에서 오백 명의 라마들을 양성하도록 하니 일 년도 못 되어 모두 여섯 군데의 라마 전문 교육기관이 신설되었다. 또한 캄 지방의 랑탕, 멘약의 라와강, 장의 걀탐, 말의 자창과 룽시와 강둑, 뿌오의 동추, 발람의 룽람, 꽁보의 부추와 킴율, 닥뽀의 당룽을 비롯해 티베트 중앙의 네 지방에 사찰들이 앞 다투어 세워졌다. 짱에는 딱댄조모낭이라는 비구니 사찰이, 랍치에는 사원이 건립되었다. 짱과 짱룽, 웅아리 아래 지역에도 강원과 수행도량이 수없이 많이 세워졌다.

승단을 조직하고
승려를 양성하다

불교 승려들의 전통 교육기관인 강원과 밀종의 전문 수행도량, 불교의 교리설법 등이 이때 최고의 전성기를 누렸다. 인도, 중국, 네팔 등지에서 온 덕망 있고 수행력 높은 성자들은 많은 황금과 공양물을 예물로 받고 기쁘게 자신들의 고향으로 돌아갔다. 그러나 켄보와 빠드마삼바와, 비마라메따 세 분의 큰 스승은 그대로 티베트에 남아서 현교와 밀교의 법을 계속 가르쳤다. 그리하여 티송데짼 황제의 뜻대로 모든 일이 이루어졌고 불교의 영토와 세력 또한 기세가 하늘을 찌를 듯했다. 사방의 적들이 다 소멸되고 삿된 견해를 가진 흑색본교도 쇠퇴하니 뜻대로 되지 않는 일이 없었다. 황위는 태자인 무니짼뽀에게 평화롭게 계승되었다. 태자의 즉위식 날 황제는 황후들과 황자들, 시종들에게 당부의 말을 남기고 그날 밤 부처님 전에 나아가 꽃을 올리며 가피를 청하였다. 이어 첫 새벽에 본존 기도를 마친 황제는 날이 밝아올 즈음 광명의 빛으로 화하여 거룩한 문수보살의 가슴에 섭수되어 사라졌다. 황제는 번뇌가 다 없어진 고요한 마음 상태에서 고통 없이 편안하게 문수보살님과 하나 되어 돌아가셨다.

그 후 황위를 물려받은 태자는 불행히도 한 황후에 의해 독살되었고 그 다음 태자인 무티째뽀가 티베트를 다스리게 되었다. 당시 황후들은 불교를 싫어하였다. 그래서 두 승단의 승려들을 이간질하여 서로 싸우게 만들었다. 나는 방편과 자비로써 잘 타일러 두 승단이 화합하도록 하였고 법률로써 싸우는 것을 금지시켰다.

바로 그때 백색본교를 신봉하던 본모초라는 처녀가 헤뽀리산에 살고 있었는데 나와는 어릴 때부터 친구였다. 황후들의 사주를 받은 그녀는 맛있는 음료에 독을 타 나에게 마시라고 주었다. 나는 그 안에 독이 든 줄 알면서도 그것을 다 마시고는 말하였다.

께마!
나의 심장과 같이 사랑하는 친구여, 잘 들으렴.
이것은 아주 강하면서도 맛있는 음료로구나.
나는 이미 모든 번뇌를 떠난 금강의 몸,
독물이 감로수로 변하니 참으로 신기하구나.
비록 그대가 뜻하는 바를 이루지는 못했으나

나에게는 수승한 자량이 되었단다.
이제는 질투하는 마음을 버리고
불교와 본교의 파벌의식을 없애도록 노력하자꾸나.
본존불께 가피를 청하는 기도를 올리렴.
바르고 청정한 지견과 자비로써 모든 친구들을 대하고
스승님께 헌신하는 마음을 배우려무나.

이렇게 노래하고 나니 온몸에서 오색빛이 퍼져 나오고 털구멍마다
금강저가 가득 찼다. 본모초는 수치심으로 어쩔 줄 몰라 하다가 다른
지방으로 도망쳐버렸다. 이 일로 인해 앙심을 품은 황후들의 모함으
로 나는 짱 지방으로 귀양가게 되었다.

비구니 사원
조모낭

나는 먼저 카락강으로 가서 수행을 위해 그곳에 모인 여승 삼백 명
과 함께 지냈다. 그래서 후에 그곳을 조모카락[149]이라 부르게 되었다.
그중 서른아홉 명의 여승들이 수행을 성취하여 신통한 능력을 갖게
되었고 스무 명은 중생들을 교화하였으며 나와 똑같은 능력을 갖춘
여승 일곱은 수없이 많은 중생들을 이롭게 하였다.
그 후 나는 조모낭 사원에 가서 수행하였다. 그곳에서는 일천 명의

여승들과 함께 수행하였다. 그 가운데 중생을 교화할 능력을 갖춘 이가 백 명, 나와 똑같은 능력을 갖춘 이가 일곱, 수행을 성취한 이가 오백이나 되어 조모낭이라는 비구니 사원은 전국적으로 유명해졌다.

다시 상악욱빠룽으로 가서 수행을 하니 짱 지방에 내 명성이 널리 알려져 일천 명의 라마들과 재가 수행자들이 모여들었고 또한 일천 삼백 명의 여승들이 모여서 함께 수행하였다. 그들 모두 가장 수승한 밀종 수행을 통하여 근기를 성숙시키고 깨달음을 성취하고 해탈하여 불퇴전의 지위에 올랐다. 그들 가운데 일곱 명은 짱 지방에서 선근과 복덕을 갖춘 사람이라 불리게 되었고 여든 명은 위대한 성취자로 알려지게 되었다. 나는 그들 모두에게 밀법을 구전할 수 있는 자격을 수여했고 조모낭에서는 입에서 귀로 전수되는 이전耳傳의 가르침, 즉 녠규 수행[150]을 널리 전수하였다. 교리 강설은 주로 욱빠룽에서 하였는데 수행 성취자는 카락과 조모낭에서 많이 배출되었다.

그 이후 샴뽀강에 있을 때 강도 일곱 명이 쳐들어 와서 내 옷가지를 빼앗고 강간을 하였다. 나는 네 가지 희열을 가르쳐주기 위하여 시를 읊었다.

나모 구루빼마시띠 흐릿!
위대한 어머니와 만난 아들아!
전생에 많은 복덕을 지은 선근으로
이제 네 가지 관정을 받을 인연을 지었네.
네 가지 희열의 길에서 산란해 하지 말지니라.

나, 어머니의 만다라를 친견하고
강렬한 애욕이 마음에서 일어난 것은
화병 관정을 받기 위한 신심이었네.
욕망의 본질을 수행으로 삼아
본존불을 관상하여 하나가 되어라.
본존불이 다른 곳에 있는 것이 아니니
애욕을 일으키는 자신이 바로 본존불이니라.

나, 어머니의 만다라 속에서 공성을 체험함은
지복의 희열로 기맥이 전율함이니
성내는 마음 가라앉고 부드러운 마음이 일어났으리.
그것은 바로 비밀 관정을 받은 징조라네.
희열의 본질을 수행하여
기와 섞이도록 잠시 지키고 있으라.
대수인이 다른 곳에 있지 않으니
지복의 대수인을 수행할지니라.

나, 어머니의 지복의 허공에서 노님은
정진의 결과로 자연히 일어난 것이니
너와 나의 마음이 하나가 됨은
바로 지혜의 관정을 얻은 가피니라.
지복의 본질을 헷갈려하지 말고 잘 자라도록 할지니라.
무루의 공성과 지복이 딴 곳에 있지 않으니
지복과 공성을 하나로 섞어서

지복의 최고 희열을 수행할지니라.

나, 어머니의 지복의 연꽃과 만날 때에
보리와 감로를 방출하지 말고 잘 지켜서
나와 남을 구분하는 상대적 개념을 없앨지니
그것은 바로 지혜 관정을 얻어서 나온 지혜라네.
모든 현상이 자성의 청정한 자리임을 닦아서
애욕과 공성을 하나로 섞을지니
대원만이 따로 있는 것이 아니라네.
구생의 희열 아닌 희열을 수행할지니라.

이 얼마나 수승하고 거룩한 가르침인가!
일단 만나기만 하여도 저절로 해탈의 길에 이르고
네 가지 관정을 한꺼번에 다 받는다네.
네 가지 희열을 성취할 수 있는 인연을 성숙하게 한다네.

내 노래를 들은 일곱 강도들은 동시에 해탈을 얻었다. 그리고 기맥
명점 수행에 정통하게 되어 훌륭한 수행자가 되었다. 후에 그들은 우
겐국으로 가서 중생들을 이롭게 하였다.

그런 후에 나는 제자 여섯 명을 데리고 네팔로 갔다. 예전부터 보
시하던 시주자들과 네팔의 왕 지라지빠가 나에게 공양을 올리고 법
을 청하매 빠드마삼바와의 가르침을 많이 설해주었다. 또한 황제의
부친 반덴나와 모친 나기니의 열네 살 된 딸로 다키니라 불리는 공

주를 제자로 받아들여 법을 설해주고, 다키니의 몸의 화신으로서 밀법을 수행하여 성취할 사람이라는 뜻으로 까라시띠라 이름 붙여주었다. 그리고 코세와 망율 지역 등으로 데리고 다니면서 밀종의 구루 만다라를 일 년간 함께 수행하였다. 또 라시띠, 로돼찌, 데첸모와 쌀따에게 법을 설하여 수행을 성취케 하였다. 나와 까라시띠가 수행을 한 지역들은 원래 불법에 신심을 내는 남녀 이백 명 정도만이 모여서 수행할 정도로 불교를 잘 모르던 지방이었는데 이제는 일반인들까지도 불교의 기본 교리인 인과법을 알게 되었다.

그때 무티째뽀 황제가 신하 셋을 보내어 나를 모셔오도록 하니 비구니 로돼찌를 나 대신 절에 남아 있게 하고 까라시띠와 제자 열세 명을 데리고 티베트로 갔다. 삼예사원에 도착해 보니 카락과 조모낭과 욱빠룽 등지에서 온 불교도들이 나를 영접하기 위해 모여 있었다. 황제는 성대한 환영 의식을 베풀고 나를 대법당으로 안내했다. 예전에 만났던 신하들과 번역가들은 죽은 사람이 살아 돌아온 듯 기뻐서 어쩔 줄 몰라 했다.

위대한 스승 켄보의 시신 앞에서 나는 금가루 일곱 주먹과 비단 아홉 필을 만다라 공양으로 올리고 눈물을 흘리면서 노래하였다.

께마께훼!
가장 수승하고 거룩하신 스승님이시여!
하늘은 넓고 별들은 무수히 많지만
태양이 없으면 누가 어둠을 밝혀주리오.

어둡고 무지몽매한 티베트에 누가 등불이 되리까?

수정체같이 맑고 청정한 태양이시여, 어디로 가셨나이까?

당신의 자비로운 손길로 이끌어주지 않으면

아직도 멍하니 바라볼 뿐인 장님 같은 저희들을 누가 인도해주리까?

황궁의 창고에 보물은 가득 찼지만

여의주가 없다면 필요한 것을 어디에서 얻으리오.

아귀 같은 티베트에 누가 번뇌를 해결해주리까?

여의주와 같은 보배로운 당신이시여, 어디로 가셨나이까?

보물 창고와 같은 당신이 우리에게 필요한 것을 더 이상 주지 않으신

다면

두 발과 지혜가 온전치 못한 장애자들을 누가 보호한단 말입니까?

삼천대천세계에 권력 있는 사람은 많지만

전륜성왕이 없으면 누가 중생들을 구제하리오.

황량하고 야만적인 티베트를 누가 구제하겠습니까?

전륜성왕과 같은 당신이시여, 어디로 가셨나이까?

규율과 법을 가진 당신께서 인도하지 않으면

아직도 바보 같고 벙어리 같은 저희들을 누가 구제하리까?

이 세상에 훌륭한 학자는 많지만

위대한 박사이신 당신이 없으면 누가 불법의 전승을 지키겠습니까?

부처님을 대신해 오신 거룩한 당신이시여, 어디로 가셨나이까?

현교와 밀교의 가르침으로 인도하지 않으면

아직도 살아 있는 시체와 같은 저희들을 누가 구제하리까?

께마께훼!

거룩하고 위대하신 스승이시여!

당신은 그대로 불보살님의 화현이셨습니다.

당신의 자비로써 저희들을 보호하시고

모든 유정들을 불법의 문으로 인도하시어

현교와 밀교의 법으로 근기를 성숙게 하사

영원한 행복과 해탈을 얻도록 하소서.

저로 하여금 사섭법四攝法[151]으로 중생들을 이롭게 하게 하시고

보살로서 불사를 다 원만히 성취하여

불교와 그 가르침의 주인이 되게 하소서.

불교의 깃발이 쇠퇴함 없이 번성케 하시고

이 몸을 윤회의 바다를 건너는 배로 사용하여

불교와 일체 중생을 위해

제가 선장이 되어 그들의 길잡이가 되게 하소서.

이렇게 눈물을 흘리며 노래하자 시체의 윗부분에서 몸은 보이지 않으나 목소리가 들렸다.

옴아훔!

과거 현재 미래의 모든 부처님들의 행과 원력을 한 몸에 다 갖춘

그대의 불사가 가없는 저 허공과 같이 무한히 번창하리라.

불법의 근본과 그 가지가 시방에 두루 퍼지리라.

과거 현재 미래의 모든 부처님들의 칸돌마인 그대에게 축복 있으리!

스승이신 켄보의 시신에서 흘러나온 축복의 소리를 듣자 그 자리에 모인 사람들이 모두 기뻐하였다.

나는 황제의 영적인 스승이 되어 빠드마삼바와와 함께 침부에 십일 년간 머무르면서 불교의 교리를 강설하고 수행을 널리 전수하였다. 빠드마삼바와는 보병에 있는 물을 다 쏟아 붓듯이 마음의 비밀스런 보물창고에서 모든 수승한 가르침과 구전을 꺼내어 하나도 남김없이 나에게 모두 전수해주셨다.

그러고 나서 빠드마삼바와께서 말씀하였다. "나는 머지않아 다키니들의 나라인 응아얍링으로 갈 것이다. 그 전에 나는 무진장한 부처님의 가르침을 이 땅에 남겨놓기 위하여 티베트 전역에 수많은 불법의 보장寶藏을 숨겨놓을 것이다. 그대는 이 보장들이 때가 되었을 때 발견되어 널리 전수될 수 있도록 주의 깊게 보호하고 표시해두도록 하라. 그리고 까라시띠는 이름 그대로 몸의 다키니로서 소라고둥 종성種姓[152]을 지닌 여인인지라 비밀스런 만트라를 성취할 수 있을 것이다. 그녀를 나의 도반으로 삼아서 공개하지 않은 밀법의 심오한 구전을 전수한 뒤 보장으로 숨기려고 한다."

나는 구루의 말씀대로 까라시띠를 칸돌마로 바치고 무티째뽀 황제가 선왕의 유업을 이어받아 불법을 널리 전수할 수 있도록 라마공빠뒈빠[153]라는 만다라를 세워서 황제의 근기를 성숙시키고 번뇌에서 해탈케 하였다.

보장을
준비하다

그러자 빠드마삼바와께서 숨겨야 할 보장들을 주셨는데 속기는 남
캐닝뽀가, 경전을 찾는 일은 아짜라빨양이, 교정 보는 일은 덴마짜망
이, 정리는 까와뺄쩩이 맡았다. 책으로 엮고 잘 보존되도록 마무리하
는 작업은 쪽로루이곌첸이 맡았고, 티베트어의 문법과 음운을 맞추고
윤문을 하는 일은 유다닝뽀가 했다. 뻬로자나는 전 과정에 참여했
다. 하나도 빠짐없이 기억하는 일은 나 초곌이 하였다.

스물다섯 명의 제자들과 마음의 아들들은 중국어와 다키니 문자
[154]와 네팔어, 그리고 불의 문자와 물의 문자와 바람의 문자와 피의 문
자로 경전을 기록하는 일을 맡았다. 티베트 문자의 인쇄체와 필기체,
그리고 길고 짧은 짝규체, 지익카낙체, 두체, 두차체, 콩생체, 키날체,
깡링체, 깡통체[155]로도 기록했다. 가로쓰기한 경전도 있었고 세로쓰기
한 경전도 있었다.

모두 정리하고 보니 빠드마삼바와의 마음에서 나온 수행 성취법이
백만 권, 경전의 진수眞髓를 요약한 것이 일만 권이었다. 크나큰 가피
가 서려 있는 그 전승과 구전과 가르침은 최고로 심오한 것들이었는
데, 내용이 많은 듯하면서도 요점적이고 분량이 적은 듯하면서도 갖
출 것은 다 갖추고 있어 쉽고 빠르게 수행할 수 있었다.

신심을 확고히 하기 위하여 제목과 다키니 문자로 쓴 머리말과 '삼
마야 갸 갸 갸'라는 끝말을 모두 기록했고 구전을 주신 스승은 누구

이며 호법을 맡은 신장은 누구인지도 빠짐없이 기록했다.

그와 같이 빠드마삼바와와 나 칸돌마 예세초겔은 한마음이 되어 지혜와 방편으로써 중생들을 이롭게 하였다. 또한 깨달음의 말씀으로 하나가 되어 현교와 밀교의 가르침을 널리 폈고 신통한 위신력으로 한 몸이 되어 세간의 모든 현상계와 유정계를 다 통솔하였다. 모든 공덕과 지식이 하나가 되니 불법과 중생들을 위한 목적을 성취할 수 있게 되었고, 불사를 짓는 행이 하나가 되어 부처님들의 네 가지 불사를 다 성취하게 되었다. 그리하여 '희유하고 수승한 연꽃에서 태어나신 두 분'이라는 뜻인 꾼상뻬마중얍융이라 불리고 빠드마삼바와와 나 예세초겔의 몸, 말, 뜻, 공덕과 사업이 온 허공계에 두루 퍼지게 되었다.

그 후 빠드마삼바와께서는 티베트 전역의 모든 성지들을 가피하시기 위해 우선 딱창(호랑이 굴)이라 불리는 세 곳의 성지로 떠나셨다. 부탄에 있는 빠로딱창에 도착하여 보장들을 여기저기에 숨기고 표시를 하신 빠드마삼바와는 당신의 마음의 성지인 그곳에서 수행하면 대수인을 성취하게 될 것이라고 말씀하셨다. 이어 그곳은 빠드마삼바와께서 법성의 세계에 계실 때 당신의 몸과 말과 뜻에서 저절로 생겨난 성지라고 말씀하시고는 천연적으로 생겨났다는 바즈라낄라야(분노존)의 상과 탑, 옴마니반메훔 만트라에 가피를 내리시고 축원하셨다.

그리고 나서는 티베트에 있는 온푸딱창으로 가셨다. 모든 보장을 지키는 호법신들을 모아서 부탁의 말씀을 하시고는 예언서들을 숨기고 표시를 해두셨다. 그리고 빠드마삼바와의 몸의 성지인 이곳에서 수행하면 장수 성취를 하게 될 것이라고 하셨다. 이어 "내가 다나꼬샤에서 태어났을 때 이곳은 나의 몸과 말과 뜻을 보좌하기 위하여 저절로 생겨났다"고 말씀하시고는 옴아훔 만트라와 루루 만트라, 불상, 탑, 바위 등에 가피를 하고 축원하였다.

다시 캄바에 있는 딱창으로 가셔서 보장들을 손수 숨기시고는 호법신들에게서 서약과 맹세를 받고 예언서와 함께 제목을 기록해두셨다. 그리고 빠드마삼바와의 말씀의 성지인 그곳에서 수행하면 명성이 널리 알려지고 가피도 그만큼 클 것이며 보편적인 성취와 특별한 불공성취不空成就[156]를 얻게 될 것이나, 계율을 범한 사람이 오면 오히려 그 사람에게 많은 장애가 생길 것이라고 말씀하셨다. 이어 "내가 보드가야에서 법을 펼치며 마구니를 항복시키고 삿된 견해를 가진 외도들을 조복시켰을 때 이곳에서 세 좌의 불상이 저절로 생겨나고, 옴마니반메훔과 옴아훔, 옴아훔 벤자구루뻬마시띠훔 만트라가 내 마음에 의하여 생겨났다"고 말씀하시고는 가피와 축원을 하셨다. 그 뒤로도 많은 성지를 다니시면서 가피하셨는데 그 자세한 내용은 빠드마삼바와 전기에 기록되어 있다.

상두바리로
떠나시다

그 후 빠드마삼바와와 나는 황제의 공양 청을 받고 삼예사원으로
갔다. 빠드마삼바와께서는 황제와 황후, 신하들과 번역가들에게 많은
말씀과 구전을 주시고는 보장들을 어떻게 발굴하면 되는지 조언 해
주시고 예언을 내리셨다.

빠드마삼바와는 당신이 원숭이 해의 원숭이 달에 햇살을 타고 남
서쪽에 있는 다키니의 나라, 응아얍링으로 가게 되리라 하셨다. 나 초
겔은 티베트에 남아 황제와 백성들을 이롭게 하기 위하여 불교 교육
기관과 수행도량 여섯 곳을 설립하고 중생들을 위해 티베트 땅을 빠
드마삼바와의 보장들로 가득 채우기로 하였다.

대원만 수행

황제는 빠드마삼바와를 전송하기 위하여 시종들을 데리고 궁탕의
고지까지 갔다. 그곳에서 구루린포체께 예언과 마지막 당부의 말씀
을 청해 듣고 다시는 뵐 수 없음을 슬퍼하며 돌아갔다. 나는 빠드마
삼바와와 함께 햇살을 타고 티베트와 네팔의 국경 지역인 차쇄룽까
지 가서 그곳의 비밀동굴에 이십일 일간 함께 머물렀다. 빠드마삼바
와께서는 그곳에서 대원만 수행의 하나인 아띠텔의 만다라를 세우고

관정을 주셨는데 그 수승한 순간에 함께 있던 체네마가 의심을 하는 바람에 장래에 그 수행을 통해서 많은 성취자가 생겨날 좋은 인연의 조짐이 어긋나버렸다.

빠드마삼바와께서 말씀하셨다.

"자, 이제 티베트에 밀법이 성행하게 될 것이다. 그러나 최상승 법인 이 아띠요가는 이론이 분분해져서 구전 전승에서든 보장 전승[157]에서 든 성취자가 극히 드물 것이다. 성취를 한다 해도 또한 중생들을 크게 이롭게 하지 못할 것이다. 그런 까닭으로 해서 일반적인 밀법의 가르침 이 급속도로 쇠퇴하게 될 것이다." 빠드마삼바와께서는 체네마에게는 관정을 내리시지 않고 나에게만 빠짐없이 다 전수해주셨다.

"이 법은 가장 수승한 대승의 법으로 일반적인 상식으로는 이해할 수 없는, 바로 한 생각이 일어나기 이전의 법이다. 지금이 이 법을 너 에게 전수할 가장 적합한 시기이다. 이 법을 만약 적당한 시기가 아 닐 때 너무 일찍 전수하게 되면 일시에 모든 것을 한꺼번에 수확하듯 성취의 결과가 한꺼번에 나타나서 그대가 이 세상에 더 이상 머물 수 없게 된다. 이 법에는 악업도 선업도 없고 출생의 귀하고 천함도 없으 며 젊고 늙음도 없고 근기의 예리함과 둔함도 없다. 이 법은 상대적인 현상계의 모든 법을 법성의 절대세계로 다 흡수해버린다.

만일 이러한 법을 너무 일찍 그대와 같은 근기의 사람에게 전수하 게 되면 중생들을 교화하는 일이라든지 불법을 널리 펴는 일이라든 지 심오한 밀법의 보장들을 숨기는 일들을 하기가 어렵게 될 것이다.

번뇌의 업으로 뭉친 이 육신이 순식간에 사라져버릴 것이기 때문이다. 지금은 적당한 시기니 이제부터 그대는 본연의 자성자리를 잠시도 떠나지 말고 수행해야 한다. 그리하면 이 육신의 상태에서 그대로 부처가 될 것이다. 그리고 나서 이곳을 떠나 삽부와 뗄도 등지로 가서 수행하면 삼 년 만에 깨달음의 상태가 증장하는 증오증장상證悟增長相을 얻게 될 것이고 육 년 후에는 지혜와 광명의 상태가 같아져서 부처님의 세 가지 몸을 얻게 되는 명지여량상明智如量相을 증득게 될 것이다. 그때가 되면 남아 있는 밀법의 보장들을 다 숨기고 중생들을 위하여 불법을 전수하는 일을 원만히 다 마치도록 해야 한다. 그리고 나서 다시 효닥칼출에 가서 수행하면 몸을 숨길 수도 어디에나 나타낼 수도 있는 신통력을 얻어 중생들을 위한 불사를 많이 하게 될 것이다. 그 후 이백 살 가까이 되어서는 육신이 보이지 않는 대지혜의 몸인 무지개 몸을 성취하여 다키니의 나라 응아얍링으로 오게 될 것이며 그곳에서 나와 만나 부처님과 하나된 상태에 머물면서 중생들을 이롭게 할 것이다."

이러한 예언을 하시고는 햇살을 타고 떠나려고 하셨다. 나는 대성통곡을 하면서 빠드마삼바와께 절을 올리고 말씀드렸다.

께마께훼!
거룩하신 나의 주 우겐국의 린포체시여!
방금까지도 함께 계시다가 이제 떠나신다니
이것이 삶과 죽음을 통해서 맞는 이별이란 말입니까?

어떻게 하면 제가 이 생사를 뛰어넘을 수 있겠습니까?

께마께훼!
거룩하신 나의 주 우겐린포체시여!
조금 전까지만 해도 우리는 헤어짐 없이 함께 있었는데
이제 한순간에 헤어질 수밖에 없다니
이것이 만남과 이별이란 말입니까?
어떻게 하면 제가 영원히 당신을 떠나지 않을 수 있겠습니까?

께마께훼!
거룩하신 나의 주 우겐린포체시여!
얼마 전까지만 해도 티베트 전역에 당신의 발자취가 가득했는데
이제는 당신의 발자국만 남게 되다니
이것이 바로 무상함입니까?
어떻게 하면 제가 거친 업풍業風을 제어할 수 있겠습니까?

께마께훼!
거룩하신 나의 주 우겐린포체시여!
조금 전까지만 해도 당신의 가르침으로 티베트가 인도되었는데
이제는 사람들이 당신에 관한 옛이야기밖에 들을 수 없게 되다니
이것이 변화무쌍한 현실이라고 하는 것입니까?
어떻게 하면 제가 저들을 심오한 방편으로 지도할 수 있겠습니까?

께마께훼!

거룩하신 나의 주 우겐린포체시여!
당신의 영적인 아내로 저는 이제까지 잠시도 당신을 떠난 적 없었는데
이제 구루시여! 당신은 돌아가시고
업장이 두터운 여인인 저만 남게 된다는 말입니까?
이제 누구에게 관정과 가피를 청하란 말입니까?

께마께훼!
거룩하신 나의 주 우겐린포체시여!
심오한 가르침을 내려주시고는
이제 당신은 영원히 죽지 않는 정토로 올라가시고
육신을 가진 여인인 저만 남게 된다는 말입니까?
이제 누가 장애를 없애주고 수행을 이끌어준단 말입니까?

께마께훼!
자비하신 나의 구루시여!
저에게 몇 마디 말씀이라도 더 남겨주시기를 간절히 청하오니
중생을 저버리지 않으시는 자비로써 저를 굽어 살피시고
가피를 드리우사 티베트를 가호하소서!

　그리고는 금가루 열세 움큼을 구루의 몸에 올리며 애절한 울음을
터트렸다. 빠드마삼바와께서는 햇살 위에서 한 길이나 날아 오르시며
말씀하셨다.

께마!

잘 들으라. 바다와 같은 공덕을 지닌 여인아!

나, 빠드마삼바와는 나찰의 나라로 그들을 통치하기 위해 떠난다.

법신 보신 화신의 위신력을 구족한 나의 이러한 행위는

물거품처럼 금방 사라져버릴 중생들로서는 상대할 수가 없나니

정녕 삶과 죽음이 두려우면 더욱더 수행에 정진할지니라.

생기차제와 원만차제, 기맥성취 수행으로 힘을 얻는 것 외에

생사를 초월하는 그 어떤 방법이 있으리.

께마!

잘 들으라. 신심과 선근을 지닌 여인아!

나, 빠드마삼바와는 중생들을 위하여 떠난다.

차별 없는 평등한 대자비가 온 법계에 가득하니

환상과 같은 중생들의 업장으로는 장애를 줄 수가 없다네.

참으로 스승과 헤어지지 않으려거든 구루요가[158]를 수행할지니라.

모든 청정한 지견이 구루로부터 일어나게 하는 것 외에

모이고 헤어짐이 없는 그 어떠한 수승한 법이 있으리.

께마!

잘 들으라. 보기만 해도 마음이 끌리는 여인아!

나, 빠드마삼바와는 다른 중생들을 다스리기 위해 떠난다.

무루법을 증득한 최상의 이 몸은 번뇌를 다 초월했으니

업장에 쫓기는 중생들은 나의 적수가 못 된다네.

티베트 땅에 수행을 성취한 나의 제자들이 가득 차 있으니

무상함을 보았으면 대수인을 수행할지니라.

현상계와 유정계, 윤회와 열반에서 해탈하는 것 외에

업풍을 제어할 그 어떤 방법이 있으리.

께마!

잘 들으라. 신심 있는 소녀야!

나, 빠드마삼바와는 불법을 전하기 위해 나찰의 나라로 떠난다.

영원히 변치 않는 금강불괴金剛不壞의 이 몸은

중생들의 병통으로는 해를 끼치지 못한다네.

티베트의 땅 위에도 땅 밑에도 불법이 가득 차 있나니

수행과 경전을 공부하는 풍속이 번창하게 되면 불법은 쇠퇴하지 않

으리.

불법의 가르침을 듣고, 생각하고, 수행함으로써 불교를 수호하고

나와 남을 동시에 이롭게 할 수 있는 힘을 성취하는 것 외에

변화를 극복할 수 있는 그 어떤 심오한 방법이 있으리.

께마!

잘 들으라. 칼첸 가문의 딸이여!

나, 빠드마삼바와는 상두바리 정토로 떠난다.

과거 현재 미래 모든 부처님의 서원을 한 몸에 갖춘 나는

염라대왕에게 쫓기는 중생들과 비교할 수 없다네.

그대는 여인으로서 최고로 수승한 몸을 성취하였으니

관정과 가피는 바로 자신의 마음에서 구할지니라.

구루 빠드마삼바와를 대신할 스승은 그밖에 없으리.

께마!

잘 들으라. 여인 예세초겔이여!

나, 빠드마삼바와는 이제 정토로 떠난다.

불멸의 법신이 계시는 이 몸은

마음과 몸이 서로 어긋나는 중생들과 비교할 수 없다네.

그대는 이미 심오한 가르침으로 해탈하였으니

육신을 없앨 방법으로 아띠요가를 수행할지니라.

기도와 명상으로 장애를 없애고 수행을 증장시켜라.

스승의 가피 외에 장애를 없앨 방법은 그밖에 없나니.

께마!

잘 들으라. 다키니의 모든 조건을 갖춘 푸른빛의 여인아!

나, 빠드마삼바와는 이미 많은 말과 가르침을 주었다.

모든 요점을 요약하여 구루요가를 수행하여라.

자신의 정수리 위로 한 자 정도의 높이에

연화대 위에 월륜이 있고 오색빛이 나는 가운데에

모든 중생들의 스승인 나 빠드마삼바와가

하나의 얼굴을 하고 두 팔에는 금강저와 해골바가지를 들고

왕의 황포[159]를 입고 세 가지 가사를 수하고

가사 위에는 가장자리에 양털이 장식된 비단 망토를 두르고

반 금강저 위에 깃털 꽂힌 모자를 쓰고

귀걸이, 목걸이 장식을 하고

삼십 이상 팔십 종호種好의 좋은 상호相好를 원만히 구족한 모습으로

오색빛을 발하면서 결가부좌를 하고 있다고 관상하라.

나의 모습이 이렇게 선명하게 관상되면 관정을 받고 명상에 들어라.

관상이 선명해질 때까지 계속 반복하여 수행할지니라.

그러고는 구루시띠 만트라[160]를 염송하거라.

마지막으로 구루와 하나가 되어

기도와 회향廻向으로 구루에게 기원하라.

그리고 나서 절대적인 경지인 대원만의 상태에 머물러라.

이 외에 다른 법이 없나니, 초겔마여!

빠드마삼바와의 자비는 동서가 없으니

티베트에 자비의 햇살이 끊이지 않을 것이다.

기도하는 제자에게는 언제나 그 앞에 있을 것이고

신심 있는 사람과는 한시의 헤어짐도 없을 것이다.

삿된 지견을 가진 이는 실제로 눈앞에 있다 해도 보지 못할 것이다.

그러나 나에게 예언된 제자는 영원히 자비로써 인도될 것이다.

미래에 매월 음력 십일이 되면

나는 닌모곤뽀(낮의 주인이라는 뜻)라는 천마를 타고 와서

네 때에 식息·증增·회懷·주誅의 네 가지 사업[161]으로

아들에게 그와 같은 성취를 내릴 것이다.

보름 전인 십일에는 하는 일이 위와 같고

특히 회懷와 주誅의 사업이 성취될 것이다.

보름에는 달빛을 타고 와서

서원의 자비로써 윤회계를 다 뒤흔들고

지옥, 아귀, 축생계까지도 빠짐없이 텅 비게 하여

위력과 행으로써 중생을 원만히 이롭게 할 것이다.

팔일에는 초저녁과 해뜨기 직전과 여명이 밝아올 즈음과 해질녘에
모든 소망을 다 아는 말을 타고 와서
세간에 있는 중생들에게 여러 가지 성취를 내릴 것이다.
나찰녀들의 나라에 불법을 전하여서
변방 스물한 곳의 작은 나라들과
또한 황량하고 열악하고 미개한 서른 곳의 중생들에게
식·증·회·주 네 가지 사업을 행하고
그들을 행복으로 인도하기 위하여
허공에 뜬 무지개와 대지의 진동과 소리, 불과 물, 바람으로써
화신으로 나타낼 것이다.
그와 같이 중생들을 위한 일이 끊임없을 것이다.

그대는 지금부터 백 년 이상
티베트 중생들을 행복으로 이끌기 위한 일을 하게 될 것이다.
백일 년이 지나면 응아얍링으로 가서
나, 빠드마삼바와와 함께 중생들의 수호자가 되어
푸른빛을 발하는 여인[팅외발매]으로 불리게 될 것이다.
그대는 몸과 말과 뜻이 나와 같아져서
삶과 죽음을 초월하여 업의 바람을 막고
미래에 중생들을 위해 변화신으로 올 것이다.
티베트에는 그대의 화신이 끊임없이 나타나
중생들을 위하여 지치는 일 없이 부지런히 일할 것이다.

자, 이제 초겔이여, 고요히 명상에 들지니

그대와 나는 한순간도 헤어지는 일이 없을 것이다.
이 세간에서 잠시 동안 편안히 있으라.
나의 서원에 의한 자비의 힘으로
티베트여 영원히 행복할지어다.

빠드마삼바와께서 말씀을 끝내시자마자 온 허공이 다카와 다키니들로 가득 찼다. 노래와 음악 소리가 울려 퍼지면서 오색 깃발과 비단 천으로 만든 만장이 휘날렸다. 소라고둥, 큰북, 작은북, 징, 심벌즈 그리고 색소폰같이 생긴 잘링과 갖가지 높고 낮은 음을 내는 관악기들과 타악기 등 헤아릴 수 없이 많은 법구들에서 동시에 소리가 터져 나왔다. 구름같이 많은 공양물에서는 빛이 퍼져 나왔다. 그것은 모두 빠드마삼바와를 영접하기 위해 준비된 것처럼 보였고 구루린포체는 그곳을 향하여 올라가셨다. 나는 더 이상 참지 못하고 울음을 터트렸다.

빠드마삼바와시여!
당신은 유일한 부처님의 법이십니다.
당신은 유일한 중생들의 아버지이십니다.
당신은 유일한 티베트의 눈이십니다.
당신은 유일한 저의 심장이십니다.
당신의 자비는 너무도 적고
당신의 행위는 너무도 가혹하십니다.
흐흐흐흑……

이렇게 빠드마삼바와께 애원하고 땅에 몸을 던져 절하며 몸부림쳤다. 그러자 구루린포체께서 나를 돌아보시고 첫 번째 유언의 말씀(유언의 내용은 비밀이라 이 책에 밝히지 않았다)을 남기셨다. 그리고 빛나는 빛덩어리 속에서 남서쪽으로 몸을 돌려 가버리셨다. 나는 온몸으로 땅을 치고 얼굴과 머리를 쥐어뜯고 땅 위를 구르면서 애원하였다.

껴마호! 껴마훼!
거룩하신 나의 주 우겐린포체시여!
당신은 티베트를 텅 비게 할 작정이십니까?
당신의 자비는 어디에 버리셨습니까?
부처님의 법을 버리셨단 말입니까?
티베트의 백성들을 전혀 돌아보지 않고 버리시려 합니까?
저, 초겔을 귀의처가 없게 버리시렵니까?
제발 자비를 드리우소서!
한 번만 더 저를 돌아봐주십시오!

이렇게 흐느끼면서 소리 높여 부르니 모습은 보이지 않았지만 생생하고 선명한 구루의 목소리가 들려왔다. 그는 두 번째 유언을 남기셨다. 그러자 온 하늘이 광명으로 가득 찼고 온 땅에 그 빛이 두루 퍼졌다. 그 찬란한 빛이 서로 교차하는 가운데 다키니들의 모습이 점점 작아지더니 모두 사라져버렸다. 다시 나는 온몸을 돌에 부딪치며 몸부림쳤다. 흩어진 살점과 흐르는 피를 받아서 공양을 올리고

는 고통스런 몸짓으로 빠드마삼바와를 애타게 부르면서 이렇게 말씀
드렸다.

께마께훼!
허공같이 광대한 자비의 주시여!
구루의 불사佛事는 온 우주를 덮지만
오늘 티베트에서 구루의 행적은 끝이 났습니다.
모든 나라마다 운명이 다르지만
오늘 티베트에는 숙명적인 그날이 왔습니다.
모든 유정들이 행복과 고통을 차례로 겪지만
오늘 나, 초겔에게 고통이 닥쳤습니다
너무도 슬프고 비통합니다!
부디 애민히 여기사 저를 굽어 살피소서!

이렇게 간청하였으나 모습은 보이지 않고 목소리만 들려왔다. "초겔
이여! 여기를 보아라." 소리나는 곳을 올려다보니 허공에서 사람의 머리
통만 한 빛덩어리 한 개가 내 앞으로 떨어졌다. 그 안에는 구루린포체
의 첫 번째 유물이 들어 있었다. 그 빛은 점점 퍼져 티베트 땅을 다 비
추더니 다시 모여서 구루린포체께서 가신 남서쪽으로 사라져버렸다. 또
다시 견딜 수 없어진 나는 울면서 소리쳤다.

거룩하신 우겐린포체시여!

어찌 자비를 내리지 않으시고
저를 돌아보지도 않고
매정하게 버리고 가실 수가 있단 말씀입니까?

그러자 전과 같은 소리가 들리더니 앞서보다 더 큰 빛의 상자 하나가 내 앞에 떨어졌다. 그 안에는 구루린포체의 두 번째 유물이 들어 있었다. 빛줄기는 태양과 함께 남서쪽에 모여서 어스름한 어둠 속으로 사라져버렸다. 구루린포체와 다키니들은 더 이상 찾아볼 수가 없었다. 마치 한바탕 악몽에서 깨어난 느낌이었다.

허망하고 안타까운 마음에 눈물을 흘리면서 구루린포체를 생각하며 슬픈 노래를 불렀다.

께마!
거룩하신 우겐린포체시여!
티베트를 보호하시던 아버지와 같은 분이
이제 다키니 정토로 가버리시고 나니
온 티베트가 텅 비었습니다.
여의주와 같은 분이시여, 어디로 가셨습니까?
진리로 보면 본래 오는 것도 가는 것도 없는 법이지만
오늘 우겐린포체께서는 법성으로 가버리셨네.
티베트의 모든 신과 백성들의 머리에서 태양이 저버렸네.
옷 없이 벌거벗은 몸을 누가 따뜻하게 해주리오!
사람들의 얼굴에서 눈이 없어져 버렸네.

눈 먼 장님들을 누가 인도해주리오!
사람들의 가슴에서 심장이 떨어져 나가버렸네.
살아 있는 시체와 같은 저들을 누가 인도해주리오!
중생들을 위해 이곳에 오셨다더니
더 오래 계시지 않는 까닭은 무엇입니까?

깨호!
우겐린포체시여!
티베트에 짙은 어둠이 깔리는 때가 왔다네.
황량하고 텅 빈 대지만 남을 때가 왔다네.
주인 없는 텅 빈 법상만 남을 때가 왔다네.
관정을 내릴 텅 빈 보병만 남을 때가 왔다네.
자신을 과시하기 위해 법을 주는 때가 왔다네.
가르침을 경전에서 구해야 할 시기가 왔다네.
스승님을 생각만으로 관상해야 할 때가 왔다네.
구루의 탕카나 초상을 걸어야 할 때가 왔다네.
비전과 꿈에 희망을 걸어야 할 때가 왔다네.
나쁜 시대가 결국 이렇게 다가와버렸네.
아! 너무도 슬프고 안타깝습니다.
성스러운 우겐린포체시여! 자비로써 굽어 살피소서!

그렇게 기도하자 남서쪽에서 빛줄기가 뻗치더니 코앞에 엄지손가락 반만 한 빛의 상자가 떨어졌다. 그 안에는 세 번째 유물이 들어 있었다. 그런 연후에 나는 드디어 두려움에서 벗어날 수 있었고 의심과 걱정이 사라졌다. 고뇌와 번민도 다 없어졌고 구루린포체와 헤어진 것이 아님을 수행을 통하여 확실히 체험할 수 있었다. 이처럼 수승한 몇 가지 체험과 가피를 토대로 하여 라마상와뒈빠라는 만다라를 세우고 석 달간 수행한 끝에 구루린포체를 여섯 차례 친견할 수 있었고 많은 조언과 예언적인 말씀과 구전을 받았다.

그러고 나서 전에 체네마가 구루린포체의 삼마야를 어긴 인연을 보완하기 위하여 양풀닥마라고 부르는 기도를 하였다. 전반부에는 주로 참회를 위한 기도를 숭양닥 기도와 함께 하였고 후반부에는 장애를 없애기 위한 기도를 바즈라구마라 기도와 같이 하였다. 이 기도를 통해서 나는 구루린포체의 현전 가피를 얻었고 데와모는 더욱 신심이 깊어졌다. 이 수행법은 나 초겔에 의해 구전과 보장의 두 전승으로 나뉘어 전수되었다.

그 후 나는 망율로 갔다. 그곳에 있던 빠드마삼바와의 제자들과 신심 있는 여인 로돼는 내가 온 것을 너무도 기뻐하면서 많은 공양을 올리고 그곳에 머무르기를 청했다. 한 달 동안 그곳에 머물면서 아들과 같이 여기던 제자들에게 조언을 해주고 수행의 힘을 많이 얻도록 지도해주고 장애를 없애주고 또한 구경의 법도 전수하고는 짱으로 갔다. 그곳 사람들 또한 빠드마삼바와는 가셨지만 내가 온 것을 매우 반가워하며 빠드마삼바와를 대할 때와 똑같은 신심을 가지고 길을 메웠다. 나는 그들 모두에게 차별 없이 관정과 가르침을 주었다. 그러고 나서 술빠가 있는 곳에 가서 일 년간 머물렀다. 그곳에서는 넨빨양과 베예세닝뽀, 라숨겔와장춥, 오델뺄기숀누, 랑벨장춥도제와 함께 다차루빠도제라고 부르는 일곱 살 먹은 아이도 가르침을 받았다. 나는 그 아이가 가르칠 만한 법기法器라고 생각하여 제자로 받아들이고 근기를 성숙시켜 해탈케 하였다. 그러고는 샹으로 가서 바마강의 동굴 등에 삼 년간 있으면서 많은 중생들을 이롭게 하였다. 그 다음에는 샵부루로 가서 최상승의 아띠요가를 수행했는데 일 년 만에 중오중장상을 증득하니 너무 기뻐서 더 많은 원력을 세우게 되었다. 그곳에서 큰 보장을 열세 군데에 숨겼다. 그리고 쇼이띨도 동굴에서 육 년간 수행하면서 명지여량상을 증득하여 대원만의 요결을 깨닫고 많은 다키니들을 이롭게 하였다. 여든두 곳의 다키니 정토를 유람한 이야기는 다른 곳에 숨겨두었다.

제석천왕과 용왕의 시험

나는 마지막 고행으로 자신과 타인을 바꾸어서 생각하는 보리심을 일으키는 수행을 실천하기로 하였다. 그래서 전에 나에게 고통을 준 외도의 신하 쎈띠빠가 발열지옥에 떨어져 있는 것을 알고 불쌍히 여겨 수행력으로 그를 지옥에서 구해주었다. 지옥에 있는 중생들과 인연을 맺고 그들을 차별 없이 고통의 구렁텅이에서 구해준 이야기는 다른 책에 자세히 서술하였다.

또한 맹수들에게 몸을 보시하고 배고픈 이에게는 먹을 것을, 추위에 떠는 이들에게는 옷을, 병든 이에게는 약을, 거지에게는 보물을 보시했다. 약한 자들은 구해주고 애욕을 갈망하는 이들에게는 몸을 주는 등 중생들을 이롭게 하기 위해서라면 몸과 생명을 아끼지 않고 보시하였다. 나와 남을 구분하지 않고 자신의 몸을 돌보지 않으면서 보시했다. 그때 제석천왕과 용왕 난타 두 신이 나를 시험해보려고 변신하여 나타났다.

띨도에서 수행하고 있는데 한 장애자를 세 사람이 번갈아 가며 업고 왔다. "어디에서 왔습니까? 무엇을 하러 오셨습니까?" 하고 물으니 "우리들은 티베트의 온푸에서 왔소. 왕이 저 사람에게 벌을 내리면서 무릎의 물렁뼈를 둘 다 제거해버렸는데 훌륭한 의사 몇 명에게 보이니 여자 무릎의 물렁뼈를 끼워넣는 것 말고는 다른 방법이 없다 합니다. 소문을 듣자 하니 당신은 무엇이든 필요로 하는 것은 다 보시한다고 하여 왔는데 주실 수 있겠소?" 하고 말하면서 긴 한숨을 내쉬었다. 다리를 못 쓰는 사람을 보니 정말로 측은한 마음이 들었다.

"당신들이 필요로 하는 것은 무엇이든지 다 드리겠으니 가져 가십시오. 나의 몸과 말과 마음을 모두 중생들을 위하여 쓰기로 구루 빠드마삼바와 앞에서 맹세했습니다."

그러자 그들은 칼을 꺼내더니 물었다.

"우리가 하면 상처가 크게 생길지도 모르니 당신이 직접 꺼내는 것이 어떻겠습니까?"

"어떻게 하든 상관없습니다."

그러고 나서 나는 무릎을 십자로 긋고는 깍 하는 소리와 함께 벌건 물렁뼈 두 개를 꺼냈다. 정신이 약간 혼미해지는 듯했지만 곧 맑아졌다.

"자, 가지고 가시지요" 하고 주니 그들은 기뻐하며 받아 갔다. 무릎은 얼마 후에 다시 회복되었다.

어느 날인가는 매우 병세가 심한 문둥병 환자 한 사람이 문 밖에서 있었다. 온몸에서 고름이 줄줄 흐르고 귀는 문드러져 구멍이 크게 나 있고 입은 다 헐어서 썩은 냄새가 진동했다. 그런 모양을 하고 그는 큰 소리로 울기만 했다.

"울지 마시오. 다 전생에 지은 업보로 그런 것인데 운다고 무슨 소용이 있겠습니까? 울지 말고 부처님 앞에 기도를 하면 오히려 도움이 될 겁니다" 하고 말했다. 그러자 그가 말했다.

"병에 걸리는 것은 이 세상에서 정해진 팔자겠지만 나에게는 그보다 더 나쁜 일이 있소."

"그보다 더 나쁜 일이라니 도대체 무슨 일입니까?"

"내겐 당신만큼이나 예쁜 선녀 같은 아내가 있었는데 내가 이 몹쓸 병에 걸리고 나니 그만 다른 남자를 끌어들이고 나를 내쫓아버렸다오. 당신이 오직 중생들만을 위해서 사신다는 소문을 듣고 혹시 내 아내가 되어주지 않을까 하고 여기까지 찾아왔다오." 그러고는 다시 흐느끼기 시작했다. 나는 불쌍하고 애처로운 마음이 들었다.

"이젠 울지 마세요! 당신이 원하는 대로 다 될 것입니다" 하고 말하고 그 문둥병 걸린 남자와 함께 살았다.

그밖에도 많은 시련과 장애가 있었다. 본교도들 일곱 명이 와서 본교의 의식을 하는데 신에게 올릴 재물로 나의 가죽과 눈, 손과 발, 머리가 필요하다 하여 다 보시하였다. 또 다른 사람들이 와서 눈과 머리, 사지, 손바닥, 두 다리, 혀 등을 달라고 할 때도 나는 흔쾌히 큰 서원을 발하면서 보시하였다.

얼마 후 제석천왕이 천상의 많은 보배들과 신들의 다섯 가지 아름다운 옷가지와 감로병과 일곱 가지 특별한 보물을 올리면서 찬탄하였다.

> 인간의 몸을 가진 희유하고 수승한 여인이여!
> 당신은 과거세로부터 보살의 행원行願을 성취하신 분이십니다.
> 몸과 생명을 돌보지 않고 다른 이에게 주는
> 거룩한 자비의 어머니이신 당신께 귀의합니다.
> 가장 희유하고 거룩한 당신의 모든 행적을 찬탄합니다.
> 오늘부터 이 세상이 다하여 없어질 때까지
> 위대한 여왕이시여! 당신께서 불법을 설하고 불사를 하실 때
> 그 모든 일이 다 성취되도록 제가 영원한 수호자가 되겠습니다.

제석천왕이 이렇게 말하고 사라지자 내 몸이 전과 같이 회복되었다.

문둥병 환자도 용왕 난타로 변하더니 상상할 수 없이 많은 용궁의 보물들을 내 앞에 산더미같이 쌓아놓고는 신심으로 합장하고 눈물을 흘리면서 말했다.

께마!
구루이신 어머니 예세초겔이시여!
당신은 빠드마삼바와의 신비한 열쇠!
자비로써 다른 이의 고통을 받아주시는 분!
깨끗함과 더러움의 상대적 개념을 초월하신 분!
자신에 대한 사랑은 땅속에 묻어버리고
오직 다른 중생들을 이롭게 하시는 분이십니다.
불법의 주인이신 위대한 어머니, 당신께 예경합니다.

빠드마삼바와는 나의 구루이시고
당신은 나와 법으로 맺어진 형제이십니다.
사랑으로 나를 굽어 살피소서.

바다와 같은 불법의 모든 비밀스런 만트라와
빠드마삼바와의 구전과 보장 전승을 다 얻으시고
쇠퇴하지 않도록 지키시는 분이시여!
내가 이 세상에 있는 한 당신의 그림자가 되어
항상 따라다니면서 지키고 보호하겠습니다.
중생을 이롭게 하는 일이 다 성취되도록 하고

모든 장애를 막아내겠습니다.

그러고는 땅속으로 사라져버렸다.

그때 내가 띨도에 있다는 소문을 들은 황제가 시종을 보내어 나를 초대하였다. 나는 삼예로 가서 침부에 육 년간 머물렀다. 불법을 수호하는 황제 무티째뽀를 위시해 황후와 신하들과 시종들 모두 나를 극진히 대접하고 받들었다. 이전에 침부에서 수행하며 깨달음을 성취했던 이들 대부분이 중생을 교화하기 위하여 다른 곳으로 떠나고 나이든 일부는 이미 열반에 들어 수행자들의 수가 크게 준 탓에 침부의 불법은 쇠퇴 일로에 있었다.

남아 있던 이들은 나를 스승으로 모시고 어명을 받들어 승려 일천 오백 명을 동시에 삭발한 후에 인도의 불교학자 까마라시띠를 켄보로 모셨다. 나는 그들에게 수계식을 하고 법을 전수하였다. 그들은 한 사람도 낙오하지 않고 깨달음을 성취하였다. 그중에는 수승한 성취자의 능력을 보이는 승려도 많았다.

밀교와
선불교의 만남

그 즈음 화상和尙[162]이라는 중국 선사가 돈문頓門[163]이라는 중국의 선불교를 티베트에 전했다. 당시 티베트에는 논리학을 중심으로 하는 밀교의 한 종파인 쩨민[164]이 인도의 까마라실라의 전수로 들어와 있었다. 그런데 특이한 지견과 투철한 종파의식을 가지고 있던 화상은 쩨민과 쟁론을 벌였고, 입장을 달리하는 승려들로 인하여 삼예의 승단이 둘로 갈라졌다. 불교학자인 까마라실라는 마두명왕사를 세우고 그곳에 머물렀고 화상은 미륵사를 세우고 그곳의 주지가 되었는데 두 파 사이에 가끔 충돌이 일어났다. 침부에서 그 소식을 들은 나는 두 파를 화해시키기 위하여 백여 명의 제자들을 데리고 그들에게로 갔다. 양쪽을 오가며 화합하기를 권고했으나 어느 쪽도 말을 듣지 않아 하는 수 없이 몇 가지 신통을 보여주었니 두 파 모두 신심을 내게 되어 자연히 화합하게 되었다. 그 후 삼예사원에서 열린 두 파 사이의 공개 토론을 거쳐 까마라실라의 전승을 따르라는 법률이 선포되었다. 화상과 그의 제자들은 황금을 선사하여 중국으로 돌아가게 했다.

그런 연후에 황제가 라싸와 삼예, 탄둑 등지에 사원을 건립하고 승단을 더욱 강화하니 일만 삼천여 명의 승려들이 새로 생겨났다. 나, 초젤은 침부에 있으면서 웅아리, 망율, 뿌랑, 몬, 짱, 잘, 롤로, 꽁뽀, 티베트 중앙부의 네 도시, 티베트 북부의 네 도시, 도캄, 강둑과 중국, 장, 홀, 멘약 등지에서 빠드마삼바와의 예전 제자들과 새로 출가한 승려들과 나의 제자들, 그리고 빠드마삼바와께 신심이 있는 이들에게 법을 전수하고 지도하였다. 나는 중생들을 위하여 가없는 허공만큼이나 많은 사업을 하였고 나의 제자들은 온 세상에 널리 퍼지게 되었다.

보장을
숨기다

이제부터는 밀교의 비밀스런 가르침이 담긴 법본과 보장들을 숨기는 한편 많은 중생들에게 한결같은 이익을 주기 위하여 히말라야 일대에 두루 퍼져 있는 크고 작은 성지들과 인간의 발길이 미치지 못하는 숨겨진 땅을 두루 순례하며 수행하고 보장들을 감추고 했던 이야기를 하려고 한다.

나는 혼자 생각하였다.

"이제 중생을 이롭게 하는 일과 부처님의 가르침을 널리 펼치기 위한 불사들은 거의 나의 뜻대로 이루어졌다. 구루 빠드마삼바와께서 예언하신 나의 수명 또한 절반이나 지나가 버렸다. 자성自性의 본래 면목도 깨달아 구경의 불과를 성취하였고 원력으로 지은 불사들도 이제 원만히 회향되었다. 지금부터는 빠드마삼바와께서 가피하셨던 성지로 가서 밀교의 비밀스런 경전과 보장을 숨기고 원력도 세우고 축복도 하면서 수행을 해야겠다."

먼저 나는 띨도로 갔다. 그곳에 일년 칠 개월 동안 머물면서 열 가지 보장을 감추고 의미가 깊은 인연을 맺는 서원을 세우고 축복을 하였다. 그러고 나서 다시 사방에 퍼져 있는 성지로 순례를 떠났다. 얄룽에 있는 수정 동굴로 가서 다섯 가지 보장을 숨기고 열석 달 동안 있으면서 서원을 세우고 가피하였다. 양종에 일 년 동안 있으면서 열세 가지 보장을 그곳에 숨겼다. 옐빠에 한 달간 있으면서 열 가지 보장을 숨겼다.

동쪽 지방에 있는 짜리강으로 가서 일 년 사 개월 동안 있으면서 서른 가지 큰 보장을 숨겼다. 다시 꽁뽀 지방으로 가서 일백쉰 가지 보장을 숨겼다. 그 후에 다시 남쪽에 있는 네팔의 설산 지대로 가서 열석 달 동안 있으면서 서른다섯 개의 보장을 숨겼다. 서쪽에 있는 라치 일대의 설산 부근으로 가서 넉 달 칠 일 동안 있으면서 여덟 개의 보장을 숨겼다. 북쪽에 있는 진의 설산 지대로 가서 석 달 오 일간 있으면서 세 개의 보장을 숨겼다.

동남쪽에 있는 켄바룽으로 가서 일 년 보름간 있으면서 열 개의 보장을 숨겼다. 남서쪽에 있는 다푸룽으로 가서 다섯 달 열흘 동안 있으면서 일곱 개의 보장을 숨겼다. 서북쪽에 있는 작마룽으로 가서 일 년 오 개월 동안 있으면서 큰 보장 아홉 개를 숨겼다. 북동쪽에 있는 도마룽으로 가서 열한 달 동안 있으면서 다섯 개의 보장을 숨겼다.

얄부에 있는 설산 지대로 가서 한 달 열흘 동안 있으면서 세 개의 보장을 숨겼다. 셀제 지방에 있는 설산 지대로 가서 일 년간 있으면서 열 개의 보장을 숨겼다. 유룽의 설산 지대로 가서 석 달 동안 있으면서 세 개의 보장을 숨겼다. 조모에 있는 설산 지대로 가서 다섯 달 동안 있으면서 열 개의 보장을 숨겼다. 네보에 있는 설산 지대로 가서 다섯 달 동안 있으면서 네 개의 보장을 숨겼다. 작율에 있는 설산 지대로 가서 이십일 일 동안 있으면서 한 개의 보장을 숨겼다. 나남에 있는 설산 지대로 가서 일주일 동안 있으면서 다섯 개의 보장을 숨겼다. 호롱에 있는 설산 지대로 가서 석 달 칠 일 동안 있으면서 열세 개의 보장을 숨겼다. 롱쩬에 있는 설산 지대에 가서 칠 개월 동안 있으면서 열다섯 개의 보장을 숨겼다. 쎄상에 있는 설산 지대에 두 달 열흘 동안 있으면서 다섯 개의 보장을 숨겼다. 깜뽀에 있는 설산 지대로 가서 일 년 일 개월 하루 동안 있으면서 스무 개의 보장을 숨겼다. 제포에 있는 설산 지대로 가서 한 달간 있으면서 열네 개의 보장을 숨겼다. 부볼에 있는 설산 지대로 가서 삼칠 일간 있으면서 세 개의 보장을 숨겼다. 쌩톰에 있는 설산 지대로 가서 칠일 동안 있으면서 서른두 개의 보장을 숨겼다. 초낙에 있는 설산 지대로 가서 이십사 일 동안 있으면서 한 개의 보장을 숨겼다.

동부에 있는 마꿍룽에 한 달 동안 있으면서 보장 열세 개를 숨겼다. 남부에 있는 바하짝스리에 일 년간 있으면서 보장 일곱 개를 숨겼다. 서부에 있는 당멘룽에 한 달간 있으면서 보장 세 개를 숨겼다. 북부에 있는 세모도에 석 달간 있으면서 보장 네 개를 숨겼다. 또한 짜루종 위쪽 지방과 중부의 카락종과 아래 지방인 께레종과 몬에 있는 곽리종[165]과 꽁뽀의 부추종과 뿌오의 박율종과 덴에 있는 도제종과 참에 있는 나분종, 네링생게종, 야리닥말종, 까링신뽀종, 라리유류종, 또래빨발종과 레케에 있는 부모종과 링에 있는 닥말종과 디이에 있는 라닥종과 꽁뽀 하부에 있는 닥깔종 등지에 각각 한 달 하루 동안 있으면서 인연을 짓고 보장 한 개씩을 숨겼다.

마찬가지로 네팔에 있는 데모송과 로율에 있는 뻬마쩨와 샹에 있는 샴부룽, 메에 있는 고보종, 겔모에 있는 무토종, 라모에 있는 울캉종,

겔룰에 있는 족뽀룽과 몬에 있는 부둠룽과 숨겨져 있는 위대한 땅 여덟 곳에 몇 년간 머물면서 합당한 보장들을 많이 숨겼다.

모두 합해서 스물다섯 곳의 큰 설산과 가피가 서려 있는 성지 네 곳과 큰 마을이 있는 열여덟 곳과 빠드마삼바와께서 성취를 보이신 땅 백스물여덟 곳에 가서 몇 년 몇 달 며칠씩 수행하고는 보장을 숨기고 가피와 축복을 하였다. 특히 빠드마삼바와께서 가피하신 곳이자 당신의 여덟 화신의 성지인 캄바 지역의 여덟 군데 성지와 빠드마삼바와의 몸, 말, 뜻, 사업, 공덕의 화신인 퇴탱짤의 다섯 군데 성지와 빠드마삼바와께서 수승하고 희유한 불사를 하신 성지 열두 군데와 예언으로 가피된 성지 세 군데에 보장을 숨겼는데 자세한 명세서와 그것들을 발견할 수 있는 예언서는 가피를 하여 다른 곳에 숨겨두었다.

티베트 전역에 큰 성지가 일백스물다섯 군데, 작은 성지가 일천칠십여 군데, 그 밖의 성지가 일백만에 달하므로 그 세세한 지명과 사연을 이 책에서 다 말하기는 불가능하다. 그러니 삼예, 라싸, 탄둑을 위시한 티베트 전역에 보장을 숨긴 자세한 과정을 알고 싶거든 명세서가 기록된 예언서와 빠드마삼바와의 전기 등을 참고하기 바란다.

삼마야 갸 갸 갸

이티 가후햐 멘다 삽갸

모든 불사를 다 마치시고 춘추 이백열하나에
무지개 몸으로 화하여 상두바리 정토로
가시니 온 티베트 땅이 슬픔에 잠기도다.

지구상의 모든 성스러운 장소를 찾아 다니면서 가피를 하고 보장을 숨긴 나는 또다시 티베트 황실의 부름을 받고 침부로 가서 한동안 머물렀다. 그곳에 있으면서 나는 중생들을 위하여 전보다 더 수승한 불사를 많이 하였다. 깔충돌링 사원에서는 무티째뽀 황제와 황태자 무룸째뽀, 황후 응앙충뻴을 비롯해 선근과 복덕이 있고 법을 받을 만한 그릇이 되어 있는 제자 일곱 사람에게 근기를 성숙시키고 위없이 수승하고 심오한 법을 많이 전수하였다. 특히 라마상와뒈빠와 이담 공빠뒈빠, 족첸아띠뒈빠 등의 만다라 법회를 열어서 근기를 성숙시키고 해탈에 이르게 하였다. 라마상와뒈빠의 만다라를 세우고 수행하기 시작한 지 칠 일째 되던 날 새벽에 경전을 읽으면서 구루를 청하는 기도를 하였다.

> 우겐국[166] 서북쪽 연꽃 줄기에서 탄생하시어
> 희유하고 수승한 최고의 성취를 얻으신
> 빠드마삼바와라고 불리는 분께서 널리 알려지셨네.

많은 다키니들을 권속으로 거느리신
당신을 따라서 제가 수행하고자 하오니
어여삐 여기사 가피를 드리우소서.

　기도를 마칠 즈음에 빠드마삼바와께서 많은 권속들을 거느리고 남
서쪽에서 나타나셨다. 각종 악기의 소리, 좋은 향내와 아름다운 음악
소리와 우아한 춤, 그리고 지복의 노랫소리와 함께 광명을 놓으며 오
셔서 만다라 가운데에 자리해 앉으셨다. 나는 황제에게 빠드마삼바
와께서 앉으실 법상을 마련하라고 했다. 그러나 그 장엄하고 수승한
경계에 도취된 황제는 신심과 헌신의 열정이 너무 지나쳐 혼절해버렸
다. 법상이 미처 준비되지 못한 가운데 빠드마삼바와께서 입을 열어
말씀하셨다. "머지않아 황제에게 못된 조카가 하나 태어나서 황실의
전승과 대통이 끊어질 것입니다. 그러나 신심과 헌신 덕에 업의 몸을
받지 않게 될 황제께서는 중생을 교화할 능력을 갖춘 화신으로 태어
나서 깨달음을 성취하고 해탈할 것입니다."

　그러자 그 자리에 있던 황태자 무룸째뽀가 큰 좌복을 여러 겹 쌓
아서 법상을 마련하고는 빠드마삼바와께 그 위에 앉으시기를 청하였
고 이윽고 정신을 차린 무티째뽀 황제는 황금과 터키석의 만다라 공
양을 백만 번 올리고 나서 오체투지를 하며 말씀드렸다.

　에마호!
　우겐국에서 태어나신 거룩한 연꽃의 화현이시여!

당신은 모든 티베트 백성들의 하나뿐인 부친이십니다.
업장이 두터워 무거운 짐과 같은 이 육신을 끌고
진흙 구덩이 속을 이리저리 산란하게 헤매는 저를
저버리지 않고 자비로써 굽어 살피사
오늘 이 자리에 강림하시는 큰 은혜를 내리셨습니다.
부디 오랫동안 계시면서 많은 가르침을 내리시고
부처님 법의 수레바퀴를 저희들에게도 굴리소서.

빠드마삼바와께서 말씀하셨다.

오! 위대한 황제는 잘 들으시오.
당신의 신심과 수승한 선근 복덕의 인연으로
내가 근기를 성숙게 하는 가피를 내리리라.
윤회의 바다, 그 고통에서 해탈할 수 있도록
초겔이 밀법의 문을 열어주리니
자신의 마음이 곧 마하무드라[167]인 줄 알아서
위없는 최고의 깨달음을 몸과 말과 뜻으로 성취할지니라.

그러시고는 황제의 머리 위에 손을 얹고 마정수기摩頂授記[168]를 하시
니 황제는 그 자리에서 미혹함에서 벗어나 해탈하는 기쁨을 얻었다.
곧이어 황태자 무룸째뽀가 절을 하고 만다라를 몇 번 돌더니 황금을
가득 채운 사슴 가죽 포대와 코발트빛 하늘이라 부르는 크고 작은
터키석을 가득 담은 청동 쟁반 열세 개를 산더미같이 쌓아놓은 다른

선물들과 함께 공양 올리고 나서 말하였다.

저는 황자로 태어나서 교만하기 짝이 없었고
게으르고 산란하기 그지없었습니다.
게다가 악업 짓는 일만 좋아하여
전쟁을 일삼고 사람들에게 벌주기를 즐겨하였으니
하는 일마다 나쁜 업장만 더하였습니다.
이렇게 못나고 둔한 저이오나 자비로 굽어 살피셔서
간결하면서도 심오하고 또 알기 쉽고 행하기 쉬우면서도
가피가 커서 성취가 빠른 가르침과
업장을 정화하여 그 동안 계율을 어긴 허물들을
온전히 보완할 수 있는 법을 내리소서.

빠드마삼바와께서 "예! 잘 알았습니다. 황태자 전하!" 하시고는 말씀하였다.

서원이 순수하면 그에 따라 업 또한 청정하다네.
신심 있고 계율을 잘 지키는 세나렉(무룹쩨뽀의 별명)이여!
이제부터 일곱 생을 지난 후에
그대는 업보의 몸을 받지 않고
원력 화신으로 환생하여 중생들을 교화하리라.
그대의 마음이 과거 현재 미래의 모든 부처님들과 같아져서
한 겁이 지난 후에는 상계깔마라는

이름을 가진 부처로서 성불하게 될 것이다.

빠드마삼바와께서는 '빠르고 순수한 본존 성취법의 만다라'를 세우시고 시토공빠랑돌이라는 특별하고 심오한 가르침을 주시어 먼저 태자의 근기를 성숙시킨 후 해탈할 수 있도록 하셨다. 그리고 이 법을 닥뽀달이라는 산에 숨기면 미래에 많은 중생들을 이롭게 하리라고 말씀하셨다. 또한 라마놀부빼매탱와 등의 특별한 구루 성취법을 주시고는 라모체의 바위에 숨기라고 말씀하셨다. 깔충사원에 낙성식과 점안식을 해주신 빠드마삼바와께서 칠 일을 더 머무르고 동틀 무렵 우겐국으로 떠나시려 할 때 내가 말씀드렸다.

께마!
보고 듣고 생각하고 느낄 수 있는 업장이 두터운 중생들조차도
번뇌의 진흙 구덩이에서 빨리 해탈케 해주시는 자비하신 스승이시여!
당신은 부처님들의 사자使者이십니다.
끝없이 황량한 티베트를 계속해서 굽어 살피소서.
저 또한 중생 교화를 원만히 마치고
이제 곧 자비하신 당신 곁으로 가서
찰나의 헤어짐도 없이 함께하기를 기원합니다.

구루린포체께서 응답하셨다.

께마!

잘 들어라. 칼첸 가문의 딸이여!

바람이 태양에 흔들려서

밤낮과 사계절이 차례로 생겨나지만

허공 자체는 집착도 욕망도 전혀 없다네.

충분히 익으면 열매는 저절로 떨어지나니

제아무리 훌륭한 농사꾼이라도 더 이상 머무르게 할 수 없다네.

그와 같이 그대의 지혜 원만히 갖추어져

번뇌와 업장에서 완전히 해탈하고

번뇌를 동반한 육신의 한계에서 벗어날 것이니

중생들이 이 세상에 남아 있어 달라고 붙잡더라도

더 이상 머무를 수 없다네.

생기차제, 원만차제와 대원만의 수행을 성취한 힘으로

중생들이 더 있어 달라 청할지라도 더 이상 머무를 수 없다네.

이제 업이 다하고 현상계의 법이 다하고 중생 교화도 다 했으니

육신도 다하고 오계五界도 다하고 오대五大도 다하여

열반에 드는 모습 희유하고 수승하리라.

지금부터 오십 일이 지난 후 음력 닭의 달 여드렛날에

그대는 상두바리 정토로 떠나야 하리니

그때에 수많은 다카 다키니들이 영접하러 오리라.

그 시간이 올 때까지 그대는 중생들의 행복을 위하여

계속해서 최선의 힘을 기울일지니라.

빠드마삼바와는 나의 열반을 이렇게 예언하고 사라지셨다. 나는 효닥칼출에 있는 동굴로 남캐닝뽀를 찾아가서 기맥성취 수행에 진전이 있도록 지도해주고 영원히 죽지 않는 성취를 내려서 일반적인 성취와 더불어 다시는 윤회에 들지 않는 불공不空의 성취를 얻게 하였다.

그런 후에 어떠한 인위적인 행위도 하지 않는 무위無爲의 대원만 경지에 머물면서 계속 수행하여 불법의 불가사의한 힘이 원만하게 두루 미칠 수 있는 법성변진상의 경지에 도달하였다. 이러한 수행의 결과로 모든 중생들의 필요에 응할 수 있는 능력을 얻은 나는 그들을 이롭게 하고 교화하는 일에 힘을 쏟았다.

배고픈 중생들은 맛있는 음식으로 행복하게 해주었고 추위에 떠는 중생은 불이나 태양으로 행복하게 해주었다.

가난한 중생은 여러 가지 재물로, 옷이 없는 중생은 여러 가지 옷으로, 자식이 없는 중생은 아들이나 딸로 나타나서 행복하게 해주었고, 아내를 필요로 하는 중생은 매력 있는 여인이 되어서 행복하게 해주었다.

남편을 구하는 중생에게는 멋진 남자로 나타나 행복하게 해주었고 신통력을 얻고자 하는 중생들에게는 여덟 가지 성취의 힘을 주어 행복하게 해주었다.

병으로 고통받는 중생은 내가 약이 되어 편안하게 해주었고 괴로워하는 중생은 원하는 것을 해주어 행복하게 해주었다.

국법을 어겨 형벌로 고통받는 중생은 다정한 친구가 되어 안전한 곳으로 인도해주고 편안케 해주었다.

맹수에게 쫓기어 고통받는 중생은 그 맹수를 물리쳐서 행복하게 해주었다.

벼랑에서 떨어진 중생은 끌어올려 주고, 불로 고통받는 중생에게는 물이 되어주고, 오대五大로 고통받는 중생에게는 그 각각에 맞는 편안함을 주었으며 앞을 못 보는 중생에게는 눈이 되어주고, 다리를 못 쓰는 중생에게는 다리가 되어주고, 말 못 하는 중생에게는 혀가 되어주어 행복하게 해주었다.

죽음을 두려워하는 중생에게는 죽지 않는 이치를 알게 해주어 편안하게 해주었으며 중음의 세계에서 방황하는 중생에게는 본존불로 나타나서 해탈의 세계로 인도하였다.

지옥에서 고통받는 중생들에게는 그가 발열지옥에 있다면 뜨거움을 없애주고 그가 발한지옥에 있다면 따뜻하게 해주어 그 고통을 없애주고 행복하게 해주었다.

아귀 세상에서 굶주림의 고통에 처한 중생은 여러 가지 먹을 것과 마실 것으로 편안하게 해주었으며 축생계의 어리석고 말 못하며 부림의 고통을 당하는 중생들은 그 고통을 없애주어 행복하게 해주었다.

변방의 하천한 곳에 태어난 중생은 그곳에서 벗어나게 해주고, 아수라에 태어나 질투와 싸움질에 시달리는 중생들은 투쟁에서 벗어나게 해주고, 천상에서 태어났으나 복이 다하여 두려워하는 중생은 늙고 낮은 세계로 떨어지는 고통에 빠지지 않도록 해주어 행복하게 해주었다.

  허공이 있는 곳이면 어디에나 땅과 물, 불, 바람, 허공이 있고, 땅과 물, 불, 바람, 허공이 있는 곳이면 어디에나 중생들이 있고, 중생이 있는 곳이면 어디에나 업과 번뇌가 있다. 나는 번뇌가 있는 곳 어디에나 자비한 마음이 가득하게 하고 중생들이 필요로 하는 곳 어디에나 내 불사의 손길과 자비로운 손길이 닿게 하여 행복으로 이끌었다. 나는 이처럼 때로는 모습을 드러내 보이고 때로는 은신술로 몸을 감추기도 하면서 중생들에게 갖가지 행복을 가져다주는 빛으로서 십이 년간을 더 머물렀다.

  그때 사울국의 공주로서 빠드마삼바와의 몸의 칸돌마가 되시고 인도에서 둡뻬겔모(성취의 여왕이라는 뜻) 또는 만다라화라고 불리는 지혜의 칸돌마께서 제자 여섯 명을 거느리고 내가 있는 곳을 방문하였다. 그분께서는 인간 세상의 날짜로 삼십구 일간 나와 함께 지내면서 구전의 가르침을 서로 주고받고 심오한 밀법을 토론하였다.

  만다라화께서는 인도에는 전수되지 않은 빠드마삼바와의 특별한 수행 성취법 스물일곱 가지를 나에게 특별히 청하여 그 법을 전수받으셨고 나는 장수를 관장하는 다키니[169]인 만다라화에게 장수 성취법 일곱 가지를 청하여 전수받았다. 또한 마두명왕을 비롯한 열세 가지 본존 수행법도 청하여 받은 후 보장으로 숨겨두었다. 그리고 나서 나는 만다라화에게 다음과 같은 게송을 지어 올렸다.

옴 아 훔!
죽지 않는 금강의 몸을 성취하신 칸돌마시여!
당신은 무지개와 같이 허공을 타고 다니십니다.
어떠한 물질에도 걸림이 없이 다니시며
죽음의 마구니, 번뇌의 마구니, 천상계의 마구니와
몸으로 인해 생기는 마구니들을 다 항복시키고
번뇌의 속박에서 벗어나 신들의 아들조차 저 아래로 보시는
당신은 바로 장수 성취를 내리는 분이십니다.

저 법성의 세계에서부터 욕계, 색계, 무색계천에 이르기까지
최고의 진수와 지복의 몸을 성취하시고
공성空性을 증득하신 마하무드라, 만다라화시여!
중생들의 어머니인 당신께 예경합니다.

나고 죽는 것이 끝이 없는 윤회의 바다에서
청정하지 못한 업의 흐름 속에서 다람쥐 쳇바퀴 도는 듯한
미혹한 업장의 문을 닫아버린 당신과 같이
나 또한 그렇게 되기를 기원합니다.

업장이 다하고 기쁨도 다하고 거친 미혹의 망상도 다하여
욕계, 색계, 무색계와 윤회의 세계에 망상분별 모두 다한 후에
지복과 공성이 합일된 경지에 도달하여
대락의 꾼두상모와 영원히 함께하도록 하소서.

이러한 찬탄과 함께 티베트에는 전수되지 않은 많은 귀중한 가르침들을 청하였다. 성취의 여신인 만다라화가 화답하였다.

께호!
비밀스런 만트라를 성취하여 하늘에서 춤추는 다키니여!
유루와 무루의 허공에 머무는 위대한 마술사
빠드마삼바와의 구전의 감로법을 한 몸에 구족하신
지혜의 여신 반야불모般若佛母가 바로 당신 아닌가!

불법으로 인도하는 견도見道의 길목에 계시면서
이 생에 세간의 여덟 가지 바람[八風]을 다 항복시키고
고행으로 만물의 진수를 다 섭취하였다네.
현상계와 유정계의 모든 현상들을 다 조복시켜
영원히 변치 않는 소녀의 몸을 성취하였네.

끝없는 업장의 바람과 윤회의 소용돌이 속에서
업이 두터운 중생들을 지혜로써 인도하시고
왜곡되고 사악한 본교를 소멸하고 불교를 정착시켰네.
나 또한 당신과 같은 위신력과 통솔력이 있기를 기원합니다.

이 땅을 정화하여 무한한 청정 법계로 나아가서
상두바리 정토에서 우리 함께 만나
빠드마삼바와의 대자대비하신 보살피심 입고는

그대와 나 둘이 부처님의 사업을 함께 짓는 화신이 되어
모든 세계를 윤회의 수렁에서 벗어나게 하기를 기원합니다.

만다라화는 이렇게 기원하고는 허공으로 사라졌다.

그 후 나는 베예세닝뽀, 마린첸촉, 오덴뺄기숀누, 랑람겔와장춥도제,
다차도제빠오, 웨 지방의 수랴탕와, 몬 지방의 따시찌덴, 네팔 사람 까
라시띠, 리에서 온 장춥돌마, 셀깔도제초모, 켄첸숀누돌마 이렇게 제자
열한 명과 신심 있는 추종자 일흔아홉 명과 함께 상에 있는 삽부룽에
서 십일 년간 머물면서 중생을 교화하였다.

이렇게 나는 세간의 사업을 모두 마치고 고요히 명상에 들어갔다.
그러자 베예세닝뽀를 비롯해 마음의 아들이자 선근이 수승한 여섯
명의 제자와 신심 있는 제자 콘이 열반에 들지 말고 계속 법륜을 굴
리기를 청하면서 이렇게 말했다.

께마호!
위대한 지혜의 불모, 법신을 구족하신 분이시여!
해와 달의 광명이 허공으로 사라져버린다면
이 땅 위를 걸어 다니는 중생들은 누구를 의지하겠습니까?
계속해서 저희들을 위하여 광대한 지혜의 만다라를 펼치소서.
깨달음을 성취하신 불모, 공덕의 비구름을 갖추신 분이시여!
부처님 법의 감로가 허공으로 사라져버린다면
이 땅 위의 파란 새싹들은 누구를 의지하겠습니까?

계속해서 저희들을 위하여 법의 감로를 내리소서.

귀의처이신 초겔, 부처님의 변화의 몸을 구족하신 분이시여!
원만한 복덕의 모습을 갖추신 당신이 허공으로 사라져버린다면
의지해야 할 법이 없는 저 같은 이들은 누구를 의지하겠습니까?
중생들의 근기를 성숙시켜주는 불사를 계속해주시기를 간청합니다.

께마께훼!
모든 덕을 구족하신 어머니 초겔이시여!

이렇게 슬프고 괴로운 몸짓으로 울며 간청하니 내가 말했다.
"오! 사랑스런 나의 아들들아! 그대들을 위하여 성대한 공양 의식을 마련해두었다. 가는 날까지 심오하고 수승한 밀승의 만다라들을 더 많이 열어서 가르침을 줄 것이다. 그리고 이 달 음력 초파일에 나, 예세초겔은 이름만이 티베트 땅에 남게 될 것이다."
그러자 모두들 무겁고 안타까운 마음으로 나를 가운데로 모시더니 공양 의식을 시작하였다. 제자인 아들들[170]을 비롯해 수행을 같이한 법의 형제자매들은 모두 고개를 떨군 채 눈물을 흘리며 내 얼굴을 제대로 쳐다보지 못했다. 그래서 나 초겔이 입을 열어 말하였다.

께마호!
이곳에 모인 여러분들은 잘 들으라.
마음을 집중하고 나의 말에 귀를 기울일지니라.

너무 슬퍼하지 말고 마음을 기쁘게 가지도록 해라.
수명이란 유위법有爲法으로 본래 무상한 것이고
모든 현상적인 경계는 언제나 똑같지 않으니
길 또한 환幻이어서 진실됨이 없느니라.
근본인 자성자리는 실체가 없고
마음이라는 망상분별 또한 근원인 뿌리가 없나니
진리가 무엇인지 나 또한 본 적이 없다네.

이곳에 모인 신심 있는 금강의 형제자매들아!
그대들의 어머니인 나에게 바로 기도하면
지복의 정토인 법성에서 가피를 내릴 것이니라.
그대들은 언제라도 나와 헤어짐이 없을 것이니
업연의 끈에 의해 항상 나의 인도를 받을 것이요,
다른 이들도 내 자비의 화신에 의해 차별 없이 구제되리라.
어머니인 나에게 죽음의 고통은 없으니
금강의 형제자매들이여! 슬퍼하지 말라.

이 땅에서 교화해야 할 중생들을 원만히 제도했나니
거룩하신 우겐린포체께서 예언하시기를
중생들을 교화하는 데 쓰일 내 수명은 이백이라 하였다.
이제 이백 살을 훨씬 넘겼으니
이미 짧지 않은 오랜 세월 동안 티베트를 지켰다.
내 나이 열세 살에 황후가 되었고
열여섯에 빠드마삼바와의 자비의 은총을 입었으며

스물에 모든 관정을 받고 수행을 위해 고행하였다.

서른에 수행을 성취하여 중생들을 교화하였고

마흔에는 구루의 뜻과 같이 도를 성취하였으며

쉰에는 마구니들을 항복시키고 불법을 널리 포교하였고

예순에는 경전을 편찬하고 승가를 양성하였다.

일흔에는 법성法性이 현전現前하는 경험을 하였고

여든에는 구루린포체께서 남서쪽의 정토로 가셨다.

아흔에는 법성을 증득하였고

백 세에는 깨달음이 증상하는 증오증장상을 얻었고

일백이십 세에는 국왕의 스승으로 대접을 받았다.

일백삼십 세에는 티베트 전역을 순례하며 가피하였고

일백오십 세에는 보장들을 숨기고 중생들을 이롭게 하였다.

일백육십 세에는 무티째뽀 황제가 승하하셨고

일백칠십 세에는 나머지 제자들을 다 제도하였다.

일백팔십 세에는 효닥칼출에 분신을 나타내었고

일백구십 세에는 금강형제인 둡뻬겔모를 만나 구전과 장수 성취를 얻어

삶과 죽음을 초월하는 해탈의 경계를 얻었다.

이제 이백열하나가 되었다.

정말로 충분히 오랜 세월 동안 티베트를 교화하였구나.

은혜를 입은 모든 신들과 백성들 모두

기쁨과 슬픔을 같이한 동반자들이었는데

이제 헤어져야 할 시기가 된 것 같구나.

사랑하는 도반들아! 너무 괴로워하지 말라.

오직 한마음으로 기도하면 성취를 얻게 될 것이니라.
무위無爲의 대원만을 수행할지니라.
고통에서 해탈할 방법이 이 외에는 없나니.
그것은 바로 빠드마삼바와 심장의 피와 같은 것이라네.
나에게 주신 것을 그대들에게 다 전수하나니
잘 수행하여 성취하기를 바라노라.
법을 받을 만한 그릇이 되는 중생들에게는 두루 전수하고
그릇이 아닌 자들에는 전하지 말아야 한다.
그릇된 지견으로 삼마야를 어길 우려가 있으니
삿된 지견을 가진 이들에게는 비밀로 숨겨야 한다.

나는 유언장에 계인을 찍고 직계 제자 열한 명에게 마지막 가르침을 주기 위하여 대원만의 아띠요가 만다라를 열고 입에서 귀로 직접 전수되는 이전耳傳의 비밀스런 법 백 가지를 전수하였다. 이 법은 모두 내 심장과 같은 귀중한 법이었다. 그들은 모두 이 법을 듣고 그 자리에서 해탈을 얻었다.

바마강 위쪽에 위치한 동굴에 있을 때 이미 내 나이 이백열한 살이었다. 닭의 달 초사흗날에 나는 "닷새 후 여드렛날 모두들 삽부산 정상으로 구경하러 가자. 상두바리 정토가 그곳에 있을 것이다" 하고 입을 열었다. 그날이 되자 선근과 복덕이 구족한 제자 열한 명과 추종자 오십여 명을 거느리고 삽부산 정상으로 올라갔다. 음력 초이렛날 삽부산 중턱에 도착하여 두 손을 합장한 듯이 생긴 동굴에서 스

물다섯 가지 큰 법을 구전으로 전수하고 구루 성취법에 의거해 성대한 공양 의식을 베풀었다. 의식을 마치자 모두들 내 앞에 모여 앉았다. 내가 먼저 입을 열었다. "모든 것이 무상함은 바로 중생계의 본질이다."

그러자 몬 지방에서 온 여제자 따시쩨덴이 황금의 만다라를 올리고는 말했다.

은혜로운 어머니시여!
당신은 이 세계의 유일한 어머니이십니다.
만약 당신께서 계속해서 아이들을 돌보지 않으신다면
살기 위해 이제 겨우 음식을 받아먹을 줄만 아는
핏덩어리 어린 생명이 어찌 살 수 있겠습니까?

하늘에 뜬 위대한 태양과 같은 당신이시여!
만약 당신께서 계속해서 중생들의 어둠을 밝혀주지 않으신다면
지혜의 눈을 가진 이는 길을 찾겠지만
지혜의 눈이 없는 이들은 다시 어둠 속으로 떨어지게 될 것입니다.

진정 부처님을 대신해서 법을 보여주시는 분이시여!
만약 당신께서 앞으로 제자들을 돌보지 않으신다면
근기가 수승한 아라한들은 생사의 바다에서 해탈하겠지만
어리석고 우둔한 승려들은 누가 구제하겠습니다.

대법천의 미묘한 음성을 지닌 다키니시여!
만약 당신께서 계속해서 승단을 키우시지 않는다면
이제 겨우 번역가와 불교학자들이 생겨났다고는 해도
헤아릴 수 없이 많은 중생들을 누가 다 인도하겠습니까?

께마!
거룩한 어머니시여!
당신의 권속인 저희들을 자비로 굽어 살피사
이곳에 모인 형제자매들을 위해 감로의 법음을 내려주소서.

말을 마친 따시쩨덴은 수없이 절을 하고 나서 자리에 돌아가 앉았
다. 이에 내가 말했다.

께마!
잘 들어라. 신심 있는 부탄 왕국의 딸아이야!
초겔은 중생을 위한 일에는 결코 싫증을 내거나 지치는 법이 없단다.
티베트 전역에 불법이 이미 성행하고 있다.
내 나이 또한 이백 살 하고도 십일 년이나 지났다.
이제는 중생을 교화하는 일을 완전히 끝마쳤고
남아 있을 방법 또한 없으니 더 이상 지체하기가 어렵구나.
중생들이 저 세상으로 가는 것과 같이 할 수밖에 없는
내가 이제 유언으로 몇 마디만 더 남기련다.

이곳에 모인 형제자매들은 잘 들어라.

사람들의 수는 헤아릴 수 없이 많지만

불법을 아는 이는 헤아려 셀 수 있을 만큼 적다네.

진실된 수행의 길을 가는 이는 그보다 적고

성취를 하는 이는 낮에 나온 별만큼이나 적으며

부처로서 구경의 깨달음을 성취하는 이는 아주 드물다네.

이 몇 마디 말에 모든 경전의 의미가 다 담겨 있다.

수행의 문인 팔만 사천의 무량한 법문이

구차제승九次第乘 안에 다 종합되어 있다.

헤아릴 수 없이 많은 수행법이 구차제승 안에 집약되어 있다.

그것은 세 가지 부류로 나눌 수 있는데

그 가운데 최고의 수행인 아띠요가에는 지견과 수행, 행위와 그를 통한 결과 등

비교할 수 없는 수승한 법이 다 그 안에 들어 있다.

지견은 알음알이와 집착을 버리는 것이고,

수행은 본연의 자성자리에 안주함이요,

행위는 산란함이 없이 유유자적悠悠自適함이요,

결과는 자성의 삼신三身을 저절로 구족게 됨이라.

이것이 불법의 결정적인 요점이니라.

외적인 행위는 율장에 의지하라.

그러면 다른 과실이나 허물이 줄어들 것이다.

내적인 행위는 경전에 의지하라.

그러면 그 인연으로 공덕이 증장될 것이다.

부파部派를 나눌 때에는 논장에 의지하라.

그러면 모든 의문이 해결될 것이다.

이 세 가지가 불법의 기초니

이 셋이 없이는 불교를 잘 지킬 수 없느니라.

행위를 정화하고자 할 때는 반야경에 의지하라.

그러면 습기와 업장들이 정화될 것이다.

마음을 조복시킬 때에는 우파니샷따 경전에 의지하라.

그러면 마음이 자연히 법으로 향하게 될 것이다.

지견을 성취하려면 요가 수련서에 의지하라.

그러면 자비의 가피를 얻게 될 것이다.

본존 수행을 성취하고자 할 때에는 마하요가에 의지하라.

그러면 지견, 수행, 행위가 자연히 생겨날 것이다.

기맥성취를 할 때에는 아누요가에 의지하라.

그러면 힘과 성취를 얻게 될 것이다.

아띠요가로써 명점을 정화하라.

그러면 순식간에 부처를 이루게 되어

다른 가르침이 더 이상 필요하지 않게 될 것이다.

어머니인 나를 따르는 모든 제자들은

내 수행의 과정을 기록한 전기에 의지하라.

그러면 목적을 성취하고 좋은 결실을 얻게 될 것이다.

말을 마치자 네팔에서 온 까라시띠가 절을 하고는 오른쪽으로 한참 돌더니[171] 말했다.

어머니, 당신께서 법성의 정토로 가버리시면
밀법의 심오한 길을 가고자 하는
티베트 사람들에게 누가 스승이 되어 이끌어주겠습니까.
누가 장애를 없애주고 수행을 증장시켜주겠습니까.
계속해서 티베트를 자비로 굽어 살피소서!

내가 말하였다.

께마!
잘 들어라. 칸돌마의 종성을 갖춘 여인아!
만트라에서 태어난 시띠[172]를 성취한 소녀야!
중생들에게 밀법의 선업을 보여줄 수 있는
보리심과 성숙한 육체를 가진 여인아!

이곳에 모인 그대들과 미래에 밀법의 길을 수행할 사람들과
심오한 길을 수행하고자 하는 모든 이들은
먼저 덕과 자질을 완전히 갖춘 스승에게
관정을 청하고 삼마야를 잘 지킬 것을 엄중히 맹세하고
기맥성취 수행을 통해 몸과 마음에 완전한 힘을 얻은 후에
네 가지 희열[四喜]에 대하여 육 개월간 수행하여

자신의 몸에서 희열을 증득한 확실한 징표를 체험해야 한다.

남성과 여성의 에너지를 혼합하여 섞이게 하고

상행기上行氣와 하행기下行氣를 섞는 방편에 의지해야 한다.

남자는 여자를 도반으로 하고

여자는 남자를 도반으로 하여 서로 도와야 한다.

용맹정진으로 지복의 힘이 증장되도록 수행하라.

지복과 공성이 하나가 되지 못하면

의미 없는 잘못된 길로 들어서게 되니

지복과 공성을 동시에 수행해야 한다.

남녀 쌍방이 계율을 눈동자를 지키듯 조심해서 지켜야 한다.

더 큰 기쁨이 일어날 수 있도록 다섯 가지 법구를 방편으로 사용하고

명점의 힘이 줄지 않도록 요가를 배워 단련할지니라.

장애와 마구니들을 주의해서 피하고

계율을 어기게 되거든 그것을 완전하게 보완하도록 노력하라.

몸이 일상적인 습성에 젖지 않도록 할지니

그러한 습성에 젖어버리면 범부 남녀와 다름없이 되는 것이다.

본존의 모습을 견고한 신심으로 열심히 관상[173]할지니

기맥과 차크라를 본존불의 권속으로 관상하라.

언어는 비밀스런 만트라와 기맥 수행으로 단련할지니

기맥 수행이 없으면 범부들의 성행위에 불과할 것이다.

명점을 끌어올려 온몸으로 펴는 요가 수행을 정확히 배워야 한다.

마음은 명점과 하나가 되어야 한다.

명점의 기운을 쇠약하게 만드는 것은

부처를 죽이는 것과 똑같은 업을 짓는 것이니

자유자재로 다룰 수 있는 힘을 얻을 수 있도록

모든 방편을 익혀 숙달시켜야 한다.

이것이 없으면 금강승의 진정한 의의 또한 없나니

이러한 수행의 요결 위에 모든 욕망을 집중시켜야 한다.

대락의 지복이 욕망의 결과로서 완성되어야 한다.

이러한 수행에서 오는 경험의 본질을

잘 알아서 변질되지 않도록 지켜야 한다.

밀법의 삼마야를 네 몸과 생명같이 지켜야 한다.

그것을 범하여 파하게 되면 참회할 방도가 없으니

이 모든 것이 수행을 위한 교훈이니라.

밀법의 문인 금강승에 입문한 사람이라면

욕망과 자만심을 구덩이에 묻어버려야 한다.

위선과 거만함은 물에 흘려 보내고

탐욕과 갈망은 불에 태워버려라.

세속적인 명성과 삿된 행위는 바람에 날려 보내고

겉치레와 속임수는 허공으로 사라지도록 하여라.

색정과 욕망을 이용하는 비밀 수행은

남에게 엿보이지 않도록 철저하게 숨겨야 한다.

비밀스런 법을 드러내 보이지 말고 조심스레 간직해야 한다.

성취의 징조인 지복의 열 또한 과시하지 말고 숨겨야 한다.

삼근본을 떠나지 말고 본존에 의지할지니
똘마 공양과 가나뿌자(공양 올리는 기도)를 끊임없이 하고
중생들을 이롭게 하기 위한 자비로운 보리심을 잘 지켜
차별 없는 무량한 자비로 일체 중생에게 회향하여야 한다.
이 모든 것이 바로 일반적인 수행에 대한 가르침이니라.
이 모든 것을 마음속 깊이 명심하라.
그대와 나는 같은 본질을 가지고 태어났으니
미래에 함께 화신으로 와서 중생들을 구호할 것이다.

그러자 베예세닝뽀가 청하였다.

오! 어머니 예세초겔마시여!
저 같은 중생들을 위하여
당신께 구전의 가르침을 청하옵니다.
대자대비하신 가피로써 저희들을 저버리지 마시고
항상 가호하소서.

내가 대답하였다.

께호!
베예세닝뽀는 잘 들으라.
가피는 스승님께 청하고
성취는 본존불께 청할지니라.

불사는 네 무리의 다키니들에게 도움을 청하라.

신통한 능력의 징표를 보일 필요가 있을 때는 그렇게 하라.

그것은 수행자의 행을 보이는 것이니라.

다시 잘 들으라! 베예세닝뽀여!

사찰청규를 제정하여 제자들을 준엄하게 가르치면

다른 이들이 그대를 존경하고 신뢰할 것이다.

수행할 때 비밀스런 만트라를 쉼없이 열심히 하면

성취가 빨라질 것이다.

경전의 말씀대로 법에 맞게 수행하면

불법의 이치를 깨닫게 될 것이다.

모든 본존불의 만트라를 하나로 회통會通해서 수행하면

원하는 성취를 모두 얻을 것이다.

아비달마로써 허망하고 그릇된 지견들을 끊게 되면

의심할 바 없이 반드시 해탈을 얻게 될 것이다.

기맥 명점을 한 가지로 수행하면

지복의 열을 얻은 징표가 빨리 원만케 될 것이다.

끄리야 요가[174]로써 자신을 정화하면

허물이 빨리 청정해질 것이다.

지견과 수행과 행위 세 가지를 정확히 배워야만

자신을 이롭게 하는 일[自利]이 견고해질 것이다.

과위에서 대원만 수행의 무위無爲 요가를 수행하면

현상계가 다하고 식견識見을 초월한

법성편진상이 원만해질 것이다.

차별 없는 무량한 자비로 일체 유정에게 회향할 수 있게 되면
무량한 중생들을 이롭게 하는 일[利他]이 원만해질 것이다.

그러자 마린첸촉이 눈물을 흘리며 말했다.

스승님이신 비구니 초겔마시여!
당신께서 상두바리 정토로 가버리시면
이곳에 모인 도반들은 어찌하면 좋습니까?
어떻게 기도를 해야겠습니까?
어떻게 하면 당신과 영원히 헤어지지 않을 수 있겠습니까?

내가 답하였다.

께호!
수행자여 잘 들으라.
밀법을 성취한 그대는
중생들을 위해 마음을 잘 쓰는구나.
여인인 나 예세초겔은
구루린포체의 대자비한 가피로
이제 원만한 과위를 증득하여
내일이면 상두바리로 간다.
기도를 하면 가피를 얻게 될 것이다.
이곳에 모인 도반들이여!

자신을 위하여 법에 몸과 마음을 집중하고
타인을 위하여 자만심을 버리도록 노력하라.
지견과 수행과 행위로써 해탈토록 해야 한다.
기도를 할 때에는 음률에 맞추어 하고
헌신의 마음이 골수에 사무치도록 하라.
스승님을 지혜의 빛으로 관상하고
안과 밖이 다 섞이어 둘이 아닌 경지에서
삼매에 들거든 그 상태에 안주하라.

나는 모든 윤회와 열반의 우두머리!
예세초겔이 누구인지 깨닫게 되면
모든 중생들의 존재에서 나를 만나리라.
십팔계十八界와 십이처十二處가 다 나의 화현이고
나는 십이연기로써 화신을 나투리라.

애초부터 나와는 헤어진 적이 없었는데도
알지 못한 연고로 다른 현상을 보게 되는 것이다.
그러므로 번뇌의 뿌리를 자를 수 있게 되면
안에서부터 드러나는 것은 오직 마음자리뿐이고
커다란 지혜가 두루 편만하게 되어
근원적인 지복의 희열이 호수처럼 모이게 되고
황금으로 된 고기의 눈과 같이 관하는 힘이 강해질 것이다.
체험과 지복의 행이 잘 증장토록 해야 한다.
원만한 공덕을 갖춘 날개의 힘으로

저 피안의 언덕으로 날아가야 한다.

현상의 초원에서 뛰놀고

허공의 한가운데를 날아서 가라.

크나큰 지혜의 넓은 영역으로

대락의 명점이 호수처럼 가득 차게 하라.

본존불의 모습들과 물방울 같은 빛덩이들이 현란하게 보이고

만트라의 빛나는 염주들이 가물거리면서

법성을 체험하는 현상들이 증장하리라.

한계점에 도달하는 요새를 장악하여

법성이 다하는 본연의 자리에서 하나가 되는 것이

나와 영원히 헤어지지 않고 함께하는 방법이니라.

마린첸촉에 이어 오덴숀누빨이 말했다.

께마!

어머니 예세초겔이시여!

당신께서 상두바리 정토로 떠나버리시면

평범하고 게으른 저희들이

본존요가 수행과 행위를 어떻게 할 수 있겠습니까?

거룩하신 가르침을 조금만 더 내려주십시오.

이에 내가 말하였다.

에마호!

신심 있는 손누빨은 잘 들으시오.

바위 위에 집을 짓고 사는 새가

날개의 힘이 완전해지기 전에

가볍게 나는 것을 나는 보지 못했다.

새가 모든 힘을 끌어내는 방법을 익힌 후에야

칼날 같은 바람을 가르고

원하는 곳 어디에나 날아갈 수 있게 되듯이

나 여인 초겔도 성취의 경계가 원만해지기 전까지는

성불하기를 원하면서도 좀더 이 세상에 남아 있었다.

이제 생기차제와 원만차제, 대원만 수행의 힘이 원만해졌으니

육신을 무지갯빛으로 화하여

상두바리에 계신 구루린포체께 가려고 한다.

마지막 유언 몇 마디를 그대들에게 더 남기리라.

바른 지견知見은 불법의 외적인 모습이니

구경의 진리와 하나로 연결해서 수행을 할 때

성성적적惺惺寂寂하며 큰 광명이 있으리라.

공한 것이 아니되 공한 본성이 있으며

항상 존재하는 실체가 있는 것도 아니다.

그러한 본질을 이른바 바른 지견이라고 한다.

그 바른 지견을 지키는 방법은

생기차제를 수행할 때는 본존 그 자체이고,

빛이 퍼져 나가고 다시 모여들 때는 대자비라네.

원만차제를 수행할 때는 바로 대수인大手印이고,
어느 한쪽으로 치우친 집착[常斷二邊]을 떠난 본성인 것이다.
자신을 돌아보고 반조反照할지니
자신을 반조하여 보거나 보지 않거나 간에
보는 줄은 아는 자성자리를
진정한 지견이라고 이름하는 것이다.

수행이라 부르는 것은 불법의 외적인 기초인데,
그 의미를 알고 수행을 하면
지견의 본질을 아는 것이다.
산란해 하지 않고 성성적적하게 얽매임 없이 수행하는 것이
바로 삼매이다.
그 수행을 지어나가는 방법으로
생기차제, 원만차제의 어떠한 수행을 하더라도
말로 할 수 없는 진리가 드러남을 체험하게 된다.
수행에는 여러 가지 방편이 있으나
생기차제, 원만차제의 어떠한 수행을 하더라도
그 의미는 혼침昏沈과 산란함의 허물 없이
산란함이나 멍청함[無記]에 빠지지 않도록 잘 지켜주니
이렇게 삼매에 들면 그것이 바로 명상 수행이다.

행위라 하는 것은 부처님 가르침대로 행하는 법인데
의미를 알고 수행해서
확고한 지견을 가지고 수행하는 법을 잘 알게 되면

산란해 하지 않고 자유자재로 행함으로써
여러 가지 다른 행을 깨달아 알게 되는 것이다.

행위를 할 때에 어떠한 행동을 하더라도
항상 수행하는 상태로 어긋나지 않게 행한다면
모든 행위가 다 수행에 도움이 되어 수행에 진전이 있게 되리라.
가고 서고 눕고 앉는 모든 일상생활을 할 때
생기차제와 원만차제 등의
진정한 수행을 떠나지 아니하는 행이
비로소 여법하고 합당한 행위인 것이다.
이 외에 더 이상 좋은 가르침은 없다.
내가 상두바리 정토로 가더라도
부처님 가르침을 티베트 전역에 펴놓았으니,
신심과 헌신을 가진 이가 기도하면 가피를 얻게 될 것이다.

다음으로는 셀깔샤도제초가 말했다.

께마!
모든 티베트 백성들의 어머니시여!
대자비로 저를 굽어 살피소서.
저에게는 당신 외에는 누구도 존재하지 않으니
대자비로 저를 버리지 마시고
상두바리 정토로 데려가주시기를 간청합니다.

그러나 악업이 지중하여 따라갈 수 없다면

가르침과 교훈을 더 많이 내려주십시오.

말을 마치고 눈물을 하염없이 흘리던 그는 슬픔이 지나쳐 잠시 혼절하였다가 깨어났다.

나는 말하였다.

에마호!

잘 들어라! 신심 있는 셸깔사여!

지혜의 칸돌마 도제초여!

이 몸은 살과 피로 이루어져

무겁게 짓눌리는 거칠고 하열한 고깃덩어리니

빛으로 변해서 허공으로 갈 수 있는 방법은 기맥성취 수행뿐

기를 마음대로 운용할 수 있게 되면 바로 성취하게 되나니

완고함은 자신의 마음이 오독 번뇌에 속아서 생겨나는 것이다.

일상적인 망상분별을 그대로 두고

망상이 다한 깨달음을 얻고자 하면 대수인을 수행하라.

공성을 증득한 지혜로 해탈에 이르면

그것을 바로 성불했다고 하는 것이다.

번뇌로 가득 차 무너지기 쉬운 이 육신은

좋고 나쁜 모든 것의 기초이다.

이 육신을 정화하여 무지개의 몸[虹光身]을 얻고자 하거든

대원만 수행인 아띠요가를 배워야 한다.

법성편진상을 얻게 되면

무위의 임운 성취가 따로 없다.

그러나 빛으로 화해 허공으로 갈 수 있는 방법은 아니다.

내일 당장 그대를 빛으로 데려갈 방법이 없으니

이제부터 내가 하는 말을 잘 들어라.

자신의 근본 상사根本上師가

자신과 같다는 생각을 잠시라도 해서는 안 된다.

청정한 지견과 신심과 헌신으로

기도하여 가피를 구하고 네 가지 관정을 청할지니

항상 떠나지 말고 마음 가운데에서 선명하게 관상하라.

신구의 삼문을 떠나지 말고 하나가 되어

명상하고 대수인을 수행하라.

항상 불법에 마음을 두고 수행해서

갈수록 성성적적하게 관조하는 힘을 키워야 한다.

지복과 공성에 힘을 얻어 정진할지니

색에 집착하는 경계를 버리고 수행에 힘써야 한다.

확신을 가지고 대원만을 수행할지니

경계가 다한 곳에서 아띠요가에 들어가라.

그대는 이렇게 열한 번을 환생할 때까지

티베트 백성들을 교화하다가

그리고 나서 상두바리 정토에 나리라.

그 후에는 도제데첸뻬마초라는 이름의 화신으로 나투어

비구 남캐닝뽀와 도반이 되어 방편과 지혜로 인연 맺게 될 것이다.

변방의 하천한 곳에 있는 나찰의 무리들과
여기저기 흩어져 사는 수많은 야만인들을
부처님의 가르침으로써 교화하리라.
남캐닝뽀는 칭이라는 이름으로 불릴 것이고
너는 그의 몸의 칸돌마가 될 것이다.
사람의 나이로 십삼만 년을 살고 난 후에
상두바리 정토로 가서
구루린포체와 항상 같이하게 되리라.

나는 이러한 예언과 함께 많은 가르침을 주었다.
    이어 라숨겔와장춥이 절하고 오른쪽으로 돈 후 일곱 개의 터키석
만다라 공양을 지어 올리며 말했다.

에마호!
한번 들으면 잊지 않고 기억하는 총지력[175]을 성취하시고
빠드마삼바와의 비밀스런 가르침의 주인 되시는 어머니시여!
대지혜를 갖추신 지복의 양쩬마여!
암흑의 땅 티베트의 태양과 같은 초겔마시여!
이제 정말로 남서쪽의 나라로 가려 하신다니
저에게 간단하면서도 핵심적인 큰 가피를 내리소서.
완전하면서도 심오하며 예리하면서도 빠른 수행으로
한 생에 이 육신을 가지고 성불할 수 있는 법을 청합니다.
이제부터 저는 몇 생이나 더 몸을 받아야 합니까?

허공을 날아다니시는 당신과는 언제 만날 수 있습니까?

영원히 당신과 헤어지지 않을 수 있도록 자비로 굽어 살피소서.

나는 그에게 카쬐뚤구닝틱이라 불리는 현교의 외전에 따른 칸도꾸숨깡둡, 쬐율둘와깔뽀, 톡벱닥쬐남숨, 라마꾸숨깡둡, 진랍왕기고모, 셀좀따와찍, 딱체쏘빠구데, 네끼메짜남숨, 제웅악믹율갸짜, 제쬐쨤부셀택의 열 가지 가르침과 밀교의 내전에 따른 라마칸도숭죽뚜둡탑,[176] 곰빠규마툴되, 짜룽각돈쭈빠, 멘악찍촉삽모, 귤장펠와남숨, 칸도방쬐믹찍, 칸도말와닝찍, 칸도녠빠쏙찍, 멘악웅악카숨델, 외셀샥빠남숨, 빠오게남숨의 열한 가지 수행 성취법을 전하였다.

그리고 구경 해탈의 경지에 도달할 수 있는 비밀 구전의 가르침인 라마칸도랑뤼옐메두둡탑,[177] 따와착갸첸뽀,[178] 데부족첸찍최, 멘악뚬모숨델, 담악퇴촉남숨, 냠렌곰빠남숨, 찍촉문최남숨, 레텐괴빠남숨, 뗌델메롱남숨, 최괴빠남숨, 까쏭뉼남숨의 열두 가지 법을 전수하였다. 이 법을 전수받은 곌와장춥과 그의 제자 여섯 명은 모두 숨을 한 번 내쉬는 동안에 광명의 빛으로 해탈하였다. 그리고 법문과 함께 다음과 같은 예언을 하였다.

에마호!

곌와장춥이여! 산란해 하지 말고 잘 들으라.

마음을 법에 둔 수호자여 잘 들으라.

방편의 다카인 아루싸레 당신은

오랜 옛날 아짜라니싸로 때에

방편과 지혜로 나와 인연[179]을 맺고는

밀법의 여러 가지 심오한 연기법을 많이 수행하였다.

그 가피로 그대는 이 생에 해탈을 얻을 것이다.

그러나 가끔 나를 평범한 도반 정도로 생각하고

때로는 빈정대고 가끔은 어린아이같이 행동하고 때로는 의심하였던 탓에

미래의 모든 생에서 밀법을 성취하긴 하지만 장애가 많이 일어날 것이다.

구설과 풍문과 중상모략 등 나쁜 말이 많고

중생들을 위한 불사에 성취와 장애가 번갈아 일어날 것이다.

그 모든 것이 전생의 업이고 인과인 줄 알고

구루린포체와 초겔에게 똑같이 기도하면 가피를 얻을 것이다.

그대는 이제부터 열세 번을 다시 환생하여 중생을 구제할 것이다.

그리고 변방이나 열악한 곳에 화신을 나툴 것이다.

미래에 이 산의 서쪽에 있는 땅에

남케라는 이름을 가진 용맹한 금강의 몸으로 오고

딱샴이라는 사람으로 세 번 연속해서 환생하여

업풍을 막고 연꽃의 광명[180]을 성취하게 될 것이다.

그리고 나서 나와 헤어지는 일 없이 방편과 지혜가 되어

그때부터는 중생으로 태어나지 않고 화신으로 와서

좋은 원력의 힘을 성취하게 될 것이다.

밀법의 심오한 가르침들의 진수를 꽃피우고

수승한 수행의 결과가 성숙하게 될 것이다.

생기차제와 원만차제를 수행하여
선근 복덕이 원만해질 것이다.
두터운 가피의 구름이 덮이게 되고.
대자대비한 법의 감로비가 흡족히 내릴 것이다.
아짜라싸레와 함께 수행을 성취하여
곌와장춥빠는 진리의 힘을 얻게 될 것이다.
이제는 열심히 기도하고 수행해야 한다.

음력 팔일 저녁 노을이 질 무렵 상두바리의 다키니 정토에서 열두 명의 뉼레 다키니가 자신들과 같은 다키니가 일천이백만이 있다고 말하면서 나타났다. 한밤중이 되자 사람의 생명을 관장하고 사람 시체를 먹는 열두 부류의 다키니들이 나타났다. 그녀들은 자신들의 수가 오백만 오천오백 명이라고 말하면서 정기를 빨아먹고 살코기를 먹고 피를 마시고 뼈를 씹어 먹었다. 하늘과 땅이 이러한 무시무시한 다키니들로 가득 찼다. 자정이 지나고 나서부터는 세간의 다키니들과 동지 하지 등 열두 절기를 관장하는 다키니들이 자신들의 수가 각각 일천이백만과 십이만이라고 말하면서 나타났다. 그들은 사자와 같은 사나운 맹수나 가루다와 비슷한 여러 종류의 새들이나 사슴과 여우 같은 여러 종류의 산짐승들을 타고 나타났다. 온 세상이, 사람 머리 형상을 하기도 하고 동물 머리 형상을 하기도 한 갖가지 형상의 중생들로 가득 찼다.

새벽빛이 밝아올 무렵에는 상두바리 사방에서 다키니들이 오고 사대부주 팔대소주 열두 대륙에서도 다키니들이 왔다. 그들은 흰색, 붉은색, 녹색, 남색, 노란색의 서로 다른 색을 한 무리들로 구성되어 있었다. 흰색의 무리는 전부 흰색인 다키니와 절반만 희고 나머지 반은 각각 붉은색, 녹색, 남색, 노란색을 한 다키니들로 이루어져 있었다. 다른 색을 한 무리들도 그와 같은 모습으로 구성되어 있었다. 그들은 자신의 본성을 나타내는 뼈 장식, 머리 장식, 비단 숄과 속치마, 요령과 방울 등으로 장식하고, 여러 종류의 무기들과 정강이뼈로 된 나팔, 해골로 만든 북 같은 여러 가지 법구들을 들고 나타났다. 다키니들의 수가 헤아릴 수 없이 많으니 후에 사람들은 오백만이라고 하기도 하고 이십만이라고 하기도 하였다.

먼동이 틀 무렵에는 예순여덟 개 만다라의 다키니들이 그들의 우두머리인 "뻬마깔왕훈제가 옵니다" 하고 소리치면서 나타났다. 하늘 전체가 무지갯빛으로 가득 차고 땅 전체에 향내음이 자욱했다. 허공은 다키니들로 가득 메워졌다. 정오부터 저녁 사이에는 토지를 수호하는 여신 서른두 명을 필두로 헤루까 성지 열 군데와 큰 화장터 여덟 군데의 다키니들이 나타나더니 툰조에서 첸도에 이르기까지 가까운 성지에 있는 다키니들이란 다키니들은 죄다 몰려왔다. 그들은 땅이 거의 보이지 않을 정도로 사방을 가득 채웠다. 모두들 화려한 춤과 악기 연주, 아름다운 노래와 무용 등 갖가지 재주로 나에게 공양을 올리고는 여러 가지 공양물들을 여러 번에 걸쳐 올리면서 찬탄하였다.

이에 나도 가나뿌자(공양 의식)를 성대하게 올리고 신통력을 사용해 한 개의 붉은 설탕을 가지고 그 자리에 모인 모든 사람들을 다 충족시켜주었다. 다키니들도 커다란 지복의 수승함으로 사람들을 만족시켜주었는데 그들은 한 개의 해골바가지에 담긴 술로 모두를 흡족하게 해주었다. 그러고 나서 나는 다키니의 비밀 상징 관정을 설하였다. 그 자리에 모여 있다가 다키니의 무리들과 완전히 하나가 되는 경험을 한 사람들은 모두 구경의 불퇴전의 지위에 올랐다.

그러고 나서 음력 구일 저녁 삽부산 중턱의 동굴에 있다가 깎아지른 듯한 산 정상으로 올라간 나는 음력 초열흘날이 밝아오기 직전에 라마툭기둡바두찍이라는 만다라를 열었다. 그러자 수를 헤아릴 수 없을 정도로 많은 나찰들이 나타났다. 머리가 아예 없는 나찰이 있는가 하면 셋이나 다섯이나 아홉, 많게는 백 개까지 달린 나찰도 있었다. 또 손과 발이 없기도 하고 백 개 천 개나 되기도 했다.

나찰들은 "구루 빠드마삼바와께서 보내서 왔습니다" 하고 소리치더니 무리를 지어 나찰녀들의 여왕인 팅외발마를 모셔왔다. 그날 낮에 그곳에서 가나뿌자를 하고 나니 신심 있는 제자 열한 명과 여러 다카 다키니와 나찰과 잡신들 모두가 신심을 가지고 나에게 공경스럽게 절을 하였다. 그들은 눈물을 흘리면서 말했다.

께마께호! 지혜의 칸돌마시여!
우리 모두의 구루이신 예세초겔마시여!
티베트의 유일한 어머니이신 당신께서 하늘로 떠나버리시면

돌봐줄 사람 없는 어린 아기와 같은 저희들은 어찌합니까?

티베트를 더욱더 오래도록 지켜주시기를 청합니다.

만약 이제 더 이상 머물지 못하고 가셔야만 한다면

티베트 불법의 장래에 대해서 말씀해주십시오.

불법을 지킬 사람으로는 누가 나오겠습니까?

불법을 파괴할 못된 마구니로는 누가 나오겠습니까?

대처할 방도는 또 어떤 인연으로 나타날지 말씀해주십시오.

특히 당신의 화신은 어떤 모습으로 오게 됩니까?

그 이름과 장소는 무엇이며

중생을 위해 어떤 불사와 어떤 법을 펴시게 되는지요?

숨기지도 감추지도 말고 미세한 부분까지

모든 것을 다 말씀해주시기를 바랍니다.

장편과 단편, 중편 분량의 당신의 자서전과

어머니와 아들이 입에서 귀로 전수한 초기와 후기의 이전耳傳의 가르침과

칸도뚤구닝틱[181]의 가르침들을 입으로 전해야 합니까

아니면 보장으로 숨겨야 합니까?

인연 있는 이들에게 어떻게 전수해야 합니까?

보장으로 숨긴다면 어디에 숨겨야 할까요?

땔돈[182]으로는 누가 오며 그때에 어떤 징조가 있겠는지요?

미래에 관한 예언과 교훈을 자세히 말씀해주십시오.

이곳에 모인 금강형제들은 이제부터 무슨 일을 해야 할까요?

마음과 희망을 어디에 두고 살아야 합니까?

저희들이 죽을 때에 누가 장애를 없애주겠습니까?

께마께훼!
염탐꾼과 같은 저희들을 대자대비로써 굽어 살피소서.

이 질문들에 대한 자세한 답변은 『룽장첸모』(대예언서)를 보기 바란
다. 간략하게 요약하면 다음과 같다.

에마호!
산란해 하지 말고 들을지어다. 티베트의 신과 백성들이여!
잘 들으라. 신심 있고 선근이 있는 이들이여!
그대들의 어머니인 나, 초겔은
이백십일 년간 티베트를 지켜왔다.
법을 수호하는 황제이자 대세지보살의 화신인 티랄빠께서는
현교와 밀교를 하늘만큼 발전시킬 것이다.
그러나 그의 동생인 랑달마는 마구니의 화현으로
천 명의 신하들과 함께 무력으로 친족들을 살해하고
수도를 함락시켜 황위를 빼앗을 것이다.
이전에 있던 불교 성지와 경전들을 이름조차 남지 않게 없애고
열 개의 불선업과 오무간죄五無間罪[183]에 해당하는,
불법을 파괴하는 법률을 제정하여
수행자들을 죽이거나 노비로 만들 것이다.
라싸와 삼예에 있는 사원들을 파괴하여 불교를 쇠퇴하게 만들 것이다.
다행히 밀법을 수행하는 일부 사람들과
금강형제들이 있어 그 명맥은 유지할 것이다.

이 예언을 기억한 기도제가

마구니 황제를 죽이고 메캄 쪽으로 도망할 것이다.

메와 요 두 사람이 율장의 가르침들을 다시 정리할 것이다.

랑탕돌마라는 곳에 열 명의 승려들이 모일 것이고

웨와 짱 지방에 불교의 등불이 비추기 시작하여

티베트에 불교가 다시 흥성하게 될 것이다.

밀법에 대해서 해박한 능력을 가진 이들이 전국에 퍼질 것이나

정도를 벗어난 수행과 폐단 또한 생겨날 것이다.

빠드마삼바와의 말씀의 화신인

산타라시타의 환생자가 아띠샤[184]라는 이름으로 태어나

현교와 밀교를 정리하고 발전시킬 것이다.

나는 그때에 자야까라라는 이름을 가지고

돔족 번역가의 애제자로 태어날 것이다.

사람의 평균 수명이 칠십이 되면 불법이 흥하게 되고

현교와 밀교가 온 지구를 비추게 될 것이다.

사람의 평균 수명이 육십이 될 때에는

싸라고 하는 사람이 불법을 수호하는 황제로 와서

불교를 잘 지켜나갈 것이다.

왕족의 계승이 쇠퇴하고 홀빠족이

시주와 복전福田이 되는 인연을 맺게 될 것이다.

빠드마삼바와의 몸의 화신인 독미가 이 세상에 올 것이다.

람데 수행[185]이 발전하고 현교와 밀교의

경전을 공부하는 전통이 시작되어

거룩한 석가모니 부처님께서 온 것과 같이 될 것이다.

후에 불법이 전국으로 군데군데 흩어지게 되고

사람의 평균 수명이 오십이 될 때에

바즈라요기니(금강해모)의 본존 수행이 행해지게 될 것이다.

계율이 이전의 풍속대로 시작되어 지금과 같이 될 것이다.

남쪽의 산골짜기에서 빠드마삼바와의 마음의 화신이 나실 것이다.

마르빠[186]라고 불리는 사람이 태어나 밀교가 발전하게 될 것이다.

초겔은 그의 몸의 칸돌마로 올 것이다.

밀라래빠[187]라고 부르는 이가 고행으로 수행을 성취할 것이다.

빠드마삼바와의 공덕의 화신으로 닥뽀린포체[188]가 태어나서

드공, 딱룽, 까마, 둑빠까규[189] 등이 수미산 계곡에 물과 같이 나올 것이다.

지복으로 인도하는 불법의 바다가 차차 널리 퍼지게 될 것이다.

사람의 평균 수명이 사십이 될 때에

불법이 여기저기 흩어질 것이다.

불법이 주로 홀빠족과 몽고족의 유목민들을 의지하게 될 것이다.

티베트 국토가 부분 부분으로 나뉘게 되고

티베트 백성들이 태양처럼 전 세계에 퍼지게 될 때

빠드마삼바와의 사업의 화신으로 깔마가 와서

티베트 국토에 불교가 발전하게 될 것이다.

불법의 수명이 삼십 년 더 늘어나고

왕국 전역에 옴마니뻬메훔의 염불 소리가 가득하게 될 것이다.

사람의 평균 수명이 삼십이 될 때에

선업을 지닌 불법이 생겨날 것이다.

빠드마삼바와 자신이 티베트 중앙에 화신으로 태어날 것이다.

티베트 전역이 천상과 똑같이 평화롭고 행복할 것이다.

사홀족의 후예가 힘 있는 사람의 모습으로 와서

위짱과 캄 지역에 있는 불교를 파괴할 것이다.

그때에 དྲུག་དམག་མེ་འཛོན་ནོར་ཡི་ཐོབ་ཚོར་ཤེངས་ 190

티베트 사람들과 행복한 삶이 산산이 흩어지게 되고

모든 사람들이 홀빠와 몽고에서 의지처를 찾을 것이다.

사람의 평균 수명이 이십이 될 때에

빠드마삼바와의 마음의 화신 중 한 분이

효닥에서 태어나 모든 중생들을 행복하게 할 것이다.

리 지방에 팔에 점이 있는 황제가 와서 불법을 수호하고

끝까지 불교를 지킬 것이다.

사람의 평균 수명이 열 살로 줄어들 때에

복을 불러 모으는 화신이 땅의 진수를 모아들이고

검은 마구니 뒈좀낙뽀가 나타나서

갸추문깔이라는 어두운 시대가 닥칠 것이다.

그 후에 미륵보살이 와서 불법이 발전하게 될 것이다.

이러한 것들은 겉으로 드러나는 일반적인 현상이니 변천하는 상황과 오류를 피할 수 있는 방법은 빠드마삼바와의 말씀에서 찾아야 할 것이다. 진리의 말씀은 언제나 속임이 없는 법이다. 나 또한 자비로써 티베트를 버리지 않고 미래에 화신으로 와서 한 중생도 빠뜨리지 않고 방편의 빛으로 인도하여 행복으로 이끌 것이다. 특히 몸과 말, 마음의 화신 각각 다섯 명과, 공덕과 사업의 화신 각각 다섯 명, 이렇게

총 스물다섯 명이 와서 티베트 국토를 항상 지킬 것이다. 그들 각자는 다시 다섯 명의 분신으로 나뉘어 와서 천백만의 화신이 되어 중생들이 다 없어질 때까지 진리의 품안에서 그들 모두를 행복하게 하고 대일여래의 대법성의 지복으로 중생들을 다 섭수할 것이다.

간략히 말하면, 지금부터 오백 년 후까지는
티베트가 무기로 가득 찬 큰 요새같이 될 것이다.
온 땅과 산과 골짜기에 요새들이 가득 찰 때에 외도들과
마구니들이 중생들을 삿된 길로 이끌어 갈 것이다.
단견과 사견을 가진 외도들의 법이 온 땅 위에 퍼질 것이다.
그때 돌마라고 부르는 내 몸의 말의 화신이 나타날 것이다.
몸의 몸의 화신인 꾼가상모가 올 것이다.
몸의 마음의 화신인 빨모가 라싸에 올 것이다.
몸의 공덕의 화신인 부밍이 예루에 올 것이다.
몸의 사업의 화신인 땀율이 캄바에 올 것이다.
그리하여 심오한 밀승의 진리를 배우는 전통이 다시 시작될 것이다.
반야경의 심오한 진리가 조 지방에서 널리 설해지게 될 것이다.
사자獅子의 아들과 같은 네 명의 수승한 제자[191]들이 나타나서
가르침을 베풀고 중생들을 교화할 것이다.
그때에 티베트는 사흘의 시체들을 버리는 묘지가 될 것이다.
웨짱 지역이 주사위의 한 점과 같이 될 것이다.
부처님의 청정한 법이 타오르는 불꽃과 같이 번성할 것이다.
삿된 무리들의 장애가 먼지를 동반한 회오리바람처럼 소용돌이 칠 때

빠드마삼바와께서 예언한 백 명의 땔돈들이 올 것이며

밀교의 숨겨진 법들이 온 세상을 평화롭게 할 것이다.

백 명의 땔돈들이 발견한 것과 함께

다른 이들이 지어낸 거짓 보장들이 나와서 사람들을 속일 것이다.

나쁜 귀신들의 보장더미가 차츰 많아질 때에

나의 말씀의 몸의 화신이 낸닥이라는 이름으로 옹아리에 태어나서

진짜 보장과 위조된 것을 가려낼 것이다.

말씀의 말씀의 화신이 웨 지방에 비구니로 와서

우겐이라는 이름으로 수행도량을 만들고

밀법을 성취한 능력들을 보여줄 것이다.

말씀의 마음의 화신이 뻬마라는 이름으로 따쉐 지역에 태어나서

보장을 발굴해내고

선근과 인연이 있는 제자들에게 성취를 내릴 것이다.

말씀의 공덕의 화신이 부이라는 하천한 몸으로 꿍뽀 지방에 와서

땔돈들의 장애를 다 막아줄 것이다.

사업의 화신이 짱 지방에 나타나서 조모라는 이름으로

바즈라요기니의 수행도량을 만들어서 돼지의 얼굴 모습으로 나타나는

바즈라요기니의 본존 기도법과 공양 의식을

세상에 널리 퍼지게 할 것이다.

그 후에 외국 군대가 여름 바다와 같이 일어나서

티베트 영토를 침범할 것이다.[192]

사꺄파와 디공까규파 사이의 분쟁이 변방에서부터 일어날 것이다.

서로 다른 파들이 각각의 법을 지키게 될 것이다.

신파와 구파의 두 전승 사이에 편견과 파벌 다툼이 시작될 것이다.

법과 법 아닌 것이 구분이 잘 안 될 때에

마음의 몸의 화신이 냐세 지방에 와서

우겐이라는 이름으로 큰 성취와 풍부한 수행 체험을 보여줄 것이다.

마음의 말씀의 화신이 쏘남빨덴이라는 이름으로 북쪽 지방에 태어나서

보통 여인으로 살면서 인연이 있는 사람들에게

뜻 깊은 임종의 모습으로 성취의 징조를 보여주고

선근 있는 많은 사람에게 저도 모르는 사이에 성취를 내릴 것이다.

마음의 마음의 화신이 웨 지방에 에이라는 이름으로 와서

인연 있는 중생들을 다키니 정토로 데려가고

기맥 수행의 많은 해탈의 길을 보여줄 것이다.

마음의 공덕의 화신이 효당 지역에 와서 여러 가지 다른 모습으로

인연 있는 이들을 행복으로 인도할 것이다.

마음의 사업의 화신이 네팔에 태어나서

많은 중생들을 방편을 써서 불법으로 인도할 것이다.

그때 법을 수호하는 티송데쩬 황제가 다섯 명의 화신으로 와서

짱 지방의 통치자가 되어 반딧불과 같이 깜박거릴 것이다.

왕궁은 신기루의 건달바성과 같고

좋은 이야기들은 천상의 노랫소리와 같을 것이다.

박사들의 나쁜 충고는 독이 든 술찌끼와 같고

불법의 가르침은 꺼져가는 등불과 같을 것이다.

훌빠 지방의 시주자와 라마들이 비단에 수놓아진 문양과 같이

얼굴을 맞대고 지낼 때에

공덕의 몸의 화신이 웨 지방에 다키니로 올 것이다.

공덕의 말씀의 화신이 캄바 지방에 돌마로 올 것이다.

공덕의 마음의 화신이 네모 지방에 환생자로 올 것이다.

공덕의 공덕의 화신이 장 지방에 법을 설하는 라마로 올 것이다.

공덕의 사업의 화신이 짱롱 지방에 올 것이다.

그들은 모두 여러 가지 모습의 화신으로 와서

신통력과 예지력을 가지고 인연 있는 이들을 이끌어줄 것이다.

이러한 시기가 지나고 나서

티베트의 위아래 지역 모두가 산산이 흩어질 것이다.

산과 골짜기와 초원 등을 서로 차지하고

땅을 나누어 차지하는 풍토가 성행할 것이다.

인구조사를 하고 모두들 이 땅은 내 소유라고 등기부를 만들 것이다.

모든 물품들을 홀빠의 땅에 모아서 그들의 옷감을 만들 것이다.

종교간의 갈등으로 서로 싸우고

비구들이 군인이 되어 장군으로 활약할 것이다.

성직자들이 군대를 지휘하고

낙타가 짐을 실어 나를 것이다.

비구니들이 막일을 하는 노동자가 되고

평신도들이 법을 설하게 될 것이다.

아이들은 자발적으로 악업을 자행할 것이고

라싸는 물에 의해 무너질 것이고

삼예는 바람에 의해 파괴될 것이다.

탄둑도 지켜지지 못할 것이고

라싸 주변의 네 개의 성이 파괴될 때에

사업의 몸의 화신이 침부 지방에 올 것이다.

사업의 말의 화신이 응아리 지방에 올 것이다.

사업의 마음의 화신이 뿌오 지방에 올 것이다.

사업의 공덕의 화신이 캄바 지방에 나타날 것이다.

사업의 사업의 화신이 웨 지방에 여장군으로 올 것이다.

나의 화신들은 이렇게 여러 가지 다른 모습으로 와서

한량없는 중생들을 윤회계가 다한 곳으로 인도하고

인연 있는 이들을 모두 대락의 경지로 이끌 것이다.

또 여러 가지 다른 모습의 화신들이 숨겨져 있는 나라에 와서

선근이 있는 모든 사람들을 도와주고 장애를 없애줄 것이다.

이제부터 윤회계가 다 없어질 때까지

화신에 화신이 나툼이 헤아릴 수 없을 정도로 끊이지 않을 것이다.

미래에 기맥을 성취하는 수행을 하는 사람들에게

상근기의 사람에게는 직접 헌신하고

중근기의 제자에게는 비전[193]으로 나타나고

하근기의 제자들에게는 꿈으로 나타날 것이다.

보통사람으로 나타나든지 아니면 비밀스런 칸돌마로 변화하여 나타
나서

계율을 잘 지키는 수행자들을 보호하고 수행을 도와줄 것이다.

지복의 열이 빨리 생기게 하여 수행을 성취할 수 있도록 도울 것이다.

길고 짧고 중간 길이의 나의 세 가지 자서전 중에

긴 것은 삽부산에 숨겨놓고

간략한 것은 효닥남카에 숨겨둘 것이며

중간본인 이 책은 효롱캄에 숨겨둘 것이다.

이전耳傳의 가르침인 상하부의

칸도닝틱(다키니의 심인心印이라는 뜻이다)은

각자에게 전수한 구전의 가르침대로 해야 한다.

선근 복덕이 있는 장춥과 베와 마 세 사람이

때가 되었을 때 각각 큰 불사를 할 것이다.

특히 나의 이 자서전에는 아홉 가지 인연이 얽혀 있다.

먼저 체왕이라는 이름을 가진 사람이 이 보장을 꺼내게 되면

그 명성과 이익이 모든 왕국에 미칠 것이다.

적어도 중국 안쪽까지는 그 교화가 미칠 것이다.

만약 그와 인연이 안 되고 그냥 남게 되면

따시라는 이름을 가진 사람이 라또에서 나올 것이다.

머리를 땋아 올린 그가 보장을 꺼내게 되면

중생을 이롭게 하고 교화함이 웨와 짱, 캄바 지방에까지 미칠 것이다.

적어도 그 영향력이 네팔에 있는 중생들에게까지는 미칠 것이다.

그와도 인연이 안 되어 그냥 남게 되면

빠오라고 불리면서 도제라는 이름을 가진 사람이

효롱에 있는 설산의 남쪽에서 나올 것이다.

그가 보장을 꺼내게 되면 도캄에 널리 퍼질 것이다.

중생 교화가 최소한 홀빠 지방에서는 이루어질 것이다.

그와도 인연이 안 되면 샴뽀 지방에서

청정한 계행을 지키는 라자라는 사람이 꺼내게 될 것이다.

그도 안 되어 뿌오의 도제라는 이름을 가진 사람과

동쪽의 꾼가라는 이름을 가진 사람에 의해 발굴되게 되면
중생을 이롭게 함이 또다시 반으로 줄게 될 것이다.
그들에 의해서도 발굴이 안 되면
최후의 어느 때에 세 여인에 의해서 발굴되거나
스스로 나타나게 될 것이다.
그렇게 되면 발굴된 그 지역에만 영향을 미치게 될 것이다.
그 후에 예언된 소년 아홉 명이 동시에
한곳에 모여서 불법을 발전시킬 것이다.
특히 미래에 오백 년이 다섯 번이 될 때에
이곳에서 보아 동쪽에 있는 까톡이라는 곳에서
구루셍게다독[194]이 법을 설한 성지이고
빠드마삼바와께서 열세 번을 가피하신
셍게겡다산의 목 부분에 다시 심오한 보장으로 숨겨질 것이다.
그러다가 미래에 시절 인연이 도래했을 때에
빠드마삼바와와 내가 와서 중생을 교화하는 인연이 되어
그쪽 지역에서 불법이 성행하게 될 것이다.
담빠겔첸이라는 나의 화신이 나타나
대원만 수행인 아띠요가의 가르침을 끝까지 지킬 것이다.
선근이 있는 사람들이 차례로 나타날 것이고
나의 마지막 제자가 그곳에서 나타날 것이다.

많은 말들을 유언으로 남겼다.
이제 더 이상 머무를 방도가 없다.
열심히 기도하고 정진하도록 하여라.

이곳에 모인 이들과 미래의 제자들이여!

예언과 교훈의 말들을 마음에 그대로 기억할지니라.

그렇게 예언을 하고 나서 오른쪽에 있던 부탄 소녀 따시찌뗀의 몸에 손을 대었다. 그러자 남색의 여덟 잎을 가진 우담바라가 피어나고 꽃잎마다 종자자 '훔'자와 '팩'자가 새겨지더니 내 오른쪽 가슴으로 섭수되었다.

내가 다시 왼쪽에 있던 네팔인 제자 까라시띠에게 손을 대자 붉은색의 연꽃이 피어나더니 열여섯 장의 꽃잎마다 모음 열여섯 자와 종자자 '흐릿'자가 새겨진 모습으로 바뀌어 내 왼쪽 가슴으로 섭수되었다.

음력 구일 저녁 무렵 사대천왕을 위시하여 내적 외적으로 혹은 비밀리에 불법을 수호하기로 서약을 한 여덟 마구니 무리와 열두 부류의 신들이 나를 영접하러 와서 말하였다.

"응아얍링의 다키니 정토에서 영접하러 온 다키니 사자들이 모두 왔으니 성취자 팅외발마께서는 이제 가셔야 합니다"

이에 티베트의 신들과 사람들은 좀더 계시기를 아홉 번이나 간청했다.(간청한 내용은 다른 책에 기록되어 있다.)

짱의 도제랙빠, 동쪽에서 온 마첸뽐라, 남쪽의 롱메발, 북쪽의 초몐겔모, 서쪽의 강상하오, 웨의 렉진할랙, 녠의 탕하강을 비롯해 위력 있는 중요 토지신과 산신들, 그리고 지방신들이 티베트 전역에서 각자 권속들을 이끌고 나타났다. 나는 열두 명의 여자 호법신 뗸마 등이 질문한 내용에 다시 답변하면서 신들에 대해서도 많은 예언을 남겼다. 여기에서는 글이 너무 장황해질까봐 상세히 쓰지 않았다.

마침내 음력 십일 먼동이 틈과 동시에 네 명의 다키니가 여덟 장의 잎을 가진 연꽃 모양의 빛으로 된 가마를 내 앞에 내려놓았다. 나는 몸을 일으켜서 오른손에는 다마루(작은 북)를 왼손에는 까바라(해골바가지)를 들고 빛의 가마 안으로 들어가 앉았다. 그곳에 모여 있던 대중들이 소리 높여 통곡하기 시작했다. "아이고! 우리는 어떻게 하란 말씀이십니까? 티베트 백성들에게 어떻게 말을 하란 말입니까?" 하면서 울부짖었다.

이에 내가 말하였다.

께마!
잘 들으라. 티베트의 신심 있는 백성들이여!
나는 모든 것의 근본인 우주의 법성계로 돌아간다.
육신이 있음으로 해서 생기는 고통은 사라지고
유루의 초겔은 무루의 모습으로 피어난다네.
번뇌로 인한 고통과 전도망상이 사라지고
환과 같은 육신이 이제 사라지니
재앙을 소멸하기 위해 기도나 공덕을 짓거나
건강을 위해 진단이나 치료를 할 필요가 없어졌다네.
모든 중생들의 자성이 드러날 때가 왔으므로
만법이 실제로 존재한다는 집착이 사라진다네.
불법의 진수로 완성된 광명체의 몸에는
고름 덩어리로 가득 찬 가죽 포대도 시커먼 시체도 없다네.

어머니 초겔이 '아(ᄴ)'[195]자에 섭수되니
아! 나! 하고 말하는 소리조차 없어질 것이다.
외부의 사대四大(地水火風)와 내부의 사대가
어머니와 아들이 만나듯 하나가 될 때에
흙이나 돌처럼 남을 물질은 없다네.
구루린포체는 그 어느 때에도 대자비를 버리지 아니 하시므로
화신을 온 세상에 두루 나타내어 영접하신다네.

나, 오만한 여인이 제멋대로 행동한 결과로
생겨나는 쓸데없는 일들은 사라질 것이다.
티베트의 딸로 태어나 남편도 제대로 섬기지 못한 내가
대일여래 법신불의 황후가 되었네.
자만심과 속이는 마음으로 꽉 찬 시꺼먼 속을 가진 여인인 내가
그 속이는 마음에 의해 남서쪽으로 가게 되었다네.[196]
속은 텅 비어 있으면서 잘난 척하고 남을 업신여기는 내가
속임수를 써서 법성으로 섭수된다네.
티베트의 많은 사람들에게 버림받은 과부인 내가
확실한 부처의 지위를 얻게 되었다네.
이제 괴로워하지 말고 기도하라.
나는 신심 있는 이들을 저버리지 않을 것이다.
기원을 하면 반드시 그곳에 나타날 것이니라.
그러면 친구들이여! 각자의 처소로 돌아가 정진하여라.
그대들에게 행복과 길상함과 복덕이 증장하기를 기원하노라.

말을 마치자마자 쳐다보기도 어려운 찬란한 오색빛이 퍼지면서 초
겔이 순남색의 들깨 모양과 같은 곳으로 사라졌다. 네 명의 다키니도
연꽃잎에서 나온 빛과 함께 점점 높이 올라가더니 사라져버렸다. 그
자리에 모인 제자들은 한 목소리로 안타깝게 소리쳤다.

께마께궤!
어머니 예세초겔이시여!
정말로 야속하십니다.
당신의 자비가 그렇게 적단 말입니까?
티베트를 계속해서 수호해주지 않으시면
업장이 두터운 중생들은 누구를 의지하겠습니까?
어머니! 당신 혼자 정토로 가버리시면
청정치 못하고 거친 티베트는 누가 구하겠습니까?
어머니! 당신 혼자 청정한 법성으로 가버리시면
나쁜 업장만 성숙한 저들을 누가 인도하겠습니까?
어머니! 당신께서 극락세계로 가버리시면
고통스러운 윤회의 바다에서 전전하는 이들을 누가 인도하겠습니까?
어머니! 당신께서 상두바리 정토로 가버리시면
혼돈의 심연에 빠져 있는 티베트 중생들은 누가 인도하겠습니까?
어머니! 당신께서 구루린포체 앞으로 가버리시면
의지할 곳 없이 벌판에 버려진 이들을 누가 구하겠습니까?

께마께궤!

대자비로 다시 한 번 굽어 살피소서.

티베트의 행복을 위한 기원의 말씀을 부탁드립니다.

전 티베트 백성들에게 유언을 내려주십시오.

이곳에 모인 저희들의 괴로움을 없앨 방법은 무엇입니까?

어머니 수행자시여! 여전히 저희들을 자비로 섭수하소서.

하늘나라 상두바리로 저희들을 데려가주십시오.

　여제자들은 이렇게 소리 높여 외치면서 온몸으로 땅을 치며 통곡하였다. 그러자 빛덩어리 속에서 몸을 감춘 채로 내가 말하였다.

께마호!

께마! 티베트의 백성들은 잘 들으라.

위대한 성취자 나 예세초겔의 업보의 몸은

이제 업장과 번뇌가 없는 공성空性으로 돌아간다네.

법성의 세계에서 연꽃의 빛으로 성불하는 것이니

그대들은 너무 슬퍼하지 말고 행복하게 생각하여라.

한없는 고통 가운데 있는 티베트의 중생들이여!

갖가지 나쁜 업을 많이 지은 연고로

자신의 고통을 스스로 지었음을 알면

고통에서 구해주실 분 바로 불법승 삼보님뿐이라네.

희망과 확신을 가지고 일심으로 기도하라.

위대한 성취자 나, 예세초겔은

탁하고 거친 사대육신이 정화되어 하늘로 간다네.

신통력으로 화신을 나투어 중생을 이롭게 할 것이니
그대들은 너무 슬퍼하지 말고 기쁘게 생각하여라.
악업의 과보로 청정하지 못한 거칠고 무거운 이 육신이
번뇌의 근원이요, 악업이 변한 것임을 알면
과보를 없앨 방법은 바로 거룩한 부처님 가르침뿐이라네.
열 가지 선업과 구전을 열심히 수행하라.

위대한 성취자 나, 예세초겔은
선업의 과보가 성숙되어 법성으로 간다네.
불법을 위한 나의 행은 다함이 없이 계속될 것이니
그대들은 너무 슬퍼하지 말고 좋게 생각하여라.
많은 형태의 악업을 지음으로써
지옥으로 떨어질 씨앗을 성숙시켰음을 알면
삼악도를 정화할 방법은 몸과 말을 선업과 상응하게 하는 것뿐이라네.
몸과 말과 뜻을 하나로 하여 선행을 부지런히 닦으라.

위대한 성취자 나, 예세초겔은
청정한 땅 대락의 정토로 간다네.
나와 인연이 있는 제자들에게는 불퇴전의 방편을 가르칠 것이니
그대들은 너무 슬퍼하지 말고 행복하게 생각하여라.
끝없는 윤회로 이어지는 이 고통의 바다가
고통과 두려움 그 자체였음을 알면
윤회에서 해탈할 방법은 거룩한 스승뿐이라네.
원만한 자질을 갖추고 허물이 없는 스승님의 말씀을 잘 따를지니라.

위대한 성취자 나, 예세초겔은

허공에 있는 땅 상두바리 정토로 간다네.

청정한 연꽃의 꽃술에서 변화로 태어나게 될 것이니

그대들은 너무 슬퍼하지 말고 신심을 가져라.

거친 변방의 티베트는 투쟁과 고통의 땅,

더 이상 산골짜기에서 살고 싶지 않다면

쓸데없는 일은 그만두고 적정처에 머물면서

기맥명점 수행과 대수인, 대원만을 수행하라.

위대한 성취자 나, 예세초겔은

헌신하는 마음이 결실을 맺어 스승님의 자비를 뒤따를 수 있게 되었네.

스승이신 빠드마삼바와의 앞으로 가는 것이니

그대들은 너무 슬퍼하지 말고 기도하여라.

지켜줄 이 없는 물거품과 같은 이 업장의 몸이

언제 죽을지 모른다는 무상함을 깨달으면

실제로 항상 존재한다는 집착을 버리고 일생을 수행에 바치게 되리.

현상을 다 없애주는 아띠요가를 따라서 수행하여라.

께호!

울음소리를 내지 말고 잘 들어라.

나의 자비는 언제나 변함이 없단다.

지금 이 모습은 실집實執[197]을 가지고 있는 이들의 눈에만 그렇게 보일 뿐

나는 죽지 않고 그대들을 버리지도 않고 어디에도 가지 않는다.

기도하면 반드시 얼굴을 보일 것이다.

일심으로 헌신하면 원하는 것은 무엇이든지 다 내릴 것이다.
이제부터 세계가 다할 때까지 그렇게 할 것이다.
티베트의 땅, 관세음보살의 정토에
빠드마삼바와께서 교화할 시기가 성숙되었다.
거룩한 문수보살께서 주인으로 활동하시고
장엄하고 위력 있는 금강수보살[198]이 밀승의 주존이 되어
바다와 같은 불법 영원히 흔들림이 없으리.
외도들의 어떠한 삿된 견해도 장애를 일으키지 못하고
마구니와 그의 세력이 다 항복하여서
현교의 가르침이 힘있게 발전하게 되어 지이다.
그리하여 밀법을 성취할 수 있는 능력을 얻게 되어
전국에 수행도량이 두루 퍼지게 되어 지이다.

티베트 중앙에 사는 모든 사람들이
지금부터 미래세가 다하도록
슬픔과 기쁨의 증인으로 삼보님을 의지하게 하소서.
십선업을 부지런히 짓고 열 가지 나쁜 악업은 버리게 하소서.

안과 밖의 모든 일을 거룩한 가르침에 여쭙고
옳고 그른 두 가지 일은 빠드마삼바와의 말씀에 따를지니
개인의 행이나 대중 생활의 법도는 내가 정한 대로 맞추도록 하여라.
티베트의 네 행정구역의 법률은 불법에 의지해서 제정하라.
사방에 있는 마구니들은 진언의 위력과 신통력으로 조복받아라.
본존과 삼보의 자비로 반드시 막을 수 있으리라.

법을 행하고 수행도량을 운영할 때는 여법하게 해야 한다.
평범한 불자들은 청정한 지견을 불법을 통하여 배워야 한다.

한량없는 헌신을 웃어른들께 바치고
줄 것이 있으면 무엇이든지 낮은 중생들에게 보시하여라.
자신을 위해서는 육자진언(옴마니뻬메훔)을 모시고
거룩한 빠드마삼바와님께 일심으로 기도하라.
이곳에 모인 그대들은 강한 헌신으로 네 가지 관정[199]을 받을지니
목소리 높여 초겔의 이름을 부르며 기도하라.
마음을 하나로 모아 네 가지 관정을 청할지니라.
아무것도 생각하지 말고 시간에 맞추어 명상하고 정진하라.

훗날 다시 인연이 될 모든 티베트 백성들이여!
그대들에게 스승의 인연은 빠드마삼바와니
모든 중생들의 구루로서 모시고 열심히 수행할지니라.
각자 자신의 스승을 빠드마삼바와의 모습으로 관상하라.
그러면 자비로써 큰 가피를 얻게 될 것이다.
구루의 마음을 길고 짧은 법본에 따라서 수행하라.
그리하여도 한 생에 성불하지 못하면 내가 책임지리라.

진수 중의 진수인 구루시띠(빠드마삼바와 진언) 만트라를 수행하라.
음력 십일, 팔일, 보름날에는 가나뿌자를 해서 공양을 올릴지니
한 번의 공양 기도가 삼악도로 나는 문을 끊어서
반드시 불퇴전의 지위에 오르게 하리라.

이것은 확실하고 진실된 진리니 분명히 알아야 한다.
스승님의 마음의 진수인 이 구루시띠 만트라는

'훔'은 모든 삼세제불의 공통적인 생명이요,
'띠'는 본존과 모든 부처님들의 성취라네.
'시'는 모든 다키니들과 서원을 세운 수호신들의 사업이고,
'마'는 어머니가 변화해서 온 중생들의 환상을 끊는 종자자라네.
'뻬'는 모든 삼세제불의 청정한 국토의 종자자이고,
'루'는 업풍의 문을 닫는 종자자라네.
'구'는 지혜와 자비의 관정을 내리는 종자자이고,
'잘'은 파괴되지 않는 공성의 대수인의 종자자라네.
'벤'은 법성을 상징하는 대수인의 종자자요,
'훔'은 화신으로 중생을 교화하는 모습의 종자자라네.
'아'는 거룩한 법과 재물이 구족하게 모이는 종자자요,
'옴'은 대일여래의 본래 청정무구한 법신의 종자자라네.

빠드마삼바와 마음의 만트라 열두 자를 아래서부터 소리내어 읽기를
십만 번을 하면 몸과 말과 뜻의 업장이 정화된다.
이십만 번을 하면 삼세의 나쁜 업장이 다 없어지게 되고
삼십만 번을 하면 불퇴전의 지위에 안주하게 된다.
칠십만 번을 하면 이 생에 빠드마삼바와를 친견하게 되고
백만 번을 하면 네 가지 불사[200]를 성취하게 된다.
육백만 번을 하면 윤회계를 바닥까지 뒤흔들 수 있게 되고
천만 번을 하면 아미타 부처님과 똑같이 된다.

진실로 원하는 대로 모든 성취를 다 얻게 될 것이다.

이것으로 만트라의 공덕을 말하였다.

반대로 열반의 방편으로 독송하는 방법은 다음과 같다.

'옴'은 다섯 부처님들[201]의 몸의 총집이다.

'아'는 다섯 부처님들의 말씀의 총집이다.

'훔'은 다섯 부처님들의 마음의 총집이다.

'벤'은 생멸하지 않는 대수인이다.

'잘'은 금강의 자비의 사업이다.

'구'는 삼세의 스승이신 헤루까이고,

'루'는 근기를 성숙시키고 해탈시키는 명점의 진수이다.

'뻬'는 지복의 정토를 여는 것이고,

'마'는 흔들림이 없는 지복의 자궁에 머무는 것이다.

'시'는 자비의 큰 위력이고,

'띠'는 원하는 모든 것을 만족시켜 주는 성취이다.

'훔'은 본래의 자성자리를 확실히 인지하는 것이다.

이와 같이 이 만트라는 모든 것을 다 성취시켜주는 여의주[202]와 같은
진언이다.

그리고 더 나아가서 업의 근원인 십이연기가 정화되는,

십바라밀[203]의 주인인 대불모인 것이다.

그와 같이 무엇이든 생각만 하면 성취할 수 있게 되는 것이다.

그러니 이 자리에 모인 사람들과 미래세의 중생들 모두

이 진언을 열심히 수행할지니라.

이원화된 마음이 쉬지 않는 지금의 상태에서는
나와 헤어지는 것처럼 느껴지겠지만
마음을 기쁘게 갖고 생각을 바꾸어
상대적인 마음이 쉬고 나면
나와 둘이 아니게 될 것이다.
행복과 상서로움이 온누리에 가득하여 지이다.

말이 끝나자마자 허공에서 커다란 광명체가 강렬한 빛을 발하면서
남서쪽의 응아얍링 방향으로 사라져 더 이상 보이지 않게 되었다.

그 자리에 모인 사람들 모두 오랜 세월 티베트와 함께했던 예세초
겔의 거룩한 열반을 보고 수없이 절을 하면서 기원을 하였다. 크나큰
슬픔에 가슴이 답답해지고 고통마저 느껴졌다. 눈물이 앞을 가리고
숨을 쉬기가 어려웠다. 다리가 후들후들 떨려 몸을 지탱하기가 힘들
었다. 겨우 호흡을 가다듬고 샵부산에 있는 마음의 동굴로 고통스러
운 발걸음을 옮긴 그들은 저녁이 다 되어서야 그곳에 도착하였다.

베예세닝뽀와 라숨곌와장춥과 마린첸촉 세 사람은 구루와 다키니
의 만다라를 세워서 일곱 달 동안 수행하였다. 그리하여 구루 및 다
키니와 둘이 아닌 경계를 얻게 되었고 많은 예언과 인가를 받았다.

때마침 불법을 수호하는 티랄빠 황제가 첫 법률을 공포하고 나
서 번역가들을 궁중으로 초대하였다. 그곳에서 그들은 초곌의 열반
에 대해 이야기하였다. 몇몇 사람들은 무바마강 동굴에서 초곌이
법성편진상의 경지를 보이더니 몸이 사라져 성불을 하였다고 말했

다. 그리고 초겔이 남긴 코의 일부분과 이빨, 손톱, 머리카락 등은
다 사리가 되어서 중생들의 신심의 의지처가 되었다고 했다. 또 몇
몇 사람들은 닭의 해 닭의 달 초여드렛날에 가르침을 전수하고 초열
흘날 저녁에 마구니를 항복시킨 초겔이 그날 밤 자정에 법문을 하고
동틀 무렵까지 선정에 들었다가 깨달음의 정각을 얻고는 날이 밝자마
자 몸을 반듯하게 세우고 앉아서 열반에 들었고 육신은 사리 무더기
로 변하였다고 말했다.

베예세닝뽀와 마린첸촉, 오덴뻴기손누, 다차루빠도제빠오, 웨에서
온 니마와 리에서 온 여인 장춥과 여인 셀깔샤도제초 등 백여 명이나
되는 선근 있는 사람들이 모두 그때 그 자리에 있었다. 그래서 자신
들의 눈으로 직접 보고 들은 일을 여기에 적은 것이다.

이티 갸후햐 에왐 멘다
삼마야 갸 갸 갸

ཉྫ྄ཉྫྫྫ ་ ་ ་ ་ ་

초겔마의 가피를 입어 한 생에 수행을 성취한 나, 겔와장춥[204]은 삶과 죽음을 초월한 성취자이자 빠드마삼바와나 다름이 없는 효닥의 남캐닝뽀와 함께 이 책을 썼다. 우리는 초쎌마께서 말씀하신 것을 더하지도 줄이지도 않고 그 행적을 과장하지도 해설을 붙이지도 않고 진실 그대로 누런 종이에 전부 써서 추닥낙뽀(검은 물의 주인이라는 뜻)인 뚱규에게 넘겨주고 미래에 초겔마에 의해 예언된 사람[205]에게 전하라고 당부하였다. 이와 같은 말이 진실이라는 증거로 계인을 찍는다. 이 책이 미래에 선근이 있는 사람과 만나기를 기원합니다.

데하팀 이티 삽갸 떼갸

나는, 남녘 땅 험준한 바위 산골에서

열악한 환경에 날씨마저 암울하고

빠드마삼바와의 자비의 손길도 닿지 않는 곳,

사악하고 속이는 행위가 만연한 죄악의 산봉우리에,

눈 닿는 곳은 어디에나 어둠뿐,

부처님의 지혜 광명도 사라져버린 곳에서 태어났다네.

계율을 지키거나 법의 규제가 닿지 않는 깊은 산골짜기에

못되고 나쁜 악업이나 짓고 사냥질이나 하는 땅

검은 사람들이 검은 옷을 입고 사는 마을

거친 음식을 먹고 독한 술만 마시는 못된 풍속만 있는 곳,

악행으로 윤회의 업만 일삼는 그곳은

못된 이웃들과 불한당들만 산다네.

나쁜 친구들과 못된 부모를 가진 나는

일진이 안 좋은 날 업에 의해 태어난 그런 인간이라네.

빠오딱샴[206]이라는 검은 이름을 가진 내가

추닥낙뽀(검은 물의 주인)에게서 이 책을 받아서

그늘지고 어두운 바위틈에서

검은 먹으로 종이 위에 전부 베껴 써서

깜깜한 그믐날 밤 음력 스무아흐렛날 이 책을 완성하였다.

업장이 두터운 검은 중생들이 하나도 빠짐없이

악업이 다 없어져서 보리의 정각을 이루어 다 해탈하게 하여 지이다.

시주자들에게 진 빚과 업장이 다 정화되어

검푸른 법성의 위대한 성지에서

푸른 광채를 발하는 푸른 피부를 가진 다키니들과

그대가 구경의 진리 속에서 하나가 되어 지이다.

오늘 이 자리에서 진실하고 간절한 이 서원 이루어 지이다.

헤헤! 이 얼마나 놀랍고 경이로운 일인가!

나는 자연스러이 마음 나는 대로 말해본 것이다.

이 책은 빠오딱샴도제가 꺼낸 보장이다.

망가람 에밤 바하히 쏘띠 히띠 카탐

해제

만년설로 덮인 히말라야 설산 일대에 격리되고 척박한 땅이 있었다. 그곳에서 유목 민족인 티베트 백성들은 자연과 하나 되어 양과 야크를 방목하며 원시적이고 단순한 생활을 하고 있었다. 그들에게 불교 문화가 꽃피고 정신적인 지주가 된 배후에는 불보살의 화신이라고 믿어지는 여러 성현들의 지혜로운 인도가 있었다.

본래 티베트 땅에 자리 잡고 있던 본교는 잔혹하고 위협적인 종교였다. 나라를 사랑하고 백성들을 어여삐 여긴 티송데짼 왕은 토속 신앙인 본교를 누르고 자비롭고 은혜로운 종교인 불교를 받아들여야겠다고 원력를 세웠다. 왕은 최고의 수행자이자 성자로 유명한 빠드마삼바와를 인도에서 모셔온 후 왕실과 백성들 모두의 스승으로 삼고 구루린포체(구루란 인도 말로 스승을 뜻하고 린포체는 티베트어로 보배로운 존재라는 뜻이다)라고 불렀다. 빠드마삼바와의 뛰어난 신통력과 지혜가 아니었다면 티베트에 불교가 뿌리내릴 수 없었을 것이다.

그 빠드마삼바와가 티베트에 불교의 가르침을 전수하고 널리 펼 수

빠드마삼바와. 티베트에 처음으로 밀법을 전했으며 『티베트 사자의 서』를 남겼다.

있도록 결정적인 역할을 한 사람이 있었으니 그가 바로 이 책의 주인
공 예세초겔이다. 그녀는 빠드마삼바와의 영적인 아내이자 제자였고
수행의 도반이었다. 빠드마삼바와로부터 밀교의 모든 법을 전수받아
수행한 그녀는 커다란 깨달음에 이른다. 명실상부한 티베트 불교의
어머니로서 예세초겔은 제자들을 가르치고 성지들을 가피하여 티베
트 전역에 밀법이 전해지도록 하였다. 또한 빠드마삼바와에게서 직접
전수받고 지도받은 밀법을 구전과 보장 전승으로 전하여 현재까지 계
승되게 한 인물이기도 하다.

이 책은 바로 그 지혜롭고 아름다운 여인인 예세초겔의 일생을 사
실대로 기록한 자서전이다. 현생에 최고의 깨달음을 성취하고 부처로
서의 삶을 살다 간 한 여자 수행자의 발자취를 본인의 구술을 통해
서술해놓은 것이다.

이제까지 우리 곁에는 불보살님이라고 여겨지는 많은 성자들이 왔
다 갔을 것이다. 그중에 특히 관세음보살의 화신이라고 전해지는 성
인들의 고사가 많이 회자되어 왔다. 티베트 사람들은 초겔이 지혜의
상징인 문수보살의 반려자 양쩬마 여신의 분신이라고 믿고 있다. 중
국에서는 항상 비파를 연주한다는 길상천녀의 화신으로 알려져 있
다. 전해 내려오는 일화들을 보면 실제로 그녀가 양쩬마의 화신이라
고 믿어질 정도로 그녀는 지혜로운 행적을 많이 남겼고 중생들을 이
롭게 했으며, 신통력으로 수많은 이적을 행하였다.

날고기를 먹고 살던 티베트 백성들은 나찰의 후예로 자칭할 정도

로 야만적이고 완악한 습성을 가지고 있었다. 초겔은 그 거친 무리들을 어머니 같은 지혜롭고 자비로운 손길로 인도하여 관음의 후예로 탈바꿈시켰다.

그녀는 절망적인 상황조차 공덕을 짓고 수행할 좋은 기회로 삼을 줄 아는 지혜를 몸소 실천해 보여주었다. 수행에 대한 집념이 대단했던 그녀는 죽을 각오를 하고 그 어려운 수행에 임해 결국 성취해낸다. 설산에서 벌거벗은 채로 지내기도 하고 돌만 먹고 살기도 하는 등 참으로 어려운 고행을 견디어낸 끝에 초겔은 마음을 깨달아 부처의 지위에 오른다. 그녀는 배꼽불 수행으로 기맥을 정화하고 몸의 각 차크라를 열어 이백열한 살이 되도록 젊은 용모를 유지하였다. 그녀는 영적인 지혜와 탁월한 신통력으로 불교를 널리 펴고 중생들을 이롭게 하며 살다가 무지갯빛으로 화하여 상두바리 정토로 날아갔다. 연약한 여인의 몸으로 사바세계에 와서 어려운 고행을 견디고 수행을 성취하여 보살의 행을 보여준 그녀의 삶은 수행의 모범적인 과정을 제시해준다.

중생과 함께 호흡하며 어머니와 같은 부처의 모습으로 살다 간 그녀의 삶에 신화적인 요소가 섞여 있기는 하지만 그녀는 분명 실존 인물이다. 지복의 감로로 수행자들의 복음이 되어주는 수호천사였고 어머니와 같은 자애로움과 강인함으로 불모지에 밀법이 튼실하게 뿌리내리게 한 여인이었다. 지금은 하늘을 날아다니며 중생들에게 행운 열쇠를 전해주는 다키니가 되어 있다.

티베트 불교의 어머니 예세초겔

예세초겔이 구술한 내용을 받아 적어 보장으로 숨겨둔 이 책에는 흔히 성인들의 탄생 설화가 그렇듯이 신화적인 분위기가 물씬 풍기며, 티베트 풍의 전설적인 분위기도 배어 있다. 한국의 독자들에게는 이러한 언어나 분위기가 무척이나 낯설게 느껴질 것이다. 그러나 이런 면들은 읽어 나가면서 쉽게 익숙해지리라고 본다. 다만 너무도 고차원적인 수준의 수행담과 교리들이 밀교를 처음 접하는 이들에게 다소 어렵게 느껴지거나, 받아들이기 어려운 부분도 있을 것이다. 그러나 이 책에 나오는 구루 빠드마삼바와와 예세초겔의 수행담, 그리고 이 두 사람의 경계는 이미 범부들의 상대적이고 이원화된 개념을 초월한 경지이다. 남녀의 상에 대한 고정관념이나 깨끗하다거나 부정하다거나 하는 어느 한쪽에 치우친 집착 때문에 한쪽 밖에 보지 못하는 범부들의 경지가 아니라, 성인들의 원융하고 절대적 진리에 입각하여 그 모든 것이 둘이 아닌 경계임을 염두에 두고 이 책을 보아야 할 것이다.

혹자는 밀교에서 남녀의 몸을 이용하여 욕망을 수행의 길로 삼는 내용을 보고 밀교에 대해 왜곡된 시선을 보내기도 할 것이다. 그러한 수행이 밀교 수행의 한 부분인 것은 엄연한 사실이다. 그러나 중요한 것은 그런 수행을 할 수 있는 근기나 경계에 누구나 오를 수 있는 것은 아니라는 점이다. 실제로 여인의 몸을 이용한 까르마무드라 수행을 할 수 있으려면 몸과 마음을 자유로이 전환할 수 있는 수행력을 갖추어야 한다. 뿐만 아니라 눈 밝은 스승과 불보살님, 다키니(허공

동굴 수행의 성취자 독댄 얀틴 린포체가 스님과 마을사람들에게 기도 기피를 내리고 있다.

닝마파의 법왕 민링틴진 린포체가 장수성취 관정을 하고 있다.

을 날아다니며 수행자들을 옹호한다는 여자 호법신)들의 예언과 계시가 있어야 한다. 또한 이 수행을 할 수 있도록 허락을 해주는 관정 의식과 계율을 스승으로부터 받아야 한다. 그래야만 여법한 수행이 이루어지고 구루와 수호본존, 다키니들의 가피와 외호를 받아 수행을 성취할 수 있는 것이다. 이미 세속의 관념을 초월하여 남녀의 상이나, 더럽고 깨끗하고 높고 낮은 것에 대한 상대적인 개념에서 해탈한 수행자만이 극약을 해독제로 쓸 수 있다. 밀교가 훗날 많은 병폐를 낳으며 비판의 대상이 되기도 했던 까닭도 바로 근기가 안 된 이들이 수행을 빌미로 욕망의 노예로 전락한 데 있다.

예세초겔은 티송데짼 왕(747~797년) 시대에 살았던 인물이다. 밀교가 티베트에 전래된 초창기에는 빠드마삼바와가 전한 닝마파 수행이 주류를 이루었다.

그녀는 빠드마삼바와에게서 닝마파의 모든 수행을 총 망라한 아홉 단계 수행 차제(九次第乘)를 직접 전수받았다. 그리고 정진과 고행을 통해 모든 수행을 성취하고 초월적인 능력을 얻었다. 그런 후에 그 가르침이 미래에까지 잘 전수될 수 있도록 체계화하여 예언적인 계시와 함께 보장으로 정리해 숨겨두었다.

이 책은 예세초겔이 인간 세상에 오게 되는 탄생 설화로부터 이야기를 시작한다. 빠드마삼바와는 인간 세상에 밀법을 전파하겠다는 원력을 갖고 지혜의 여신인 길상천녀와 까르마무드라를 지어 티베트 땅에 예세초겔의 화신을 잉태시킨다.

칼라차크라 만다라. 우주를 상징하는 그림인 만다라는 기도의식때 부처
님을 청해 모시기 위한 공양물로 사용된다.

수행자들이 흔히 그렇듯이 예세초겔 역시 진리에 대한 열망이 남달
랐다. 그래서 아름다운 미모를 타고났음에도 불구하고 진리를 구하
겠다는 열망 때문에 평범한 여인네들처럼 가정을 이루기를 거부한다.
미모 때문에 제후들의 쟁탈의 대상이 되기도 했던 초겔은 우여곡절
끝에 왕에게 바쳐진다. 결국에는 왕에 의해 빠드마삼바와에게 바쳐져
밀법을 수행하고 전파하기 위한 그의 칸돌마(영적인 아내)가 된다. 빠드
마삼바와의 수행의 반려자가 된 초겔은 드디어 구루를 모시고 수행
에만 전력할 수 있게 된다.

빠드마삼바와로부터 또 다른 수행 도반이 될 아짜라를 찾으라는 계시를 받은 그녀는 아짜라를 찾아 네팔로 떠난다. 멀고도 험한 길을 홀로 가는 도중에 일곱 명의 강도를 만나게 된다. 그들은 굶주린 이리떼처럼 달려들어 그녀의 몸을 유린한다. 윤간을 당하고 나서도 그녀는 원망을 하기는커녕 오히려 그 강도들을 부처님으로 생각하고 금과 옷가지를 더 공양한다. 그러고 나서 아름다운 목소리로 법문을 해준다. 그녀의 아름다운 목소리에 매료된 강도들은 욕망과 성냄으로 어지럽게 섰던 털을 가라앉히고 고요하고 행복한 마음이 되어 법문을 다시 한 번 청한다. 강도들의 근거지까지 가서 설법을 해준 그녀는 그들을 제자로 받아들여 수행을 성취하게 해준다. 이러한 모습에서 그녀는 어떠한 경계에 부딪히더라도 중생을 먼저 생각하고 이롭게 하는 초월적인 지혜를 보여준다.

예세초겔은 이 자서전에서 밀교의 다양한 수행법을 생생하게 소개하고 있다. 비전을 통해서 다키니들에게서 계시를 받고 죽음을 불사한 극기의 고행을 하는 그녀의 모습은 우리들에게 경외감을 불러일으킨다.

그녀는 단전에서 지복의 열을 일으키는 수행을 하기 위하여 솜옷을 몇 겹 둘러 입고도 견디기 어려운 설산의 바위동굴에서 천 한 조각만 걸치고 수행에 정진한다. 그런 후에는 구업口業을 정화하기 위해 밤낮으로 만트라 수행을 하여 아름답고 지치지 않는 음성을 얻는다. 수행을 계속하여 어떠한 상황에서도 마음에 동요와 두려움이 없는 삼매력을 얻게 된 초겔은 마침내 스승 빠드마삼바와에게서 수명을

티베트 최초의 불교 사원인 삼예사원

자유자재로 다룰 수 있는 성취법을 전수받는다. 또한 가장 위력이 있는 분노존인 풀바금강을 수행하여 모든 마구니를 항복시킬 수 있는 힘을 얻어 티베트 땅에서 기득권을 행사하고 밀교를 배척하려던 외도들과 잡신들을 물리친다.

예세초겔의 전기를 통하여 우리는 티베트에 불교가 전래된 역사를 엿볼 수 있다. 이 책에는 불교를 수호했던 송짼감뽀 왕을 비롯해 티베트에 불교가 전래된 과정과 역사가 사실적으로 그려져 있다. 토속신앙인 본교와의 갈등과 대결 속에서 불교가 한때 쇠퇴의 위기를 맞은 적이 있었다. 그때 문수보살의 화현이라고 믿어지는 티송데짼 왕이 불교를 다시 부흥시키기 위하여 인도에서 불교학자들과 빠드마삼바와를 모셔와 최초의 불교 사찰인 삼예사원을 건립한다. 그곳을 근거로 하여 훌륭한 인물들을 출가시켜 승단을 조직하고 불교의 경전을 번역하고 인재들을 양성한다. 초겔은 빠드마삼바와의 뜻을 받들어 곳곳에 사원을 건립하고 승가 교육의 체계를 확립한다.

특히 본교와 불교 중에서 어느 종교가 정말로 티베트 백성들을 행복으로 이끌 수 있는 참다운 진리인지 가리는 공개 토론과 신통력 대결이 왕과 신하들과 백성들이 모두 보는 앞에서 치열하게 치러진다. 결국 교리 토론에서 승리하고 신통력 대결에서 초겔이 큰 활약을 한 불교가 본교를 완전히 소멸시키게 된다. 티베트 백성들은 본교 도사가 아녀자 하나 못 이긴다고 빈정거리며 불교를 인정한다. 이렇게 하여 불교가 티베트에 국교로서 자리를 잡게 된다. 그 뒤에 전국에 사찰이 건립되고 승려 교육기관, 수행도량이 많이 생겨났다. 특히 초겔에 의해 규모 있는 비구니 승단이 조직되고 비구니들의 교육과 수행이 활발해지자 초겔과 같이 성취한 여승들이 많이 배출되어 중생들을 이롭게 하였다.

빠드마삼바와는 다키니 나라로 가고, 티베트에 홀로 남은 초겔은 더욱더 완전한 깨달음을 얻기 위하여 수행에 열중한다. 수행을 성취한 뒤에는 중생들을 교화하고 실질적으로 이롭게 하기 위해 몸은 물론 목숨까지도 돌보지 않는 보시행을 한다. 이에 제석천왕과 용왕들까지 감동하여 그녀의 법을 옹호하는 수호자가 된다.

마지막까지 제자들을 지도하여 근기를 성숙시키고 구전으로 법을 전수했던 그녀는 설산 일대의 성지에 보장을 감추는 일로 자신의 행을 마무리한다. 그러고는 모든 불사를 원만히 회향하고 빠드마삼바와의 예언대로 이백열한 살을 일기로 상두바리로 떠난다. 떠나기 전에 마지막으로 빠드마삼바와의 만트라를 전수하고 그 수승한 공덕에 대하여 자세히 설해주면서 자신이 떠나고 난 후에 티베트 불교에 무슨 일이 일어날지에 대해 자세히 예언을 남긴다.

구파인 닝마파에 이어 새로운 수행 체계를 보여주는 신파 까규파가 마루빠(1012~1097년)라는 역경사에 의해 도입되어 밀라래빠라는 성취자가 나게 되고 그 제자인 감뽀빠에 의해 체계화될 것임을 예언한다. 또한 자신은 그때 마루빠의 부인인 다메마라는 여인의 몸으로 환생해 올 것이라고 말한다. 그리고 밀교가 빠드마삼바와의 예언대로 랑달마 왕(809~842년)에 의해 파괴되어 한때 쇠퇴하였다가 인도에서 온 아띠샤 존자에 의해 비구 전승이 겔룩파 이론의 토대가 된 후 다시 홍

예세초겔의 화신으로 알려진 칸드로 린포체(맨앞줄 오른편)와 그녀의 쌍둥이 자매. 서구식 교육을 받은 그녀는 티베트어와 힌두어는 물론 영어까지 능숙하게 구사한다. 현재 유럽과 북미 지역에서 법사로 활동하고 있다.

성할 것 등을 예언한다.

　이렇게 티베트 불교의 장래를 예언한 그녀는 제자들에게 어떠한 견해를 가지고 어떻게 수행하며 어떻게 행위를 해야 할지에 대해 지니칠 정도로 걱정하면서 자상한 유훈을 남긴다. 그러면서 언제든지 기도만 하면 그녀의 가피를 얻을 수 있고 그녀와 항상 함께할 수 있으리라고 제자들을 안심시킨다.

　이것이 예세초겔 전기의 전체적인 줄거리이다. 티베트의 전통과 문화, 특히 밀교 수행에 생소한 독자들의 이해를 돕기 위하여 내용을 간추려보았다. 여인의 모습을 한 수행자가 부처가 되는 과정을 자세히 보여주는 이 책은 수행의 길을 걷지 않는 이들에게도 살면서 가져야 할 행과 지견에 대해서 생각해볼 기회를 제공해줄 것이다.

이 책을 번역하게 된 동기는 예세초겔의 일생을 통해서 밀교의 진수를 조금이라도 소개할 수 있지 않을까 하는 바람 때문이었다. 이 책에는 부처가 된 예세초겔의 일생과 수행, 그리고 완전한 깨달음의 지혜가 녹아 있으며, 그녀와 빠드마삼바와의 가피와 공덕이 살아 숨쉬는 영적인 지침서라고 할 수 있다. 티베트 백성들에게는 예세초겔의 전기일 뿐만 아니라 티베트 불교의 장래를 예언한 예언서이다. 조상들의 지혜와 가피가 서려 있는 보물창고라 할 수 있다.

예세초겔을 접하게 되는 모든 이들에게 그녀와 빠드마삼바와의 영적인 가피와 계시가 반드시 있으리라고 믿는다. 특히 상대적인 경계를 초월하여 우주 법계와 하나인 절대적 법성의 세계로 돌아가기를 갈망하는 수행자들에게 각자의 근기와 복력에 따라서 반드시 소정의 이익이 있을 것임을 믿어 의심치 않는다. 그리고 물질 문명이 범람하여 정신적인 가치관이 설 곳을 몰라 방황하고 있는 이 시대에 우리들이 물질적인 한계를 뛰어넘어 영적으로 한 단계 승화할 수 있는 좋은 계기가 되기를 기대해본다.

1 '스승님이신 다키니들께 지극한 마음으로 절하옵니다'라는 뜻이다.

2 다키니란 허공을 날아다니며 수행자들을 수호하고 인도하는 여자 호법신을 지칭하는 말이다. 티베트 불교인 밀교의 가르침은 이 다키니들에 의해 수호되고 전수된다고 한다.

3 불교 용어로 삼신三身이라고 한다. 법신은 우주 법계의 불변의 진리 그 자체를 말하며, 보신은 원만한 과보果報로 공덕을 쌓은 부처님과 보살들의 장엄한 모습을, 화신은 중생들을 구원하기 위해 필요에 따라 모습을 변화하여 나타내신 부처님의 몸을 말한다.

4 불교에서 귀의하고 공경하는 세 가지 대상을 말한다. 불보는 부처님을, 법보는 부처님의 가르침을, 승보는 그 가르침을 지키고 따르며 수행하여 성취하신 스님들을 일컫는다.

5 밀교의 가르침을 대대로 전수해 내려오게 하신 스승님들을 가리킨다. 여기에서는 인도 출신으로 티베트에 밀교를 전수해주신 용수보살, 무착보살로부터 예세초겔에 이르는 스승들을 지칭한 것이다.

6 밀교에서는 원만한 성취를 이루신 부처님들께는 모두 불모佛母라고 불리는 영적인 아내가 있다고 본다. 불모도 그만한 수행을 성취하신, 지혜롭고 청정한 모습을 갖춘 여인이어야 한다. 그렇게 공덕과 지혜가 원만하신 두 분의 결합에서 생겨나는 희열을 지복이라 하고 그때에 생겨나는 큰 희열의 광명을 대락광명이라 하는데 이 광명을 통해서 지옥에서 고통받고 있는 중생들까지도 잠시 고통을 잊고 희열을 얻게 된다고 한다.

7 닝마파의 법신불 꾼두상보의 불모이다. 꾼두상보는 현교의 대일여래, 즉 비로자나불과 같은 존재이다.

8 한역으로는 금강요가녀라 한다. 다키니의 우두머리로 밀교에서는 그녀를 가피加被의 본존으로 모시고 수행한다. 특히 나로빠육성취법을 수행할 때 배꼽불을 일으키게 해주는 본존이다.

9 티베트 불교 닝마파의 최고 수행의 하나로 몸의 기와 맥을 정화하는 수행이다. 살과 뼈가 다 무지개 광명으로 변화하여 정토로 가는 수행 성취의 모습이다. 때로 손발톱이나 머리카락을 남기기도 한다.

10 예세초겔의 전기를 지키는 티베트의 두 수호신장이다. 닝카낙뽀돼제발와는 가슴에서 검은 악마들의 우두머리가 나오는 모습을 하고 있고, 돼곤생게동쩬은 사자의 얼굴을 하고 있다.

11 각 장의 끝부분에 새기는 직인과 같은 의미로 사용되는 말이다.

12 티베트어로 희유稀有하고 수승殊勝함을 찬탄하는 감탄사이다. 주로 불보살님이 나 정토세계를 찬탄할 때 쓴다.

13 빠드마삼바와의 다른 이름이다.

14 티베트 불교에서 가장 수승하다고 할 수 있는 특색은 바로 이 방편에 있다. 여러 가지 인연과 근기에 맞는 다양한 방편들이 있다. 여기서 말한 방편은 최고의 수 행을 성취한 수행자가 여인의 몸을 빌려서 성적인 에너지를 이용해 근본무명根本 無明을 타파하는 까르마무드라를 짓는 수행을 두고 한 말이다. 빠드마삼바와는 닝마파의 대표적인 전수자로서 특별히 많은 여인들에게 이 수행을 전수하였으니 이 책의 주인공인 예세초겔도 그와 함께 수행한 대표적 도반이다.

15 칸돌마란 무상요가부의 밀교 수행을 할 때 수행상의 배우자가 되어주는 여인으 로 불모佛母라고 번역되었다.

16 수행자들을 수호하는 가피의 본존으로 신봉되는 여신으로 하늘을 날아다닌다는 다키니, 즉 공행모空行母들의 우두머리이다. 또한 나로빠 육성취법의 첫 번째 수행 인 배꼽불 수행의 수호본존이기도 하다. 흔히 열여섯 살 된 붉은 몸의 소녀로 나타 나며 어미 돼지의 모습으로 화현한다 하여 금강해모金剛亥母로 번역되었다.

17 공덕과 지혜가 원만해진 보신 부처님들이 사는 세계로 모든 조건이 구족하고 원만한 청정 국토이며 보살의 원력과 수행의 공덕으로 이루어진 무량하고 장엄 한 정토. 예를 들어 아미타불의 극락정토는 법장비구의 마흔여덟 가지 큰 원 력이 성취되어 이루어진 보신불 정토라 할 수 있다. 불교에서는 부처의 경지에 오 르게 되면 누구나 보신불 정토에서 복락을 누릴 수 있으며 각자의 원력에 따라 중생들을 구제하기 위하여 사바세계나 여러 세계에 화신으로서 오신다고 한다.

18 문수보살의 칸돌마로서 지혜를 대표하는 여신이다. 탕카에는 비파를 들고 있는 길상천녀로 묘사되며 산스크리트어로는 사라스바티라고 한다.

19 티베트 최초의 사원. 빠드마삼바와의 신통력으로 상상을 초월한 규모로 지어졌 다 하여 '삼예'라 이름 붙였다고 한다. 7장에 그 건립에 얽힌 일화가 자세히 나온 다.

20 사업수인事業手印이라고 번역된다. 욕망을 도道로 삼는 밀교 무상요가부의 수 행 방법 중 하나로 실제 여인의 몸을 이용하는 쌍운雙運 수행법이다.

21 무루란 새지 않는다는 뜻으로 모든 번뇌와 업장이 다 청정해진 것을 의미한다. 상대적으로 유루란 아직도 번뇌와 업장이 남아 있음을 뜻한다. 예세초겔이 비록 범부의 몸을 하고 있긴 하지만 보살의 화신으로 오셨기 때문에 이미 모든 번뇌 와 업장이 다 청정한 상태임을 노래한 것이다.

22 깨달음을 성취하는 데 밑거름이 되는 공덕을 말한다. 즉 성불의 길을 가는 데 는 공덕이 노잣돈이나 식량 같은 역할을 한다는 뜻이다.

23 빠드마삼바와가 변화하여 나타내셨다는 여덟 분의 화신 가운데 한 분으로 붉은 얼굴을 한 아주 무서운 모습의 분노본존이다. 수행이나 불법에 장애를 주는 마구니들을 처단한 다음 정토로 보내 제도하는 일을 주로 한다.

24 불교학자들이 공부하는 학문으로 대오명大五明과 소오명小五明이 있다. 대오명은 공예학, 의학, 성률학, 정리학正理學, 불학을 말하는데 구역舊譯에서는 공교명工巧明, 의방명醫方明, 성명聲明, 인명因明, 내명內明이라 하였다. 소오명은 수사학, 사조학辭藻學, 운율학韻律學, 희극학, 성상학星象學을 말한다.

25 내전은 불교에 관련된 경전들을 말하고 외전은 불교 이외의 학문이나 교양에 관련된 서적들을 말한다.

26 불교의 우주관에서는 우주의 중심에 수미산이 있고 그 수미산을 둘러싼 바다에 네 개의 큰 대륙이 있다고 본다. 그 네 개의 대륙이 사대부주이며 각각 동승신주東勝身洲, 남섬부주南贍部洲, 서우화주西牛貨洲, 북구로주北俱盧州라 한다. 현재 우리가 사는 지구는 남섬부주에 해당된다. 팔대소주는 수미산 네 귀퉁이에 있는 여덟 개의 작은 대륙을 말한다.

27 이 모든 것을 칠정보七政寶라고 한다. 불교에서 세계를 다스린다고 하는 전륜성왕이 가지고 있는 일곱 가지 보배로 금륜金輪(금으로 된 법륜), 여의주, 왕후, 장군, 현명한 신하, 좋은 말, 코끼리를 말한다.

28 색色, 성聲, 향香, 미味, 촉觸을 상징하는 다섯 가지 공양물(거울, 비파, 소라에 담긴 향수, 과일과 비단)을 말한다.

29 티베트 사람들은 빠드마삼바와를 구루린포체라 부른다. 티베트에 불교를 전해주신 모든 이의 스승이란 뜻이다.

30 관정이란 밀종 수행에 입문하는 첫 번째 의식이다. 이를테면 입문식과 같은 것인데 스승과 수호본존에게 청하여 수행을 할 수 있도록 제자의 근기를 성숙시켜 주고 가피로써 성취를 도와주겠다는 것을 약속받는 의식이다.

31 닝마파에서는 불법을 아홉 가지 차제로 나눈다. 성문, 독각, 보살의 삼승과 짜리야탄트라, 끄리야탄트라, 요가탄트라의 삼외승三外乘과 마하요가, 아누요가, 아띠요가의 삼내승三內乘을 합해서 구승九乘이라 한다. 이 구승에서 삼내승을 제외한 것이 육승이다.

32 밀교 가운데 홍교紅教라 불리는 닝마파 계통의 수행 체계이다.

33 보리심이란 티베트 불교의 진수라 할 수 있다. 성불에 이르는 데 종자가 되는 마음으로 일체 중생을 고통의 바다에서 구제하여 다 성불시키기 위하여 부처와 같은 깨달음을 성취하고자 하는 마음이다.

34 세속 보리심은 중생과 부처를 둘로 보는 상대적인 마음으로 부처의 입장에서 중생을 제도하려는 보리심이다. 승의 보리심이란 절대적 진리의 입장에서 중생과 부처를 하나로 보는 마음으로 중생이 곧 본래 부처이므로 구제할 중생 같은

것은 없다는 것을 깨닫는 것을 말한다.

35 계율이라는 뜻으로 밀교에서는 스승에게 관정이나 법을 전수받게 되면 마땅히 지켜야 할 삼마야가 생겨난다. 스승님께서 어떤 일을 하라고 주시는 것도 삼마야의 한 부분이다.

36 밀교에서는 수행법을 전수하고 수호하시는 분이 본존불이라고 믿는다. 수행자는 그 본존불에게 기원하고 의지하여 가피와 수호를 받음으로써 성취를 이루게 된다. 예를 들면 티베트어로 뚬모라 부르는 배꼽불 수행의 수호본존은 바즈라요기니인데 수행자는 먼저 바즈라요기니의 관정을 받고 그녀의 만트라 기도를 해서 가피를 얻은 다음 배꼽불 수행에 들어가게 된다.

37 가피의 근본이자 스승님인 금강상사와 성취의 근본인 수호본존과 호법의 근본인 호법신장을 말한다.

38 붉은 얼굴을 한 관세음보살의 분노존. 머리에 말 머리를 이고 있어 마두명왕馬頭明王이라 한다.

39 티베트어로 툰콜이라 한다. 이것은 몸을 단련하여 기와 맥을 정화하는 수행으로 주로 무상요가부 수행에서 비밀리에 전수된다.

40 밀교 수행에서 중요한 부분을 차지하는 기도로 모든 불보살님과 구루와 수호본존, 호법신과 일체 귀신은 물론 모든 중생들에게 두루 공양을 올리는 의식이다.

41 보릿가루와 버터를 섞어 만든 공양물로 고산지대라 과일이나 과자가 귀했던 티베트에서는 이것으로 대신 공양을 올렸다고 한다.

42 한림팔식寒林八飾이란 분노존들의 여덟 가지 장엄물을 말하는데, 해골로 된 머리장식, 사람 머리로 된 목걸이, 코끼리 가죽 망토, 사람 가죽 망토, 호랑이 가죽으로 된 치마를 걸치고 사람 기름으로 연지를 바르고 피로 곤지를 찍고 사람 태운 재로 이마에 점을 찍어 번뇌와 마구니의 항복한 모습을 상징적으로 표현한다.

43 이것은 밀교의 무상요가부에서만 사용하는 것으로 더럽고 깨끗하다는 상대적인 개념을 타파하기 위하여 독으로 독을 공격하여 제거하는 수행법이다.

44 무상요가부의 밀교 수행은 좋고 나쁘다거나 더럽고 깨끗하다거나 하는 상대적 분별심을 초월하는 수행이다. 그러므로 번뇌가 곧 보리(깨달음)이며 욕망을 비롯한 다섯 가지 번뇌는 보리의 방편이니 버리지 말아야 한다는 것이다.

45 불교가 전래되기 전에 티베트에 있던 토속신앙이다. 흑교(黑敎)라고도 부른다.

46 부처님의 가르침은 크게 현교와 밀교 두 가지로 나뉜다. 현교는 그 진리를 누구나 알 수 있게 드러내어 설명한 것이고, 밀교는 근기에 맞추어서 그 수준과 인연에 맞는 사람만 알 수 있도록 비밀스럽게 전수되는 가르침이다.

47 죽음의 요령搖鈴을 가진 녹색 여신을 모신 법당.

48 보장寶藏이란 티베트 불교만이 가지고 있는 수승한 제도 중 하나로 경전이나 법구 등을 적당한 장소에 숨겨두는 것을 말한다. 시절 인연이 되었을 때 적합한

사람에게 계시를 주어 보장을 꺼내게 하고 근기와 때에 맞추어 법을 펴게 한다. 주로 예세초겔이 빠드마삼바와의 명을 받아 보장들을 감추었다.

49 밀교를 수호하는 열두 명의 여신이다. 원래는 지방신이었는데 불법과 수행자를 수호하겠다는 서원을 세워 호법의 여신으로 승격되었다고 한다. 밀교에서는 무상요가부 수행을 할 때 이 열두 명의 여신에게도 항상 공양을 올린다.

50 밀교에서는 남자의 성기를 '비밀스런 금강저' 혹은 그냥 '금강저'라 하고 여자의 성기는 연꽃으로 표현한다.

51 업장과 허물로 덮인 몸을 가피하여 범부의 업을 소멸하고 부처의 몸을 성취할 수 있도록 하는 가피 관정이다. 밀교에서는 이 신관정을 받아야 수행에서 자신을 부처님이나 본존으로 관상할 수 있도록 허락된다.

52 몸을 구성하고 있는 다섯 가지 요소를 말한다. 형상으로 나타나는 색온色蘊과 느낌을 주관하는 수온受蘊, 생각을 주관하는 상온想蘊, 활동을 주관하는 행온行蘊, 분별의식을 주관하는 식온識蘊이 있다.

53 밀교에서는 다섯 가지 지혜를 성취하면 누구나 오방불을 성취하게 된다고 하는데 그 오방불이란 동쪽의 아촉불, 서쪽의 아미타불, 남쪽의 보생불, 북쪽의 부동불, 중앙의 비로자나불을 말한다.

54 보병 관정이란 밀교에서 중생의 근기를 내적인 부분, 외적인 부분, 보편적인 부분으로 나누어서 성숙시켜주는 관정을 말한다. 만다라를 지어놓고 물이나 모자 등으로 제자에게 관정을 내리는데 몸의 모든 허물을 정화한 후 생기차제 수행을 하여 금강신을 성취하고 변화신을 나타낼 수 있도록 가피를 한다.

55 부처가 되기 전에 열두 가지 보살 단계를 거치게 되는데 대상적인 사물로 말미암아 마음이 다시는 흔들리지 않고 신심에서 물러나지 않는 상태를 부동지라 한다. 초겔은 초지부터 십이지까지 차례로 증득해간다.

56 우리 몸의 생명과 활동을 유지해주는 세 가지 요소이다. 기란 생명을 유지하는 정기를 말하고 맥이란 호흡과 기운이 들고나는 길을 말하며 명점이란 아버지에게서 받은 정자의 요소와 어머니에게서 받은 모혈인 붉은 빛 요소가 응어리진 점과 같은 모양으로 우리 체내에 존재하는 것을 말한다.

57 우리 몸에는 일곱 개의 차크라가 있다. 각 차크라마다 종자가 되는 글자가 있다. 예를 들면 이마에는 흰색의 '옴'자가 있고 목에는 붉은색의 '아'자가, 가슴에는 남색의 '훔'자가, 단전에는 녹색의 '호'자가 있다. 우리 몸의 기와 맥이 정화되어 차크라가 열리면 이러한 종자자들의 진동음이 저절로 울려 퍼지게 된다.

58 마하무드라라고 하며 밀교에서 추구하는 궁극적인 깨달음의 경계이다. 영원불멸의 불성자리를 이르는 것이다.

59 우리가 산란한 상태일 때는 분별의 에너지가 중맥의 좌우에 있는 맥으로 흐른다. 그러다가 수행을 하여 번뇌망상과 산란한 분별심이 사라지게 되면 좌우맥으

로 흐르던 에너지가 중맥으로 들어가게 된다. 이렇게 중맥으로 들어가는 에너지를 지혜의 기氣라고 한다.

60 빠드마삼바와가 태어난 나라가 우겐국(현재의 아프가니스탄)이므로 우겐린포체라고도 한다.

61 붉은 얼굴에 분노한 모습을 한 빠드마삼바와의 여덟 변화신 중 하나다.

62 진제헤루까란 상대적 개념을 초월한 절대진리를 성취하여 원만한 부처의 모습으로 오신 분을 말한다.

63 몸의 각 차크라가 열리면 공성과 함께 체험되는 네 가지 희열을 얻게 된다. 정수리 차크라가 열리면 초희初喜를 얻게 되고 목 차크라가 열리면 수희殊喜를, 가슴 차크라가 열리면 승희勝喜를, 단전 차크라가 열리면 구생희俱生喜를 얻게 된다. 공성을 체험하는 정도가 커질수록 희열도 커진다고 한다.

64 성불에 이르는 다섯 단계 중 두 번째 단계이다. 첫째는 자량을 쌓는 자량도이고 둘째가 수행에 힘을 더하는 가행도加行道이다.

65 무상요가부의 관정을 받게 되면 비밀 법명을 준다. 제자가 이 이름을 기억해두었다가 중음의 길이나 저승사자 앞에서 이 이름을 대면 좋은 곳으로 환생하는 데 도움이 된다고 한다.

66 호흡을 통해서 아래로 흐르는 기는 끌어올리고 위로 흐르는 기는 끌어내려 병처럼 만든 아랫배의 단전 부위에 가두어두는 단련을 뒤풀이하는 것을 말한다. 이렇게 함으로써 좌우맥으로 흩어지던 산란한 기운들이 중맥으로 모이게 되고 지복의 열인 배꼽불이 힘을 얻게 된다.

67 자량도와 가행도 다음에 오는 단계이다. 이 단계에 이르면 진여眞如의 이치를 체달하고 온갖 지식을 갖추어 번뇌의 모든 장애를 끊고 올바른 소견만을 갖게 된다.

68 십무명 다음으로 일어나는 십이연기 가운데 두 번째 단계이다.

69 성불을 하게 되면 다섯 가지 몸[五身]을 얻게 되는데 바로 법신, 보신, 화신, 자성신과 법계체성신이다.

70 빠드마삼바와의 다른 이름. 뻬마뙤탱짤이라고 하기도 한다.

71 닝마파 수행의 최고 단계로 티베트 말로 족첸이라 부른다.

72 닝마파 수행의 최고 단계인 족첸 수행을 말한다.

73 밀교에서는 최고의 수행을 하기 전에 본존불과 상응하여 가피를 청하는 만트라 수행을 하도록 되어 있다. 여기에서 빠드마삼바와는 초겔에게 닝마파의 최상승법인 족첸 수행 아띠요가에 들어가기 위해서는 먼저 비밀스런 만트라 수행을 열심히 하여 그 위신력의 가피를 더 입어야 한다고 하신 것이다.

74 허공을 날아다니는 남자 호법신을 지칭하는 말이다. 다키니에 대비하여 다카라고 부른다. 여기서는 지혜와 선근이 출중하여 밀교를 수행할 때 그 비밀스런 수

행의 도반이 될 수 있는 조건과 자격을 갖춘 남자를 말한다.

75 여자 수행자를 지칭하는 말이다. 남자 수행자는 요기라고 한다.

76 불교에서 말하는 다섯 가지 지혜 가운데 하나이다. 모든 분별망상이 정화되면 차례로 성소작지成所作智, 평등성지平等性智, 묘관찰지妙觀察智, 대원경지大圓鏡智, 법계체성지法界體性智의 다섯 가지 지혜가 생겨난다고 한다.

77 밀교에서 신봉하는 최고의 부처님이다. 그의 만트라를 백자명百字明이라 하는데 모든 부처님의 만트라가 다 여기에서 파생되었다고 한다. 그래서 백자명 만트라를 한 번 하면 모든 부처님의 만트라를 한 번 한 것과 같아서 업장을 소멸하는 데 특효가 있다고 한다. 밀교를 수행하고자 하면 먼저 이 만트라를 십만 번 내지 백만 번을 하여 업장을 소멸해야 한다.

78 모든 현상을 항상적으로 보는 상견常見과 공과 단멸한다는 생각에 집착하는 단견斷見의 두 가지 극단적인 견해를 말한다.

79 '구루이신 빠드마삼바와님께 귀의합니다'라는 뜻.

80 밀교의 수행차제는 크게 둘로 나눌 수 있는데 바로 생기차제와 원만차제이다. 생기차제란 범부로서 업장을 소멸하여 자량을 쌓고 정진하여 부처의 과위를 점차적으로 성취해가는 수행으로 선불교에서 말하는 점수漸修에 해당된다. 원만차제 수행이란 돈오頓悟법으로 중생이 곧 본래 부처라는 것을 깨달아 본연의 자성광명과 지혜에 바로 들어가서 안주하는 수행법이다.

81 본래 닝마파에서 전수된 수행으로 후에 까규파의 나로빠에 의해 나로빠 육성 취법으로 정리되어 전수되었다. 티베트 밀교를 수행하는 무문관 수행자들은 대부분 이 법을 필수적으로 수행하도록 되어 있다. 비밀스런 법이므로 수행하는 방법이나 자세한 내용은 직접 구루에게서 전수받은 수행자만이 보고 들을 수 있다.

82 중간 상태란 뜻으로 사람이 죽어서 다시 태어날 몸을 받기 전의 중간 단계를 말한다. 흔히 중음신中陰身의 상태라고 말한다.

83 의식을 전이하는 수행법이다. 정토 수행에서 주로 사용되는데 언제 죽더라도 의식을 바로 아미타불의 극락정토로 옮길 수 있도록 평소에 포와법을 단련한다.

84 실제 여인의 몸을 통하여 성적인 에너지로 몸을 정화하고 지복을 통해 공성을 증득하는 수행법이다.

85 밀교에서는 범부들이 정화해야 할 대상을 네 가지 단계로 나눈다. 첫째는 무명이요, 둘째는 분별망상 하는 마음이며, 셋째는 꿈의 경계이고, 넷째는 남녀의 상에 집착하는 것이다.

86 닝마파만이 가지고 있는 특별한 수행이다.

87 티베트에서는 매월 음력 십일을 빠드마삼바와에게 기도 올리는 날로 정하여 공양 올리는 의식과 기도를 한다.

88 부처의 지위에서 얻어지는 네 가지 몸으로 법신, 보신, 화신, 법계체성신을 말한다.

89 예물로 쓰는 명주 수건. 길고 클수록 더 큰 정중함을 상징한다.

90 밀교에서는 무슨 일이든지 시작할 때의 인연의 조짐을 중요시하여 그 인연을 자세히 살핀다. 그것을 연기緣起라 하는데 인연이 처음에 어떻게 시작되었는지 보고 미래에 전개될 일을 예견한다. 빠드마삼바와는 황제가 밀교를 청하면서 올린 공양물을 보고는 새로 빚은 술은 독해서 빨리 사람을 취하게 하니 밀교가 왕성해지기는 할 것이나 앞으로 폐단 또한 많이 생길 것이라고 미래의 인연을 예견한 것이다.

91 주로 닝마파 무상요가부의 분노본존 수행들이다.

92 마음을 보여주는 법문이라고 할 수 있는데 바로 불성자리를 인지하게 해주는 법이다.

93 불교에서 수미산이라고 부르는 성스러운 산으로 힌두교와 이슬람교, 불교에서 공통적으로 성지로 꼽는 설산이다. 초겔은 주로 이 성산 근처에 많은 종류의 보장들을 감추었다.

94 대부분의 밀교 수행법은 이와 같이 내수행, 외수행, 비밀 수행 세 단계로 나뉜다.

95 호랑이 굴이라는 뜻의 딱창은 빠드마삼바와께서 직접 가피하신 곳으로 지금까지도 이적과 영험을 보이신다는 성지이다.

96 안타까움을 나타내는 감탄사인 듯하다.

97 사원이나 탑 등을 진언을 하거나 절을 하면서 오른쪽으로 도는 기도를 말한다. 우리 나라의 탑돌이와 비슷한데 티베트 밀교에서는 탑뿐 아니라 법당이나 산과 같이 좀더 먼 거리를 돌기도 한다.

98 몸의 기맥을 정화하여 각 차크라를 여는 수행을 말한다.

99 뚬모란 '맹렬한 불' 혹은 '사나운 불'이라는 뜻으로 우리 몸 안에 있는 비밀스런 지복의 열이다. 주로 배꼽 아래 단전에서부터 일어난다. 호흡을 단련하여 뚬모의 열이 일어나게 하고 그 열로 기맥을 정화하면 몸의 각 차크라가 열리게 된다. 인도의 요가에서 말하는 쿤달리니도 이 뚬모를 말하는 것이 아닌가 싶다.

100 금강살타는 업장이 완전히 정화되었을 때 성취하게 되는 본초불이다. 본연의 지혜란 바로 본초불이 지니고 있는 본연의 청정 무구한 지혜를 말한다. 금강살타의 만트라를 백자명百字明이라 하는데 모든 부처님의 만트라가 다 여기에서 파생되었다고 한다.

101 실질적인 행위를 생각으로 대신하여 수행하는 법을 관상이라 한다.

102 빠드마삼바와의 정토인 상두바리를 말한다. 다키니들의 정토라 하기도 하고 혹은 미래에 지구를 멸망시키려고 하는 나찰들이 사는 나라라고 하기도 하는데 그 나찰들을 통치하여 지구를 지키기 위해 빠드마삼바와가 그곳으로 가시는 것

이라고 한다.

103 번뇌가 없고 전혀 흩어지거나 무너지지 않는 마음 상태를 말한다.

104 밀교 의식에서 많이 행하는 기도로 산스크리트어로는 가나뿌자라고 한다. 많은 공양물을 준비하여 구루와 불보살님, 본존불, 호법신들에게 널리 공양하고 잡신이나 귀신들에게 시식을 하게 하고 자신도 그 공양물을 먹음으로써 가피를 입게 된다.

105 밀교의 사대부파 중 행부行部에 해당된다. 외적인 의식과 내적인 선정 수행을 중요시하는 파이다.

106 밀교의 사대부파 중 요가부[瑜珈部]에 해당된다. 외적인 의식보다 내적인 선정 수행을 중요시하는 파이다.

107 밀교의 사대부파 중 사부事部에 해당된다. 외적인 의식을 중요시하는 파이다.

108 대유가승大瑜珈乘이라 번역되며 닝마파의 구차제승九次第乘 가운데 하나이다.

109 미타인이라고도 한다. 명상 수행에 많이 사용되며 왼손과 오른손을 포개고 엄지손가락을 마주 댄다.

110 불교뿐만 아니라 외도 수행을 통해서도 얻을 수 있는 공통적인 성취 여덟 가지를 말한다. 보검寶劍, 환약丸藥, 안약眼藥, 신족통행神足通行, 금단金丹(돌 등의 기를 섭취할 수 있는 것), 비유飛遊(하늘을 나는 것), 은신隱身, 토행土行(땅속으로 다니는 것)이 그것이다.

111 수류유가승隨類瑜珈乘이라 번역되며 닝마파의 구차제승 가운데 하나이다.

112 티베트어로 '뵈모'는 '티베트의 여인'이라는 뜻이고 '직메마'는 '두려움이 없는 여인'이라는 뜻이다.

113 티베트 지방에 사는 잡신이었는데 후에 밀교의 호법신이 되었다.

114 착하고 지혜로우며 복이 있는 현숙한 여인으로, 생김새나 마음씨 등이 허물이 없고 청정하여 수행의 반려자가 될 수 있는 여러 가지 자질을 구족한 여인, 즉 칸돌마를 말한다. 티베트에서는 다키니 종성의 특성을 상세히 설명해놓은 기록을 흔히 찾아볼 수 있다.

115 공성과 대락을 하나로 닦는 쌍운 수행이다. 이때 여성은 공성의 몸으로, 남성은 대락의 금강저로 상징된다. 성적인 강렬한 에너지를 통하여 기맥을 정화하고 지복의 대락을 통해서 공성을 증득하게 하는 무상요가부의 한 수행법이다.

116 금강분노존과 같은 힘을 갖춘 여인이라는 뜻이다.

117 실제로 예세초겔은 이백열한 살까지 열여섯 살 난 소녀의 모습으로 살다가 상두바리 정토로 갔다고 전해지며 현재에도 팅외발마라는 다키니로 나타나 수행자들을 수호하고 가피한다고 한다.

118 푸른 광채가 나는 생명의 주인이라는 뜻.

119 음역하여 희걸파希杰派라 한다. 십이 세기 초에 인도의 파담바상게라는 조사
　　가 티베트에 와서 창립했다. 반야경의 교의를 수행하여 생사열반의 일체 고뇌를
　　끊자는 학파이다.

120 범어로는 '바즈라다라'라고 하는데 양손에 금강저를 엇갈려 들고 계신 모습을
　　하고 있다. 금강저를 들고 계신다고 하여 지금강불이라 한다. 보신 부처님을 친
　　견할 수 있을 만큼 근기가 성숙된 중생들을 위해 석가모니불께서 밀교의 법을
　　바즈라다라의 모습인 보신불의 몸으로 나타내어 법을 설하셨다고 한다.

121 아미타불의 다른 이름. 무량한 수명을 가지고 계신다 하여 무량수불 혹은 장
　　수불이라 한다.

122 분노존을 상징하는 보통명사로 위력과 힘을 가지고 불법을 수호하고 마구니와
　　번뇌를 항복시키는 부처님이다.

123 닝마파에서 말하는 유학위에서 무학위에 이르는 중간 단계에서 증득하게 되
　　는 네 가지 성취 중 하나이다. 나머지 세 가지 성취는 이숙지명異熟持明, 대인지
　　명大印持明, 임운지명任運持明이다. 수명자재 성취란 말 그대로 자신의 수명을
　　자유자재로 다룰 수 있는 성취이다. 그래서 초겔은 이백열한 살까지 살다가 상두
　　바리 정토로 갔고 현재에도 자유로이 현신한다고 전한다.

124 실제 남녀의 몸을 이용하는 수행 방법이다. 성적인 에너지를 이용한 희열을 통
　　하여 공성을 깨닫게 하는, 밀교의 무상요가부에 있는 수행법 중의 하나이다.

125 무상요가부의 분노본존이다. 몸의 아랫부분이 풀바금강저로 되어 있어 풀바
　　금강이라 한다. 풀바금강저가 마구니를 찍어 죽이는 데 사용되는 법구인 것처럼
　　풀바금강 수행도 주로 번뇌의 적과 마구니를 항복시키고 수행의 장애를 물리치
　　기 위하여 하는 수행이다.

126 흔히 라마 댄싱이라 부른다. 빠드마삼바와가 마구니들의 항복을 받아내기 위
　　해 직접 추었다는 춤인데, 수행을 하기 전에 수행터를 정화하기 위한 검은 모자
　　의 춤, 공양 올리는 다키니들의 춤, 분노본존들이 마구니들의 항복을 받는 춤, 해
　　탈의 기쁨을 표현하는 해골 유령들의 춤 등이 있다.

127 풀바금강 수행의 하부 탄트라인 듯하다.

128 빠드마삼바와의 여덟 분의 변화신 가운데 하나로 붉은 얼굴을 한 분노본존이
　　다.

129 이 예언대로 후에 티베트에 랑달마라는 이름을 가진 왕이 나타나 불교를 탄
　　압하고 파괴하였다.

130 기와 맥이 정화되고 미세해지면 육신이 빛과 같이 가벼워진다. 그리하여 자유
　　롭게 빛으로 변화할 수 있게 되고 하늘을 날 수 있게 되는 것을 무지개 몸을 성
　　취하였다고 한다. 이러한 성취를 하려면 반드시 호흡을 단련하여 뚬모를 일으키
　　는 수행을 해야 한다.

131 땅, 물, 불, 바람, 허공의 다섯 가지 요소.

132 법신, 보신, 화신을 성취한 것을 말한다.

133 닝마파의 생기차제 수행을 통해서 얻어지는 세 가지 삼매로 진여眞如삼매, 현위現位삼매, 인위因位삼매를 말한다.

134 닝마파의 대원만 수행에서 말하는 네 가지 현상 가운데 하나. 일체 현상들이 다 광명점으로 화하여 심식心識에서 거짓으로 만들어낸 모든 법이 법성 경계에 두루 편만하게 되는 경계이다. 이러한 법성이 더욱 증장되어 느낄 수 없을 정도로 극에 달하게 되면 법신이 드러나게 된다고 한다.

135 닝마파에서 말하는 네 가지 성취 중 하나로 무학위에 속한다. 구경의 과위인 오신五身을 임운성취하면 지금강불의 지위에 오르게 된다고 한다.

136 티베트의 이십팔 대 왕이다. 티베트 역사에 기록된 것에 의하면 이 왕 때에 처음으로 불교가 티베트에 전래되었다. 그러나 그때는 문자가 없었기 때문에 불경이나 진언 등을 아는 이가 없어서 단지 신비한 물건으로만 여기고 법당에 모셔두기만 하였다고 한다. 그러다가 그의 오대손인 송짼감뽀 왕 때에 이르러서 토미 삼보타에 의해 문자가 발명되어 불경이 번역되기 시작했다.

137 살생하지 말라, 도둑질하지 말라, 거짓말하지 말라, 삿된 음행을 하지 말라, 이간질하지 말라, 악한 말을 하지 말라, 속이는 말을 하지 말라, 욕심내지 말라, 화내지 말라, 어리석게 집착하지 말라고 하는 열 가지 덕목을 잘 지키는 것을 열 가지 선업이라 한다.

138 티베트에 본래 있던 토속신앙으로 흑교黑敎라고 번역된다. 본교는 교리나 신앙 체계가 불교와 일맥상통하는 백색본교와 불교를 완전히 적대시하는 흑색본교로 나뉜다. 꼬라를 돌 때도 불교도들은 오른쪽으로 도는 데 반해 본교도들은 왼쪽으로 돈다고 한다.

139 관세음보살의 눈물이 변화하여 생겨났다는 보살이다. 관세음보살의 분신 중 한 분으로 중생들의 고통과 어려움을 잘 헤아려서 기도를 잘 들어주신다고 한다. 그래서 인도, 네팔, 티베트 등지에는 따라보살에 얽힌 영험담과 성지가 많다.

140 '돌마'는 따라를 말하고 '하캉'은 신전이다. 즉 따라보살을 모신 곳이라는 뜻이다.

141 까규파 전승에서 내려오는 최고의 수행은 대수인이고 닝마파에서는 대원만, 겔룩파와 샤카파에서는 대중관이다.

142 송짼감뽀 왕의 대신 가운데 하나로 일찍이 왕명을 받들어 인도로 유학하여 범어와 불교에 정통하였다. 티베트로 돌아온 후에 불경을 번역하기 위하여 범어의 자모음과 티베트어의 운율을 결합하여 티베트 문자를 만들었다. '토미'는 씨족 이름이고 '삼보타'는 티베트 학자라는 뜻으로 인도 사람들이 그를 존경하여 붙인 호칭이다. 티베트 역사에서 일곱 명의 훌륭한 대신 안에 드는 인물이며 티베트에

불교를 전파하고 정착시키는 데 결정적인 역할을 했다.

143 불교 교리에 통달한 승려로, 중국에서는 삼장법사, 우리 나라에서는 승가대학의 학장 스님 격이다.

144 불상은 부처님의 몸을, 경전은 부처님의 말씀을, 탑은 부처님의 마음을 상징한다.

145 티베트어인 '진색'은 음식이나 약초 등을 태워서 시방에 계신 모든 불보살님께 공양 올리는 의식을 말한다. 이 진색의식을 함으로써 수행적으로는 인색한 마음이 없어지고 또 수행하는 가운데 알게 모르게 범한 허물들도 정화된다고 한다.

146 이것을 티베트 말로는 땜델 즉 연기緣起라고 하는데, 중요한 일이 진행될 때에는 매 순간이 미래와 깊은 관련이 있다고 보는 것이다. 여기서도 중요한 순간에 산란해진 황제가 마지막 기도를 청하는 것을 잊어버린 것이 후에 정법과 함께 마구니도 성행하는 인연의 계기가 되었다고 보고 있다.

147 재가에 있으면서 밀교를 수행하는 이를 독댄이라 한다.

148 티베트에서는 라마들의 법력과 지위를 의자의 높이로 대접하는 관습이 있다. 이러한 관습에 따라 빠드마삼바와와 켄보 보디사뚜와 비마라메따 세 분은 똑같이 큰 스승으로 모셔서 황금의 법상에 앉으시도록 하고 다른 라마들은 지위와 법력에 따라 방석의 개수를 달리하게 한 것이다.

149 조모는 티베트에서 여승을 부를 때 쓰는 말이다.

150 스승님께서 구술하시면 제자가 귀로 들어 받아 지니는 전승 수행법을 말한다.

151 중생들을 섭수하는 네 가지 부처님의 가르침을 말한다. 즉 자비로 섭수하고 희사(기쁘게 버림)로 섭수하며 애어법愛語法 즉 사랑스럽고 부드러운 말로 섭수하고, 동사법同事法 즉 함께 일하고 함께 느낌으로써 섭수하라는 것이다.

152 칸돌마가 될 수 있는 다키니 종성을 갖춘 여인의 특성 가운데 하나이다. 연꽃 종성과 소라고둥 종성, 코끼리 종성 등 여러 가지 종성으로 다키니의 특성을 분류한다.

153 라마는 스승을 의미하고 공빠는 생각이라는 말의 존칭어, 뒈빠는 모아놓은 법본이란 뜻이므로 '스승님의 마음을 전하는 법'이란 뜻이 아닌가 싶다.

154 보장들은 대부분 다키니 문자로 씌어 있어 보장을 꺼내는 땔돈들만이 해독할 수 있다고 한다. 이 예세초겔 전기도 보장으로 발견되었는데 역시 다키니 문자로 씌어 있었다고 한다. 원본의 첫머리에 다키니 문자가 기록되어 있다.

155 모두 티베트 고어의 다른 양식 문자들이다.

156 불공 성취란 다른 종교를 신봉하는 외도들은 할 수 없고 오직 불교 수행자만이 할 수 있는 특별한 최고의 성취를 말한다. 예를 들면, 번뇌가 다 없어져서 다시는 윤회계에 빠지지 않는다는 누진통漏盡通 같은 것이다.

157 밀교의 수행법은 스승이 제자에게 직접 전하는 구전 전승과, 적합한 시절에 제

자의 인연이 되었을 때 숨겨진 보장을 꺼내어 전수하는 보장 전승의 두 가지 방법으로 전승되어 내려온다.

158 티베트 불교의 진수라 할 수 있는 것으로, 스승과 마음이 항상 통하고 하나가 되는 수행이다. 모든 스승님의 대표로 빠드마삼바와를 머리 위에 관상하며 빠드마삼바와의 만트라를 한다.

159 빠드마삼바와는 왕이 입는 복장을 하고 있다. 이 옷은 사울국의 왕이 드렸는데 여기에 얽힌 고사가 있다. 사울국 왕에게는 만다라화라는 예쁜 공주가 있었다. 그녀는 결혼하기를 마다하고 오직 수행만을 원했다. 빠드마삼바와가 그녀가 수행하는 동굴에 나타나서 대원만 수행을 가르쳐주었는데 왕은 남자와 부정한 짓을 한 줄 오해하고 진노하여 공주는 감옥에 가두고 빠드마삼바와는 잡아다가 화형시켰다. 그런데 칠일 밤낮을 태워도 몸에 불이 붙지 않더니 오히려 연못이 생기고 아름다운 연꽃이 피어났다. 빠드마삼바와는 그 연꽃 속에 공주와 함께 있었다. 이 광경을 목격한 왕은 도인을 몰라본 죄를 뉘우치고 빠드마삼바와를 모신 수레를 자신이 직접 끌었고 새 옷 한 벌을 바쳤다고 한다.

160 '옴아훔 벤자구루뻬마시띠훔'이라는 빠드마삼바와의 만트라이다.

161 부처님들이 중생을 위하여 행하는 네 가지 사업이다. 식息은 번뇌와 고통을 없애주는 것이며 증增은 공덕과 복을 증장해주는 것, 회懷는 힘과 위력을 갖게 해주는 것, 주誅는 마구니와 장애 등을 없애주는 것이다.

162 중국에서 승려를 일컫는 말이다.

163 중국의 선종을 말한다. 참선을 통하여 마음을 깨닫게 되면 한순간에 부처의 지위에 오를 수 있다고 하는 불교의 한 종파이다. 삼매와 비파사나를 점차적으로 수행하는 단계를 밟아 부처의 지위로 올라가는 밀교와는 대조적인 견해를 갖고 있다.

164 인도의 대 불교학자 까마라실라가 전수한 밀교의 한 종파로 선교와 달리 점차적인 수행 체계를 주장하는 파였다. 그래서 깨달음을 중요시하는 중국의 선불교와 삼예사원에서 공개 토론을 벌이게 된다(792~794년). 중국의 선불교가 티베트에 정착하지 못한 이유를 티베트의 역사책에서는 그 공개 토론에서 까마라실라가 승리한 것에서 찾고 있다.

165 '종'은 부락을 나타내는 단위이고 '룽'은 언덕이 있는 야산을 말한다.

166 빠드마삼바와가 탄생하였다고 전해지는 곳으로, 현재의 아프가니스탄이다.

167 공성을 깨닫게 되는 최고의 경지를 말한다. 한역으로는 대수인이라 하는데 까규파에서 최고로 치는 수행이다.

168 불보살님께서 제자의 머리에 손을 얹고 장래에 부처가 되리라는 예언과 함께 축복을 해주는 의식이다.

169 빠드마삼바와는 네팔에 있는 장수 동굴에서 만다라화의 도움을 받아 수행한

후 죽지 않는 몸을 성취하셨다고 한다. 이로 인해 만다라화는 장수를 성취시켜 주는 여왕이라는 뜻의 둡뻬젤모라 불리게 되고 수행자들에게 수명장수의 가피를 내리는 다키니로 알려지게 되었다.

170 티베트 불교에서는 법을 전수하여 마음을 전한 제자들을 아들이나 딸로 지칭한다. 그만큼 마음으로 아끼는 제자라는 뜻이다.

171 불교에서 존경을 표하는 방식이다. 부처님 생전에도 법을 청하려는 제자들은 먼저 오른쪽으로 세 번 돌았다는 내용이 불경에 나온다.

172 수행을 성취하여 얻는 특별한 능력을 말한다. 이를테면 신통력 같은 것이다.

173 까르마무드라를 수행할 때 수행자는 자신이 범부의 모습으로 성행위를 즐기는 것이 아니라 본존의 모습으로 대락광명을 수행한다고 관상해야 한다.

174 밀교는 크게 짜리야 탄트라, 끄리야 탄트라, 요가 탄트라, 무상요가 탄트라 네 가지로 분류한다. 그중에 행부行部 요가라고 한역된 끄리야 탄트라는 청정한 계행을 지키며 내적인 선정을 수행하는 요가를 말한다.

175 한번 들으면 잊지 않는 수행력이다. 수행을 통해서 얻기도 하고 문수보살이나 그의 불모 양쨴마의 가피를 통해서 얻기도 한다고 한다.

176 스승인 구루린포체 및 다키니인 예세초겔과 하나가 되는 수행법이다.

177 구루(빠드마삼바와) 및 칸돌마(예세초겔)와 헤어지지 않게 되는 수행 성취법이다.

178 마하무드라의 지견 성취법이다.

179 쌍신 수행을 같이 한 도반이라는 뜻으로 방편은 남성을 지혜는 여성을 상징한다.

180 기맥성취 수행을 하여 분별의 기를 정화하고 광명의 무지개 몸을 성취하는 것을 말한다.

181 '다키니 화신의 마음의 진수'라는 의미로 여기서는 초겔의 마음을 전하는 법을 뜻한다.

182 숨겨진 보장들을 예언에 의해 발굴하는 사람을 말한다.

183 불교에서 무간지옥에 떨어진다고 하는 다섯 가지 대역죄를 말한다. 아버지를 죽이거나 어머니를 죽이는 것, 부처의 몸에 피를 내는 것, 아라한을 죽이는 것, 승가의 화합을 깨뜨리는 것이 그 다섯 가지 죄이다.

184 티베트에서 초기에 전해진 불교가 쇠퇴하고 후기에 전해진 불교가 간신히 명맥을 이어가고 있을 때 왕인 예세위가 인도에서 가장 훌륭한 스승인 아띠샤를 모셔오게 한다. 아띠샤는 수명이 단축되는 것을 무릅쓰고 노구를 이끌고 티베트로 와서 가르침을 펴고『보리도차제광론』의 전신인『보리도등론』을 저술한다. 그 법이 겔룩파의 원조인 쫑카바에게 전수되어『보리도차제광론』으로 출간된다. 티베트 불교의 중흥조인 아띠샤는 순수한 비구의 전통을 세운 겔룩파의 이

론적 기초를 마련한 위대한 스승이다.

185 밀종의 네 파 중 하나인 사꺄파 전승에서 하는 수행으로 한역으로는 도과道果 수행이라고 한다. 인도의 비와빠에게서 『희금강탄트라경』에 의거한 도과금강계구道果金剛偈句와 탄트라 석문요약釋文要略 및 도과교언道果教言을 전수받은 낙뾔빠와 돔비빠가 티베트로 전수하였다. 그 후 번역가 독미가 받아서 사꺄파의 꾼가닝뽀에게 전수하였다고 한다.

186 까규파 전승의 세 번째 조사로 생명의 위험을 무릅쓰고 인도에 세 번이나 법을 구하러 간다. 나로빠에게서 법을 전수받고 티베트로 돌아와 불경을 번역하고 그 법을 밀라래빠에게 전수했다.

187 까규파의 대표적인 성자이다. 마르빠의 제자로 고행을 통해서 한 생에 모든 수행을 성취하고 많은 제자들을 배출한다. 우리 나라에도 밀라래빠 십만 송과 전기가 번역되어 출판되었다.

188 밀라래빠의 수제자 감뾔빠의 다른 이름이다. 닥뽀란 의사라는 뜻인데 감뽀빠가 한의사였으므로 그렇게 부르는 것이다. 그는 본래 겔룩파의 전신인 까담파에서 법을 배웠는데 후에 밀라래빠의 법을 이어받아 까규파의 모든 이론을 정리하였다. 그의 제자들은 까규파를 분화해 네 개의 큰 파와 여덟 개의 작은 파를 창립하였다.

189 까규파는 네 개의 큰 파와 여덟 개의 작은 파로 갈라져 전수되었는데 바로 그 네 개의 큰 파들이다.

190 다키니들의 비밀 문자로서 보장에서 사용되는 문자이다. 땔돈들만이 이 글자를 알아보고 일반인들이 볼 수 있는 문자로 번역한다.

191 마르빠의 사대 제자로 옥췌꾸도제, 출뙨왕기도제, 메뙨첸뽀, 밀라래빠를 말한다.

192 현재 티베트의 상황과 같이 중국에게 침략을 당할 것을 예언한 것이다.

193 명상이나 만트라 수행 중에 보이는 현상을 말한다.

194 빠드마삼바와의 여덟 화신 중 하나로 남색 얼굴을 한 분노본존이다.

195 '아'자는 티베트어의 자음 가운데 마지막 글자이다. 공성을 상징하며 모든 현상계의 구경의 본성자리로서 법신法身의 종자자이다.

196 우리의 부정적인 생각이나 행위 등이 성불의 밑거름이 된다는 의미이다. 대승불교에서 말하는 '번뇌가 곧 보리'라는 의미와 일맥상통하는 것이다.

197 내가 항상 존재함으로써 모든 현상계도 존재한다고 믿는 외도들의 견해. 모든 것이 연기에 의해 존재한다고 보는 불교에서는 나도 없고 현상도 없다고 본다. 공성에 근거하여 연기법이 일어나고 연기에 의하므로 본성이 공하다고 보는 것이다.[緣起性空, 空性緣起]

198 대세지大勢至보살의 분노존이다. 밀교의 경전들은 금강수보살이 집대성하였

다고 한다.

199 몸과 말, 마음을 정화하고 가피해서 수행을 성취할 수 있도록 허락해주는 관정 의식에는 일반적으로 네 가지 종류가 있다. 붐바 관정, 만트라 관정, 문자 관정, 지혜 관정 또는 비밀 관정이 그것이다.

200 부처님들이 중생을 위해 펴는 네 가지 불사를 말한다. 식업息業은 중생들의 번뇌를 소멸시켜주는 일이고, 증업增業은 자량을 증장시켜주는 것이고, 회업懷業은 중생들에게 위력을 얻게 해주는 것이고, 주업誅業은 장애가 되는 마구니와 번뇌를 없애주는 것이다.

201 다섯 방향에 계신 부처님으로 오방불五方佛이라고 한다. 동방에는 약사여래불이, 서방에는 아미타불, 남방에는 보생불, 북방에는 부동불, 중앙에는 비로자나불이 있다.

202 원하는 것은 무엇이든 다 성취시켜주는 보배 구슬이다.

203 부처가 될 수 있는 이상적인 행을 바라밀이라 한다. 보시, 지계, 인욕, 정진, 선정, 반야바라밀행의 여섯 가지에 방편 바라밀, 원顯바라밀, 역力바라밀, 지智바라밀 네 가지를 더해 열 가지 바라밀이라 한다.

204 초겔의 제자로서 남캐닝뽀와 함께 그녀가 구술한 내용을 받아 적어 이 책을 정리한 인물이다. 그래서 여기에 후기를 쓴 것이다.

205 후에 땔돈인 빠오딱샴도제가 이 책을 발굴한다.

206 '호랑이 가죽을 걸친 용감한 청년'이라는 뜻을 가진 이름이다.

깨달음에 이르는 길 | ༄༅།ལམ་རིམ་ཆེན་མོ།། | 람림첸모
총카파 지음 / 청전 옮김 / 신국판 변형 / 양장 / 1000쪽 / 55,000원

티베트 불교 저술의 백미로 꼽히는 『람림(LAM RIM)』을 완역한 책. 저자는 전통적인 인도의 불교체계를 바탕으로 티베트 불교 스승들의 말씀과 전통교리에 자신의 의견을 더하여 이 책을 완성하였고, 부처님의 가르침과 인간의 본성을 상세하게 분석하고 있다.
이 책은 좀더 높은 차원의 티베트 불교의 독특한 밀교수행 수행단계를 소개하지만, 대중적인 가르침을 중점적으로 담고 있다. 결국 모든 인간에게 소중하게 부여된 궁극적 깨달음을 향한 자유의 길을 제시하며, 수행자들에게 훌륭한 지침서가 되는 책이다.

위대한 스승의 가르침 | ༄༅།།ཀུན་བཟང་བླ་མའི་ཞལ་ལུང་།། | 꾼상라매샐룽
뺄뛸 린뽀체 지음 / 오기열 옮김 / 신국판 변형, 양장본 / 672쪽 / 30,000원

티베트 불교에서 스승은 붓다와 같은 존재이다. 그런 붓다의 핵심 가르침은 오직 살아있는 존재에 대한 자비심을 갖추고, 실상에 대한 바른 생각인 공성의 견해를 확립한 사람들에게만 그 의미가 드러날 수 있다. 때문에 금강승의 길을 따르고자 하는 사람은 대승의 현교 경전과 그에 관한 인도와 티베트 논사들의 해설서를 듣고 공부하고 수행함으로써, 먼저 바탕을 마련해야 하는데, 현교와 밀교 경전은 광범위하기 때문에 많은 티베트의 위대한 성취자들은 핵심적인 요점을 압축하여 요약했다. 이 책은 그런 핵심 가르침을 간직한 티베트의 스승이 하나하나 풀어 설명한 것으로, 현교와 밀교를 이어주는 가교역할을 하는 안내서이다.

까말라실라의 수행의 단계 | ༄༅།བསྒོམ་རིམ།། | 곰림
까말라실라 지음 / 오기열 옮김 / 신국판 변형 / 양장 / 312쪽 / 18,000원

『수습차제』는 후기 인도불교의 유가행중관파에 속한 대학자 까말라실라의 저작이다. 유가행중관파는 까말라실라와 그의 스승인 산따락시따에 의해 대표되는데, 수행론에 관한 한 유가행파의 관법을 계승하면서 궁극적인 것의 해석에 있어서는 중관의 해석을 따르고 있다고 평가된다. 불교 수행법의 정수인 지·관의 수습이 어떻게 이루어져야 하는가를 다루고 있다는 점에서 대승불교 수행에 관심을 가진 사람들에게 좋은 길라잡이가 될 수 있다. 나아가 티베트의 불교 수용사에서 삼애의 종론으로 상징되는 인도불교와 중국불교의 논쟁은 커다란 의의를 갖고 있는데, 인도불교를 대변해 종론에 참여한 까말라실라의 관점이 여기에 표현되어 있고, 이를 바탕으로 티베트 불교가 발전하기 시작했다는 점에서도 중요한 사상사적 의미를 지닌 작품이다.

선한마음 | The Heart is Noble
까르마빠 지음 / 까르마 빼마 돌마 옮김 / 320쪽 / 값 18,000원

17대 까르마빠가 규또 사원을 찾아온 미국 대학생들과 3주 동안 함께 지내면서 학생들의 관심사에 대해 했던 법문을 토대로 엮었다. 우리 자신의 선한 마음을 알아보고 그 마음과 이어지는 데 가로막고 있는 모든 것들을 없애고, 이 선한 마음을 다른 사람들에게 열 수 있는 방법을 알려준다. 자기 자신을 바꾸는 것으로부터 이 세상을 바꾸고자 하는 모든 이들에게 권한다.

번뇌를 지혜로 바꾸는 수행 | Turning Confusion into Clarity
욘게이 밍규르 린포체 지음 / 까르마 빼마 돌마 옮김 / 532쪽 / 18,000원

기초수행에 대한 포괄적인 가르침, 기초수행을 전통적인 방법으로 바르게 수행하는데 꼭 필요한 지침과 독자들에게 영감을 주는 추억담과 위대한 스승들의 일화, 린포체 자신이 체험한 영적인 길에 대한 통찰이 담겨 있다. 집을 지으려면 튼튼하고 견고한 기초가 필요하듯 수행에도 튼튼하고 든든한 기초가 있어야 한다. 이 책은 행복과 깨달음의 길에 이르는 안내서이다.

마하무드라 예비수행 | The Torch of Certainty
잠곤 꽁툴 린포체 지음 / 까르마 왼땐 옮김 / 240쪽 / 12,000원

티베트 불교에서는 모든 종파들이 기초 명상을 다루고 있는데, 이 책은 그 중 까규파의 기초 명상수행인 《4가행》의 실제수행 대한 지침과 이론적인 설명을 담았다. 그리고 저명한 라마들의 인터뷰 내용을 통해, 수행자들이 궁금해 하는 질문에 답을 줄 것이다.

까르마빠 존자님께 배우는 사가행 수행
까르마빠 오갼 틴래 도제 지음 / 까르마 출팀 뺄모 옮김 / 252쪽 / 15,000원

4가행이라고도 불리는 4불가행은 금강승 일체 법의 기초이고 수행자가 반드시 갖추어야 하는 기본과정이며 평생의 수행이라고도 할 수 있다. 까르마빠 존자님의 완전한 가르침과 밍규르 린포체의 자세한 해설을 다루었다.

까르마빠, 나를 생각하세요
미쉘 마틴 지음 / 신기식 옮김 / 488쪽 / 20,000원

17대 까르마빠의 탄생과 환생자 인정, 치열한 공부와 극적인 중국 탈출 그리고 시와 가르침이 주요 내용이다. 까르마빠의 놀라운 능력과 정신적 지도자로서의 참모습과 16명의 까르마빠들에 대한 간략한 역사를 덧붙이고 있다. 이 책을 통해 티베트 라마들이 어떻게 환생자로 인정받는지, 윤회의 과정이 어떤 것인지 생생하게 알게 될 것이다.

티베트 불교문화 | Lectures on Tibetan Religious Culture
둔둡 소빠 지음 / 지산 옮김 / 184쪽 / 10,000원

티베트 불교 겔룩파의 게쉐인 룬둡 소빠 스님이 티베트 불교 전반에 걸쳐 설명한 책. 티베트 불교의 여러 특징과 티베트 불교 교학의 완성자인 겔룩파 창시자 쫑카빠 존자의 『람림(LAMRIM)』을 중심으로 모든 중생을 대, 중, 소 세 단계로 분류하고 각 중생들의 수행방법에 대해 언급하고 있다.

감뽀빠의 삶과 가르침 | The Life of Gampopa
잠빠 맥킨지 스튜어트 지음 / 허정훈 옮김 / 264쪽 / 15,000원

밀라래빠의 수제자이며 까규 법맥의 시조인 감뽀빠에 대한 최초의 완전한 전기!!
스승 밀라래빠를 만나 뛰어난 수행자가 된 감뽀빠는 아띠샤의 까담과 전승과 수행 성취자인 띨로빠·나로빠·밀라래빠로 이어지는 마하무드라 전승을 수행한 후, 두 전승을 하나로 통합하는 위대한 업적을 남겼다. 그의 삶과 가르침. 까규 법맥의 역사를 통해 스승의 중심적인 역할을 설명하였다.